l'Atlas est à la cote
V 13702

HISTOIRE

DES

FUSÉES DE GUERRE

OU RECUEIL

DE TOUT CE QUI A ÉTÉ PUBLIÉ OU ÉCRIT SUR CE PROJECTILE.

V 35405

Imp. de Moquet et comp., 90, rue de la Harpe.

HISTOIRE
DES
FUSÉES DE GUERRE,

ou recueil

DE TOUT CE QUI A ÉTÉ PUBLIÉ OU ÉCRIT SUR CE PROJECTILE,

SUIVIE

De la description et de l'emploi des obus à mitraille,

DITS SHRAPNELLS,

ET DES BALLES INCENDIAIRES.

PUBLIÉ

PAR **J. CORRÉARD**, ANCIEN INGÉNIEUR.

TOME PREMIER.

(Avec Atlas.)

PARIS,

J. CORRÉARD, ÉDITEUR D'OUVRAGES MILITAIRES,

RUE DE TOURNON, 20.

1841

AVERTISSEMENT DE L'ÉDITEUR.

Lorsque, au commencement de ce siècle, l'existence des *fusées de guerre* fut révélée à l'Europe, un cri général d'effroi et en même temps d'indignation retentit de toutes parts. Déjà on voyait ce nouveau et terrible instrument de guerre dévorer les cités et les moissons. Les relations des essais qu'en firent les Anglais à cette époque, 1806, 1807, à Boulogne et à Copenhague, étaient, en effet, bien de nature à produire ces alarmes. Toutefois, sur ce nouveau moyen destructeur la science ne fit pas alors de sensibles progrès, et, peu après l'état de paix, en rassurant les esprits vint mettre un terme à des essais qui, sans cette paix tant désirée et si chèrement payée par la France, aurait, sans doute, conduit à une application plus spéciale de ce nouveau projectile de guerre, projectile qui, aujourd'hui suivant les uns serait plus effrayant que redoutable, mais qui cependant selon les autres pourrait se montrer plus redoutable encore qu'effrayant.

Dans tous les cas, si pour le repos de l'Europe, ces essais n'ont pu heureusement être continués dans leur application propre, l'étude de cette arme nouvelle et le système de son emploi n'en ont pas moins été suivis dans le silence du cabinet et dans l'intérieur des ateliers de pyrotechnie militaire des divers états de l'Europe.

La question des fusées de guerre est donc restée à l'ordre du jour. Mais assez généralement on ignore quel est présentement le véritable état de cette question, surtout en ce qui concerne le moyen d'imprimer avec assurance au projectile le direction voulue.

Peu d'écrits sont venus en effet, jusqu'à ce jour, éclairer cette matière. Les seuls ouvrages connus traitant des fusées de guerre, sont d'abord ceux du général Congrève qui n'avait point été traduit ni publié en France, et celui de M. de Montgéry, capitaine de vaisseau, qui avait paru par fragments dans plusieurs recueils périodiques.

En réunissant ces principaux documents, nous y ajouterons tous les autres articles sur le même sujet que nous sommes parvenus à nous procurer et qui doivent encore nous parvenir.

Le titre d'*Histoire des fusées de guerre* que nous donnons à notre Recueil se trouvera ainsi entièrement justifié.

Ce Recueil se composera de deux volumes présentant chacun deux parties.

Le premier volume que nous publions présentement comprend dans sa première partie, le *Traité des fusées de guerre comparées à l'artillerie*, par le général Congrève.

La deuxième partie de ce même volume comprend les recherches sur le même projectile de M. de Montgéry.

Le deuxième volume qui paraîtra prochainement comprendra, dans sa première partie, plusieurs nouveaux Mémoires inédits sur les fusées de guerre, et dans sa deuxième partie, la description et l'emploi des obus à mitraille dits Shrapnells et des balles incendiaires.

TABLE DES MATIÈRES

DU PREMIER VOLUME.

PREMIÈRE PARTIE.

Traité du général Congrève.

5e SECTION.

EXPLICATION DES PLANCHES.

DEUXIEME PARTIE.

CHAPITRE I.

CHAPITRE II.

CHAPITRE III.

CHAPITRE IV.

CHAPITRE V.

CHAPITRE VI.

CHAPITRE VII.

FIN DE LA TABLE.

AVANT-PROPOS DU GÉNÉRAL CONGRÈVE.

Il est bien singulier que la puissance des fusées soit mieux appréciée sur le continent que dans la Grande-Bretagne, et que tandis que les nations étrangères donnent tous leurs soins à la formation d'établissements destinés à la construction d'armes de cette nature, notre gouvernement néglige de conserver et d'étendre ce qui existe déjà parmi nous. Cette circonstance ne peut être imputée qu'aux connaissances vagues généralement répandues sur ce sujet en Angleterre. J'ai donc cru qu'il était de mon devoir de démontrer l'utilité des fusées dans leur état actuel, afin d'en faire mieux reconnaître l'importance à mes compatriotes, et d'éviter que la nation à laquelle en est due l'invention première, ne perde les avantages qu'elles présentent, faute de savoir les apprécier dignement.

L'ouvrage que je livre ici au public ne traite que de l'emploi des fusées et des différentes manœuvres dont elles sont susceptibles en campagne, manœuvres dont nos alliés ont pu juger, ainsi que nos ennemis contre lesquels elles ont été dirigées.

Les fusées présentent deux avantages importants, qui

leur sont particuliers dans leur application aux différentes branches du service. Le premier, et peut-être le plus essentiel, consiste en ce qu'elles peuvent être employées par la cavalerie, sans affûts à roues, et en ce que leur emploi de cette manière peut recevoir une extension presque incroyable. Ainsi en tous lieux praticables pour les chevaux, cette espèce d'artillerie peut être mise en usage, sans embarras, chaque cavalier portant dans des fontes (ou fourreaux) quatre fusées du poids de six livres, et d'une portée ainsi que d'une force égales à celles d'un boulet de 6. De trois en trois hommes il en est un qui porte un tube à tirer les fusées, attaché en forme de carabine, un peu plus lourd, il est vrai, que cette dernière arme, mais propre à lancer une fusée de six livres avec toute la précision nécessaire.

Le corps des fuséens est divisé en sections de trois hommes, dont chacune est une force complète, qui peut agir librement au moyen de son tube directeur, et de 12 fusées de six livres, sans l'embarras des affûts à roues. De sorte que 1,000 hommes ainsi armés peuvent manœuvrer et diriger contre l'ennemi une batterie de plus de 300 tubes à fusées, avec 4,000 de ces terribles projectiles.

L'extrême avantage de donner ainsi à la cavalerie la force de l'artillerie, sans nuire essentiellement à aucune de ses fonctions propres, n'a pas besoin de développements plus étendus. En supposant même qu'on n'armât de la sorte que deux escadrons par régiment au lieu d'armer des régiments entiers, on leur offrirait la faculté de tout disperser devant eux.

Le second avantage de cette arme, c'est que dans les cas où l'on fait usage d'affûts à roues, le nombre des tubes ou des bouches à feu sur chaque affût peut être augmenté par suite de leur légèreté, légèreté qui est très remarquable, si on la compare au poids d'une pièce ordinaire de campagne (1). Il en résulte que chaque affût à fusée, au lieu de ne porter qu'une seule bouche à feu, en porte un certain nombre, et mérite pour ce motif le titre d'*affût de volée*. Ainsi un affût de 24 peut n'être pas plus lourd que l'affût le plus léger d'une pièce de 6 traînée par des chevaux, et néanmoins tirer 4 fusées de 24 livres ensemble, par volée; un affût de 18 livres peut de même être disposé de manière à lancer 6 fusées de 18 par volée; un affût de 12 livres peut en lancer 8 de 12; un affût de neuf livres, dix fusées de 9; un affût de 6 livres, 12 fusées de 6, et un affût de 3 livres, 20 fusées de 3.

Mais malheureusement, par suite de l'idée générale que la fusée ne doit être employée que comme auxiliaire de l'artillerie, ces avantages importants semblent presque entièrement méconnus. Le principal but qu'on se propose aujourd'hui (2) à Woolwich, en ce qui concerne l'emploi des fusées, est de borner leur moyen de transport en campagne à de lourds caissons de munition, semblables à ceux mis en usage pour le transport de l'artillerie ordinaire; de la sorte les fusées se trouvent, pour la facilité de l'application, mises par le fait au-dessous de l'artillerie la plus pesante de campagne. L'objet de cette mesure est, dit-on, d'éviter une trop grande variété dans les différentes espèces de voitures.

(1) La pièce de 6 pèse 600 livres, tandis que le cylindre employé pour lancer une fusée de 6, à la même distance et avec la même force, ne pèse que 20 livres.

(2) 1827.

Peu importe au reste que la fusée soit considérée comme une *arme auxiliaire* ou comme une *arme principale*; mais dans quelque classe qu'elle soit rangée, tout ce que je maintiens, c'est qu'on peut tirer le plus grand parti de la puissance et des avantages qui lui sont propres, soit dans la guerre de campagne, ou l'attaque et la défense des places, soit enfin dans la guerre maritime. C'est ce que nous nous proposons de démontrer.

PREMIÈRE PARTIE.

TRAITÉ

DES

FUSÉES DE GUERRE

COMPARÉES A L'ARTILLERIE,

DANS LEUR APPLICATION A LA GUERRE DE CAMPAGNE,

AUX SIÉGES

ET AUX OPÉRATIONS NAVALES.

Traduit de l'ouvrage de sir W. CONGRÈVE, imprimé à Londres, en 1827.

SECTION PREMIÈRE.

ORIGINE, PROGRÈS ET BASE DES AVANTAGES DE L'INVENTION.

En 1804, il me vint pour la première fois à l'idée que, la force de projection des fusées se trouvant en elles-mêmes et agissant sans aucune réaction sur leur point de départ, on pourrait, avec succès, en faire usage tant sur terre que sur mer comme instrument de guerre, dans les différens cas où, à la mer surtout, le violent recul produit par l'explosion de la poudre limite considérablement, s'il ne rend tout à fait impossible, l'usage de l'artillerie ordinaire. Mais le point essentiel et difficile à obtenir pour les fusées ainsi destinées aux services de terre et de mer, était une portée suffisante et la faculté de leur faire lancer une quantité assez grande de matière incendiaire. Je savais que dans l'Inde, on faisait usage des fusées dans les opérations militaires, mais aussi que leurs dimensions étaient faibles, et que leur portée n'excédait pas 1000 *yards* (1) : Je savais aussi que diverses expériences avaient été faites quelques années auparavant par les soins du général Desaguliers, alors directeur de l'artillerie, pour construire de grandes fusées, mais qu'elles vaient pas réussi.

Cependant je ne pouvais douter que la force de la poudre ne fût susceptible d'être convenablement modifiée à cet égard, aussi bien que dans son application à l'artillerie ordinaire, tant pour fournir des portées étendues que pour lancer des poids considérables; c'est pourquoi je résolus de m'en convaincre par l'expérience.

Le premier point que j'entrepris de déterminer, fut la portée. J'achetai aussitôt les plus grandes fusées que je pusse me procurer à Londres; mais je trouvai, en les essayant, qu'aucune d'elles ne pouvait porter au-delà de 5 à 600 yards. Diverses idées se présentèrent alors à mon esprit, et furent successivement mises à exécution. Il est inutile d'en donner ici le détail ; je crois suffisant de dire que je finis par obtenir des portées de 1500 yards avec la même espèce de fusées qui d'abord ne s'étendait pas à plus de 600. Je trouvai en outre dans mes essais sur les fusées de Londres, essais qui furent poussés aussi loin que possible, que les portées augmen-

(1) Le yard ou *verge* est égal à 914 millimètres. Ainsi dans l'estimation approximative des distances, on peut le considérer comme égal au mètre.

taient proportionnellement à la grandeur de ces fusées. Cette circonstance suffit donc pour me convaincre qu'il existait dans ce principe de force de projection une puissance susceptible d'une grande extension sous le rapport du poids et de la portée. Jusqu'alors j'avais travaillé à mes frais, et mes diverses expériences m'avaient occasionné déjà des dépenses assez considérables ; mais, comme je fondais de grandes espérances sur la construction de fusées de plus fortes dimensions, surtout si elles sortaient des mains habiles des employés du laboratoire royal, je demandai à lord Chatham la faveur de me faire préparer de grandes fusées à Woolwich, et sa seigneurie voulut bien prendre ma prière en considération.

Je demandai d'abord quelques fusées de 6 livres, faites suivant les proportions admises au laboratoire. A l'essai, je reconnus qu'elles portaient à peine à 600 yards, tandis que les fusées de la même dimension, construites d'après les principes déterminés par mes précédentes expériences, avaient, à très peu de choses près, une portée de 2000 yards.

Dans cet état de choses, et pendant le printemps de 1806, je conçus le projet et obtins la permission de continuer à faire des fusées de plus grandes dimensions encore, et à leur donner des enveloppes en tôle au lieu d'enveloppes en papier. L'événement justifia complétement mon attente; je réussis à construire des fusées de 32 livres, renfermant autant de matière incendiaire qu'une carcasse sphérique de 10 pouces, et d'une portée moyenne de 3000 yards. Je découvris aussi que la grande longueur de la baguette, donnée suivant les proportions du laboratoire, n'était nullement nécessaire à la portée des fusées, et je réduisis cette longueur de 25 pieds à 15, en donnant à la baguette de la fusée de 32 livres moins d'étendue encore qu'à la fusée ordinaire de 18, ce qui contribua considérablement à faciliter le service.

Ces améliorations m'engagèrent à renouveler mes instances pour que des expériences fussent faites à Woolwich. Mon seul désir était que le directeur de l'artillerie et le lord de l'amirauté vissent l'arme, et pussent apprécier ses effets de leurs propres yeux. Tout réussit au gré de mes vœux, et, en conséquence, je reçus l'ordre de faire immédiatement fabriquer une certaine quantité de fusées semblables à celles qui avaient fait l'objet de cette dernière expérience. Une commission spéciale me fut en même temps adressée par l'amirauté, d'après laquelle je me trouvais chargé de faire tous les préparatifs nécessaires pour l'emploi des fusées de guerre.

En 1806, la marine anglaise fit, pour la première fois, usage des fusées contre Boulogne et sa flotte.

En 1807, sous mes ordres, on fit devant Copenhague un second essai de cette arme.

En 1809, j'eus ordre de me rendre dans la rade des *Basques* avec un approvisionnement considérable de fusées. Dans cette occasion il en fut distribué 1200 sur différentes parties du gréement des brûlots, ainsi qu'on en voit la description dans la *Planche* 12, et, dans la même année, je rejoignis l'expédition de Walcheren avec un approvisionnement de même nature. Plus tard, un corps de fuséens fut formé à Woolwich, sous le commandement du capitaine Bogue. Ce corps se joignit à la grande armée coalisée du continent, et prit part à la bataille de Leipzig où il se fit particulièrement remarquer. Ce sont les seules troupes anglaises qui se soient trouvées à cette journée mémorable. Le capitaine Bogue y fut malheureusement tué.

On ne fit que rarement usage de fusées dans la guerre de la Péninsule ; mais il est reconnu qu'elles ont puissamment protégé le passage de l'Adour par une brigade de la garde.

J'ai eu aussi la satisfaction d'introduire l'usage de cette arme dans la compagnie des Indes, et à cet effet, en 1817, j'ai établi un atelier de fabrication qui a expédié des fusées dans l'Inde, avec des instructions pour la formation de différents corps destinés à en faire usage. Un officier de cette compagnie étant, jusqu'à un certain degré, parvenu à imiter mes fusées, du moins dans leur forme extérieure, je suis informé qu'un atelier formé, pour leur fabrication, par le gouvernement de l'Inde, a été placé sous sa direction.

C'est dans l'application au service de mer que se font surtout remarquer les avantages attachés aux fusées. En effet, comme elles ne réagissent pas sur leur point de départ, on peut lancer, de la plus petite embarcation, des carcasses égales en force à celles qui, dans le système ordinaire, ne peuvent se tirer qu'à bord des bâtiments d'un tonnage considérable ; on peut en outre les tirer, dans le premier cas, en bien plus grande quantité que dans le second. Par là, l'emploi de fusées à bord d'un petit nombre de chaloupes, peut, en quelques minutes, procurer des résultats semblables à ceux qu'on n'obtiendrait qu'en plusieurs heures avec une quantité égale de bombardes des plus fortes dimensions.

Il est à remarquer, d'ailleurs, que le système de navigation par la vapeur ouvre un nouveau champ à la guerre maritime par sa combinaison avec l'emploi des fusées d'une certaine pesanteur. La nécessité de ne donner aux bâtiments à vapeur qu'un faible tirant d'eau, y doit considérablement borner l'usage de la grosse artillerie ; tandis que la simplicité du gréement des bâtiments à vapeur, et l'avantage qu'ils présentent de n'avoir besoin sur le pont, ni de cordages, ni de bras pour manœuvrer les voiles, les rendent particulièrement propres à l'emploi le plus étendu et le plus efficace des fusées de toute espèce.

Si pour la marine le principe des avantages qu'elle peut tirer de l'emploi des fusées vient principalement de ce que le développement de la force de projection de cette arme ne produit aucune réaction au point de départ; pour l'armée de terre, ce principe se trouve dans la faculté d'employer ce même projectile sans l'attirail nombreux et embarrassant de l'artillerie ordinaire, et de pouvoir, néanmoins, produire de plus grands et de plus prompts effets que cette dernière. Cette assertion se trouvera, j'espère, entièrement justifiée.

SECTION II.

DE L'EMPLOI DES FUSÉES DE GUERRE.

Définition de ce projectile.

La fusée est un projectile de guerre qui porte avec lui sa force de projection, et qui, pour être lancé, n'a besoin d'aucun tube : il peut même, dans la plupart des circonstances, être tiré sans le secours d'aucune espèce d'appareil, et dans le cas où un appareil serait utile ou nécessaire, il serait de la plus grande simplicité. La fusée présente donc en elle-même des avantages qui ne se trouvent dans aucun autre projectile de guerre.

Ainsi, la fusée réunit toute la puissance de l'artillerie à la facilité de la mousqueterie. C'est ainsi que l'infanterie peut être armée de fusées de 3 et même de 6 livres, sans avoir d'autre poids à supporter que celui de la fusée ; chaque fantassin porte en effet 6 fusées de 3 livres, ou 3 de 6 livres, sans être, malgré cela, plus chargé que s'il n'avait qu'un fusil et 60 cartouches. Indépendamment de cette facilité d'application, les fusées ont l'avantage de porter aussi loin, et en outre avec plus de force et d'intensité, à la distance de 700 à 800 yards, qu'une charge de munition d'une pièce d'artillerie ayant le même calibre ! !!

Emploi des fusées dans l'infanterie.

Ainsi un régiment d'infanterie, de mille hommes armés de cette manière, sans être plus chargés que s'ils portaient de simples fusils, pourrait manœuvrer et tirer 6000 fusées de 3 livres ou 3000 fusées de 6 livres, qui, sous le rapport de la force de pénétration, de la portée et de l'effet, peuvent être comparées à un nombre égal de coups d'artillerie. Pour tirer la même quantité de coups de canon, à la manière ordinaire de l'artillerie et pour en obtenir un effet aussi spontané et décisif, il faudrait l'emploi, sinon impossible, du moins très embarrassant, d'un train de plus de 100 pièces d'artillerie; au lieu qu'on n'aura besoin, pour lancer cette quantité de fusées, que d'une simple manœuvre ordinaire d'infanterie.

La facilité de transport de ce projectile n'est pas moins remarquable que celle de son emploi : en effet, le nombre de fusées qui peuvent être tirées à la volée, sans aucun appareil quelconque, puisqu'elles sont tout simplement rangées par terre, n'est limité que par l'importance du service et les dispositions de l'officier commandant; de manière qu'un régiment ainsi armé peut tirer au besoin des volées de cent et même de mille fusées de 6 livres, et cela avec tout autant de facilité et de promptitude que s'il s'agissait d'une décharge de mousqueterie. Ceux qui ont été témoins des effets de 10 ou 12 de ces fusées tirées ainsi sur la surface du sol, peuvent se faire une idée des terribles dégâts que produiraient 500 à 1000 fusées lancées ainsi toutes à la fois. Elles labourent la terre devant elles avec la force d'un boulet tiré à ricochet, et ne s'élèvent jamais en parcourant les trois ou quatre cents premières yards, au-dessus de la hauteur d'un homme. Une pareille volée doit donc infailliblement balayer et détruire tout ce qui se trouve sur son chemin, ce qui a lieu avec plus cu moins d'effet suivant le nombre de fusées employées et sans autre soin de pointage que de les ranger par terre en les dirigeant vers l'objet que l'on veut atteindre. — J'ai nommé cette décharge : « *la volée par terre.* »

Manœuvre rapide pour tirer les fusées en volées.

Cette manœuvre, qui est extrêmement simple et rapide, se fait de la manière suivante : Les hommes commandés pour tirer, au nombre de cent, deux cents ou plus, précèdent de 20 pas, environ, le front du régiment : de trois en trois, l'un d'eux, indépendamment de sa fusée, est porteur d'une mèche allumée : Au commandement voulu chacun d'eux pose sa fusée à terre, dans la direction indiquée; puis les porte-mèche y mettent le feu avec toute la célérité possible.

Pendant qu'on tire cette première volée, il s'en prépare une seconde qui s'exécute de la même manière; de sorte que dans un régiment de 1000 hommes formés sur deux rangs, le premier s'étant avancé de quelques pas, et chaque homme ayant posée sa fusée à terre, une volée de 500 fusées peut se tirer simultanément; ou bien, si chaque homme en pose 2 à terre, la volée sera de 1000 fusées, et cela se fera sans contredit aussi aisément et presque avec la même rapidité qu'une volée de mousqueterie. Et qu'on se souvienne bien que chaque coup est égal en effet à un coup de canon du calibre de 3 ou de 6 livres, chargé à boulets ou à mitraille.

Le calibre des fusées dont on peut faire usage de cette manière n'est pas limité à 3 ou 6 livres ; car, d'après les mêmes principes, l'infanterie peut être approvisionnée de manière à entrer en campagne sans aucun appareil, avec des fusées du calibre de 12 et même de 18 livres, qui diminuent en nombre à mesure que le calibre est augmenté. La fusée à carcasse, même la plus grosse, peut être portée et employée de la sorte, chaque homme en porterait une de 32 livres. Il s'ensuit que dans une armée de siége très ordinaire, dix mille fusées à carcasse, équivalentes, pour le contenu des matières combustibles, à des projectiles de 10 pouces de circonférence, peuvent être lancées dans une ville en une seule nuit, sans le secours de tranchées, de batteries, de mortiers, et sans occasionner les délais d'un siége régulier. Pendant ce court intervalle, elles lancent autant de matières combustibles que l'on pourrait en jeter au moyen de dix mille coups de mortier de 10 pouces dans un siége suivi d'un mois, et par conséquent avec un effet proportionnellement plus grand, en raison du temps qu'on gagne. Pour ce moyen simple et formidable de bombardement, il n'y a ni approvisionnements divers, ni attirails nombreux, point de lourdes bouches à feu, affûts, plateformes, etc. Il suffit d'une ou deux embrâsures faites en différents endroits, ou même, ce qui est plus simple encore et assure le même résultat, de quelques trous pratiqués dans la terre avec une tarrière de mineur, et disposés de manière à recevoir la baguette de la fusée afin qu'on puisse l'ajuster; et cependant, malgré cette extrême simplicité d'application, la plus grande portée de ces fusées à bombardement n'est pas au-dessous de 3,600 yards.

Par les moyens de bombardement ordinaires, en comptant les préparatifs nécessaires pour transporter les munitions, établir les batteries, etc., 10.000 coups de mortiers, de 10 pouces, ne pourraient être tirés en moins d'un mois.

Grande utilité de cette arme dans les pays de montagnes.

Arrêtons-nous un moment à l'examen de la différence énorme qui existe dans le transport et dans la puissance de cette arme comparativement à tous les autres moyens connus, et considérons spécialement sa grande importance pour les guerres dans l'Inde, où le transport de l'artillerie et surtout de l'artillerie de siége est d'une telle difficulté. En effet, l'avantage de cette facilité de transport se fait surtout sentir dans les pays difficiles et montagneux, dans les expéditions qui nécessitent de longues marches, et lorsqu'il s'agit d'effectuer un débarquement sur une côte ennemie.

Usage des fusées sans affûts dans la cavalerie.

Reprenons maintenant nos détails, et considérons la fusée dans son emploi par la cavalerie. On trouvera, dans cette manière de l'employer, quelques avantages que l'on n'obtient pas lorsqu'elle est mise en usage par l'infanterie, attendu que pour la cavalerie cette nouvelle arme est tout à fait en harmonie avec l'ancienne; ainsi la cavalerie, armée de fusées, peut également remplir toutes les autres fonctions qui lui sont particulières, le service d'artillerie n'étant ajouté que par supplément et sans préjudice aux autres manœuvres.

Dans cette distribution de l'arme, chaque homme porte à la selle de son cheval six fusées de six livres, placées dans des fourreaux; et de trois en trois cavaliers, il en est un qui porte un tube léger avec des supports, afin de pouvoir lancer les fusées dans certaines positions où le terrain n'est pas convenable pour les volées par terre. La manœuvre est à peu près la même que celle de l'infanterie : les hommes qui reçoivent l'ordre de faire feu mettent pied à terre et se portent en avant ; puis, lorsque le terrain le permet, ils ne font que poser les fusées sur le sol. Ainsi, un régiment de cavalerie de 1000 hommes pourrait porter 6,000 coups du calibre de 6 livres et une batterie de 330 tubes à fusées ou bouches à feu (1), et pourrait néanmoins être employé comme à l'ordinaire soit à charger, soit à poursuivre l'ennemi.

Lorsqu'on se sert du tube, la nature du terrain que la fusée doit parcourir devient tout à fait indifférente. Peu importe qu'il soit accidenté ou couvert, coupé d'un ravin ou d'une rivière ; la fusée, en quittant ce tube, s'élève au-dessus du sol, à des distances réglées comme dans l'artillerie ordinaire, et je ne crains pas d'avancer qu'à nombre égal de coups tirés par l'artillerie de campagne, d'un côté, et avec des fusées de l'autre, dans une même affaire, ces dernières feraient au moins autant, pour ne pas dire plus d'effet, attendu que leur tube, une fois bien placé, n'a pas besoin d'être ajusté de nouveau ; elles n'éprouvent effectivement ni recul ni réaction en tirant, tandis qu'une pièce de canon doit être pointée à chaque coup, opération qui souvent est tout à fait impraticable au milieu de la fumée et de la confusion d'une bataille, et qui, dans les cas où elle est possible, entraîne toujours des délais considérables. Dans un tir d'exercice ou de parade, les décharges d'artillerie peuvent toujours se succéder rapidement et régulièrement ; mais on ne doit pas perdre de vue que, si dans un

(1) Le poids d'un de ces tubes pour tirer les fusées de 6 livres est moins considérable que celui d'un fusil.

combat on les faisait succéder avec cette promptitude, très peu de coups porteraient. Charger un tube de fusée est certainement une opération plus simple que charger une pièce de canon. Il est donc de toute évidence qu'on peut tirer aussi vite et même plus vite une fusée qu'une pièce de canon, pourvu qu'on ait soin de régler en conséquence les renouvellements de munitions. Par ce moyen il est certain que ces munitions ne peuvent jamais manquer, vu la facilité extraordinaire de leur transport.

Comparaison de l'emploi des fusées avec celui de l'artillerie ordinaire.

Ici je ne saurais m'empêcher d'établir une comparaison entre la force que peuvent ainsi ajouter les fusées à un régiment de cavelerie, et le simple effet de l'artillerie ordinaire.

Nous avons vu qu'un régiment de cavalerie de 1,000 hommes peut, sans un seul affût, entrer en campagne et manœuvrer sur le même terrain que tout autre corps de cavalerie, avec 6,000 fusées du calibre de 6 livres et une batterie de 330 bouches à feu (fusées à carcasse), et que malgré cela il ne perd aucun des avantages propres à la cavalerie en général.

Pour le transport seul d'une batterie de 330 pièces de canon du calibre de 6 livres, il faudrait 1320 chevaux ; mais il est tout-à-fait impossible de s'en servir pour une opération concentrée, telle que la batterie d'un régiment de cavalerie armé de fusées pourrait l'effectuer. Trois cents pièces d'artillerie mises en ligne, occuperaient presque une étendue de trois *milles*, et il en résulterait qu'un point placé sous les coups du centre de cette batterie serait hors de la portée de ses flancs ; il est en effet très difficile de diriger la portée même de cinquante ou de soixante pièces de canon sur un même point, et cela ne peut se faire que par une opération lente et concertée ; mais toute manœuvre rapide et concentrée d'artillerie, soutenue par un régiment de cavalerie, exige un espace de terrain si considérable, qu'il est impossible de réunir dans ce cas plus de six pièces d'artillerie. Au contraire, un régiment de cavalerie, armé de fusées, a le pouvoir de mettre cette batterie de 330 bouches à feu de 6 livres en activité, avec la plus grande facilité, sur le même terrain qu'il occupe lorsqu'il est en bataille et dans toutes les positions, quelle que soit la nature du terrain, et partout où la cavalerie peut agir ; cette batterie peut même être augmentée jusqu'à 500 ou 1,000 coups par volée. Il n'est assurément pas nécessaire de répéter de pareilles décharges à chaque minute ; mais elles pourraient être renouvelées plusieurs fois au besoin. Ainsi ce n'est pas exagérer que de dire qu'un ou deux régiments, armés de cette nouvelle et puissante artillerie, pourraient décider le sort d'une bataille ; et cependant il n'a encore été pris aucune mesure pour établir un de ces modes d'employer les fusées, malgré leur extrême simplicité et la puissance des effets qu'on peut en attendre.

Manœuvres des fusées sur des affûts.

Nous avons jusqu'à présent supposé la fusée employée seulement par l'infanterie et la cavalerie, sans le secours d'affûts. Nous allons maintenant exposer son emploi avec des affûts ; et ici encore, quoiqu'une propriété particulière de cette arme, propriété qui la rend si formidable, consiste dans la faculté de l'employer sans affût, on s'est convaincu que, malgré l'usage d'affûts, elle conserve des avantages qui sont inhérents à sa nature.

Règles générales pour la distribution de cette arme dans différents cas.

Pour déterminer les principes d'après lesquels on pourrait appliquer ces différents modes, les règles suivantes peuvent être données, savoir : que chaque fois que l'on arme de fusées un corps considérable, tel qu'un régiment d'infanterie ou de cavalerie, il doit être armé comme il a été dit ci-dessus, sans affûts; et les corps peu nombreux, comme par exemple un détachement de cavalerie, doivent non-seulement porter un nombre proportionné de fusées sur leurs chevaux, mais encore avoir des affûts. Un régiment peut, sans aucun secours étranger, emporter une quantité immense de munitions; et, n'étant pas embarrassé de chariots, ses forces ne se trouvent paralysées d'aucune manière. D'un autre côté, un petit détachement aura, proportionnellement au nombre d'hommes dont il se compose, le pouvoir d'emporter une quantité immense de munitions, à l'aide de chariots, et de mettre en action une batterie formidable, pouvoir qu'il n'aurait pas sans cela. Le régiment possède une force suffisante sans le secours d'aucun train de voitures, et conserve néanmoins tous ses moyens comme cavalerie. Le détachement obtient sa plus grande force comme artillerie à l'aide de moyens de transports, et n'a aucune des fonctions de la cavalerie à sacrifier. Voilà ce qui a servi de base aux règles que j'ai établies.

C'est d'après ces principes que les détachements de cavalerie, seuls corps destinés jusqu'à présent à ce service, ont été armés, en raison du petit nombre d'hommes qui les composaient. J'ai cru devoir recommander ce mode d'armement, qui leur donne le plus de force possible, en proportion de leur nombre; et quoique je sois loin de considérer cette méthode comme étant dans le véritable esprit du système des fusées, on reconnaîtra qu'elle donne un pouvoir extraordinaire à un petit nombre d'hommes.

Formation d'un corps d'artillerie pour les fusées.

L'on verra ci-après qu'une compagnie formée sur le pied ordinaire de l'artillerie à cheval, consistant en 97 artilleurs, 36 soldats du train, avec 6 affûts de fusées et 6 caissons, aura 4,120 coups à tirer, et 142 bouches à feu, tandis qu'une compagnie d'artillerie à cheval pourvue des mêmes moyens, entrerait en campagne avec 6 bouches à feu et 1,002 coups seulement à tirer; de manière que la quantité de munitions d'une compagnie d'artilleurs pour le service des fusées est égale à celle de quatre compagnies d'artillerie à cheval; et de plus le nombre des bouches à feu et le pouvoir de jeter une si grande quantité de matière combustible sur un point donné, excède de beaucoup l'effet de dix compagnies d'artillerie à cheval.

Cette différence de force et de puissance, et l'économie qui en résulte provient généralement de la propriété qu'ont les fusées de renfermer leur force motrice, et de la légèreté du tube qui est employé pour les lancer, en comparaison d'un canon de campagne nécessaire pour lancer un boulet de la même proportion.

Matériel de l'artillerie comparé à celui des fusées.

Le poids d'une pièce de 12 est de 18 quintaux ; au lieu qu'un tube d'une fusée de 12 livres, que lance un projectile d'un calibre égal, et au moins à la même distance (1), n'est que de 20 livres ; de manière qu'avec le même nombre de chevaux nécessaires pour une seule pièce de 12, on peut transporter soixante-dix bouches à feu pour fusées.

Une pièce de 9 étant de 13 quintaux, pendant que la fusée du calibre de 9 livres ne pèse que 16 livres, le poids qui peut être mis en usage par ces mêmes moyens, est comme 90 : 1. Le poids d'une pièce de campagne de 6 étant de 6 quintaux, et celui d'un tube d'une fusée de 6 livres étant seulement de 13 1|2, le poids qui pourrait être mis en action par le même nombre de chevaux serait comme 50 : 1.

En construisant les affûts de campagne pour les fusées, j'ai profité de cette différence de poids pour transporter non-seulement un plus grand nombre de bouches à feu, avec un certain nombre de chevaux, mais encore une plus grande quantité de munitions, parce que j'ai trouvé qu'il était plus utile, en général, d'augmenter les moyens de transport des munitions et ceux de déchargement, que d'augmenter ces derniers seulement.

Conformément à cette règle, chaque affût pour fusée du calibre de 12 livres peut être construit de manière à porter 10 bouches à feu et 100 fusées du calibre de 12 livres, avec le même nombre de chevaux nécessaires pour une seule pièce de 12 et 12 coups à tirer. Mais comme il n'y a pas de

(1) De 1,200 à 1,500 de plein fouet, et 2,500 à sa plus grande portée.

recul dans le tir des fusées, l'affût peut être construit bien plus légèrement. Un affût de fusées de 12 livres, construit spécialement pour ce calibre, peut porter une batterie de 20 bouches à feu et 160 coups à tirer, sans que le poids surpasse pour les chevaux celui d'une pièce de 12, avec seulement 12 coups à tirer (1).

Ainsi un affût de fusées de 9 livres peut être construit de manière à porter 20 bouches à feu au lieu d'une, et 170 coups au lieu de 30. Un affût de fusées de 6 livres, attelé de quatre chevaux, peut être construit de manière à porter 20 bouches à feu, au lieu d'une, avec 112 coups à tirer au lieu de 30.

Les affûts ainsi construits s'appellent *affûts de volée*. Les tubes de ces affûts restent toujours chargés pendant la marche, de manière qu'au moment où on dételle les chevaux, ils sont prêts à tirer une volée de 20 fusées. Non-seulement ces affûts ont été employés par les Anglais, mais j'en ai construit des modèles destinés à être envoyés dans l'Inde.

Ceci n'est cependant pas la seule modification avantageuse dont soit susceptible l'affût des fusées en raison des propriétés particulières de cette arme. Par une disposition différente, on peut obtenir une économie dans le nombre des chevaux, ce qui, dans certains cas, convient mieux que d'avoir sur une seule voiture un approvisionnement maximum en conservant le même nombre de chevaux que pour un affût d'artillerie du même calibre.

Ainsi un affût de fusée de 12 livres peut être construit de manière à être tiré par deux chevaux au lieu de quatre, et pourra cependant mettre en action 2 bouches à feu et 40 coups; un affût de 6 livres, avec 4 bouches à feu et 60 coups;

(1) Les pièces de 12 et de 9 sont attelées de 6 chevaux.

et un affût de 3 livres, avec 6 bouches à feu et 120 coups, peuvent être tirés par deux chevaux chacun. J'ai construit des affûts de fusées de 3 livres, de 6 et même de 12 livres, qui pouvaient être mis en action et manœuvrés entièrement à bras, sans chevaux.

Principe général sur le personnel du service des fusées.

Cependant je dois répéter ici que, nonobstant cette facilité extraordinaire du transport et du service des fusées de guerre, au moyen d'un petit nombre d'hommes, je considère que le véritable mode d'emploi de cette arme est celui qui le met entre les mains des corps déjà existants dans les armées, sans en former de nouveau à cet effet. C'est de cette manière qu'on met à profit sa propriété la plus importante, celle de se prêter aux plus simples combinaisons sans diminuer aucun de ses avantages connus, et conséquemment sans dépense extraordinaire, soit pour le personnel, soit pour le matériel, le prix des matières, les frais de fabrication, ceux de quelques articles d'équipement, tels que tubes, fontes, etc, étant la seule dépense (1).

Le service de fuséens, proprement dit, devrait principalement consister dans les opérations spéciales qui se rattachent aux attaques de forts et de retranchements où les grosses fusées à bombes sont mises en usage, et où la précision de pointage devient d'autant plus nécessaire que les points à atteindre sont plus petits.

(1) Un tube portatif complet pour les fusées de 6 livres coûte de 2 à 3 livres sterling, et une pièce de canon de 6 coûte 72 liv. sterl., sans l'affût, les chevaux, etc.

Poids divers des fusées.

Avant de terminer cette partie de mon sujet, il est bon de dire qu'il a été fait, de nos jours, différentes espèces de fusées qui n'ont pas encore été décrites, et dont le poids varie de 2 onces jusqu'à 300 livres. Les fusées de 2 onces sont des espèces de cartouches de fusil qui n'exigent que l'emploi d'un fusil du poids de quatre livres, bien que le projectile ait le double du poids d'une balle de fusil. Ces petites fusées portent au moins aussi loin et ont une force de pénétration au moins aussi grande que si elles étaient tirées par un fusil ordinaire. Par suite de la légèreté de ce fusil, et bien que les fusées soient plus lourdes que les balles, un soldat, avec 90 fusées de 2 onces et le fusil approprié à cet usage, ne porte pas un fardeau plus pesant qu'un fusil ordinaire avec 60 cartouches.

Avantage des petites fusées comparées aux cartouches de fusils.

On a fait, d'après le même système, des petites fusées depuis 2 onces jusqu'à une demi-livre, propres à être tirées de l'épaule ; et d'autres, d'une livre, propres à être lancées au moyen de tubes légers ayant la forme de lances, et destinées soit à l'infanterie, soit à la cavalerie ; de manière qu'un lancier, sans préjudice de son service ordinaire, aurait le pouvoir de lancer à son ennemi des projectiles égaux à un boulet d'une pièce de campagne d'une livre, appelée *amusette*. La fusée d'une livre possède toute la portée, le poids et la force d'un boulet d'une livre, au point qu'un régiment de lanciers, dont tous les soldats seraient ainsi armés, pourrait faire un feu terrible et porter 15,000 à 20,000 coups à tirer sans aucun embarras.

Il est donc évident que cette arme possède des qualités particulières même dans sa plus petite dimension ; et dans sa plus grande, je suis convaincu que le poids de 300 livres n'est pas encore le maximum qu'elle puisse atteindre, quoiqu'il surpasse de beaucoup celui de tous les projectiles lancés jusqu'à présent avec la poudre à canon. Le poids de ceux qu'on peut tirer par l'emploi ordinaire de cette poudre n'est pas seulement limité par le volume et le poids du tube qui doit les lancer, c'est-à-dire le canon ou le mortier, mais encore par la difficulté du transport de l'arme. Aussi la bombe de 13 pouces, qui ne pèse que 200 livres, exige-t-elle un mortier du poids de cinq tonneaux. Ces limites n'existent pas pour les fusées ; aucune machine, telle qu'un mortier ou un canon, ne leur est nécessaire pour le service de terre, et même la fusée de 300 livres peut être lancée d'une embrâsure sans nul appareil ; toutefois, pour le service de mer, c'est-à-dire pour lancer les grosses fusées d'un vaisseau ou d'une chaloupe (1), un appareil devient nécessaire, et le poids peut en être beaucoup plus considérable que celui de la fusée elle-même. On pourrait certainement faire des fusées de plus de 300 livres (ce que je range parmi les nombreux perfectionnements praticables) pour renverser des murailles contre lesquelles seraient dirigées des masses de mille livres pesants et même plus. Ces masses, quelque impossible qu'il ait été jusqu'à présent d'en employer comme

(1) Un des avantages extraordinaires de la fusée, c'est que n'étant pas sujette à donner un contre-coup, celles des plus grandes dimensions peuvent être lancées des embarcations mêmes les plus petites.

projectiles d'après les principes ordinaires de l'artillerie, peuvent évidemment être employées dans nos armées sans aucune difficulté et sans inconvénient.

Je puis ainsi poser en fait que, n'importe sous quelle dimension l'on fasse usage de cette arme, les grandes et rares propriétés, qui font la base de sa puissance et de sa simplicité d'exécution, se feront toujours remarquer.

Conclusion sur la puissance du système fuséen.

Je me crois donc en droit de conclure finalement, qu'un système décisif de guerre vers lequel ont tendu tous les grands généraux, système consistant à écraser et détruire tout ce qui se trouve à un point donné, avec les moyens les plus simples possibles. se trouve dans l'emploi des fusées, puisque les effets produits par cette arme tant pour la quantité de munitions lancées, que pour leur légèreté, leur portée et leur force de pénétration, s'obtiennent avec autant de facilité que les manœuvres ordinaires de l'infanterie et de la cavalerie, ce qu'il serait impossible d'obtenir par une application quelconque de l'artillerie actuellement en usage. A cet égard, je crois pouvoir défier toute personne de prouver que j'ai exagéré un seul des points que j'ai avancés. Si l'on était disposé à me contester cette assertion, je m'engage à ne refuser aucune explication et à n'éviter aucune discussion avec la personne qui se fera connaître. Mais je traiterai toujours les déclamations anonymes (les seules qui jusqu'à présent aient eu lieu contre mon système) avec le mépris qui leur est dû, le voile de l'anonyme étant toujours employé pour servir de bouclier à l'ignorance ou à la calomnie.

Considération sur la grande économie de ce système.

Maintenant que j'ai expliqué la puissance des fusées, je vais donner quelques détails sur l'économie que présente leur emploi.

On a prétendu que la fusée était une arme très coûteuse, et que les premiers frais en étaient énormes. J'admets que le prix des munitions qui lui sont nécessaires, comparé à celui de l'artillerie généralement en usage, présente une différence dix fois plus grande qu'elle ne l'est. Comme le premier de ces systèmes n'entraîne ni les dépenses considérables de construction et d'entretien du matériel de l'artillerie ordinaire, ni les frais de transport et ceux d'entretien de son nombreux personnel, on trouvera encore qu'il offre une économie très importante. Le fait est même que le prix de la fusée elle-même, en ce qui concerne plusieurs espèces de munitions et des calibres les plus forts, se trouve encore au-dessous de celui des munitions d'artillerie d'un calibre correspondant.

Ainsi le prix d'une carcasse sphérique de 13 pouces, avec la quantité de poudre nécessaire pour la lancer à 3000 yards, est de 2 liv. st. 1 sh. 1 d., sans rien compter pour les mortiers, les coussins de mortiers, les plate-formes, etc., tandis que celui d'une fusée du calibre de 42 livres, qui n'a besoin d'aucun appareil pour lancer la même quantité de matière combustible à une égale distance, n'est que de 1 liv. st. 19 sh.

On trouvera également, en comparant, coup pour coup, la fusée à bombe avec la bombe dite *shrapnell*, que cette dernière, si elle est d'un fort calibre, coûte plus cher que les fusées à bombe de même dimension, et que son prix n'est guère moindre lorsqu'elle est d'un calibre inférieur.

Qu'on réfléchisse maintenant que la bombe à la Shrapnell demande tout l'appareil coûteux de l'artillerie, pour être lancée, et que d'un autre côté les fusées à bombe peuvent être employées en quantité au moins centuple de la bombe à la Shrapnell, par des régiments d'infanterie ou de cavalerie ordinaires, sans aucune addition de frais et sans gêner en rien les fonctions spéciales des hommes attachés à ce nouveau service.

D'après cela, il doit rester peu de doute sur l'économie du système des fusées, en le comparant non-seulement aux bombes à la Shrapnell dont la première dépense n'est guère moindre, mais encore aux boulets ordinaires dont les frais de cette même nature sont beaucoup plus considérables sans contredit. Mais cette différence cessera lorsqu'on aura mis en calcul les autres dépenses nécessitées par l'usage des munitions d'artillerie, même les moins coûteuses. Ainsi il est de fait que, pendant la campagne d'Égypte, par exemple, chaque coup de canon revenait au gouvernement, terme moyen, à la somme de 20 liv. sterl.

Même dans l'emploi le plus coûteux des fusées, c'est-à-dire dans la formation d'un corps destiné à en faire un usage spécial, avec leurs affûts, etc., construits exprès, l'appareil, ainsi que nous l'avons vu, est comparativement d'un prix très modéré, et il y a une différence remarquable dans les frais pour le nombre de chevaux nécessaires au transport en campagne du même nombre de bouches à feu actuelles et de la même quantité de munition. Telle est même cette différence que, ni la grande distance, ni aucune circonstance quelconque, ne peuvent assez augmenter les frais nécessités par l'usage des fusées pour qu'il y ait lieu de leur comparer ceux qui sont inséparables de l'emploi de l'artillerie ordinaire.

Je le répète : si les fusées sont employées comme elles doivent l'être, c'est-à-dire en les distribuant en grand nombre à tous les corps d'une armée, et si, comme j'espère le voir pratiquer sous peu, on en donne aux compagnies d'élite des régiments d'infanterie et à deux escadrons des régiments de cavalerie, de manière à procurer à toute l'armée, en tous lieux, la puissance de l'artillerie sans en occasionner les frais, alors il n'y aura pas de dépense extraordinaire à ajouter aux premiers frais de munition, et l'on obtiendra tout l'avantage de l'économie du nouveau système.

La fusée est en effet une arme destinée à changer entièrement la tactique militaire. Le pouvoir d'employer les plus gros projectiles de l'artillerie avec toute la facilité de la mousqueterie, sans aucune diminution de force ou de portée et avec toute la précision nécessaire pour une action générale, est une force irrésistible pour des armées organisées comme elles le sont actuellement. Les grands états militaires de l'Europe cherchent, aujourd'hui, à se procurer cette arme et finiront sans doute par y réussir.

Réponse à l'objection que l'emploi des fusées se propagera en Europe.

Je sais que cette objection a été faite; j'y répondrai par les arguments suivants : La quantité de coups qu'il est possible de tirer d'un point quelconque étant limitée uniquement par le nombre de fusées qui peuvent être accumulées sur ce même point, cette arme, quelque puissante qu'elle soit pour l'attaque, l'est bien davantage encore pour la défense, attendu qu'il n'y a réellement pas de bornes à la quantité de munitions qui peut ainsi être accumulée pour servir à la défense d'un poste ou d'un défilé important. En vertu de cette propriété, la fusée, étant bien dirigée, devient une arme plutôt à désirer qu'à craindre dans tous les cas. Une autre propriété des fusées, c'est de donner au petit nombre qui a les moyens pécuniaires, une force égale à celle du plus grand nombre. Par conséquent, si cette arme finissait par établir un équilibre entre les forces des grands et des petits États, l'Angleterre, avec sa population limitée, mais possédant des moyens illimités d'augmenter les ressources mécaniques de la guerre, y gagnerait plutôt qu'elle n'y perdrait. Il est également évident que la cause générale de l'humanité doit gagner par toutes les inventions militaires qui neutralisent les efforts d'une supériorité seulement numérique. De même que la société a gagné par les changements survenus dans le mode de se battre en duel (1), de même, entre les nations, le maintien de la paix est dû aux perfectionnements de l'art de la guerre qui diminuent l'effet de la simple force corporelle.

Mais dans le cas même où cette objection serait fondée, il n'est plus temps d'y remédier. La puissance de la fusée est trop bien connue à présent pour qu'on la laisse retomber dans l'oubli. Notre intérêt nous porte donc à conserver la supériorité que nous avons acquise par la possession de cette arme, non-seulement en cherchant à la perfectionner autant que possible, mais aussi en donnant la plus grande extension à son organisation et à son usage.

(1) On ne voit pas ce qu'entend ici l'auteur.

SECTION III.

INSTRUCTIONS GÉNÉRALES

Sur le service des fusées en campagne et dans un bombardement, démontrant l'esprit de ce système, sa puissance et les avantages qu'il offre.

Il faut poser en principe que « l'essence et l'esprit du « système des fusées consistent dans la facilité qu'on a de « tirer un grand nombre de coups en peu de temps ou même « instantanément avec de faibles moyens, » propriété qui provient de ce que cette arme est une espèce de munition qui n'exige pas l'emploi de pièces de canon, et de ce que l'appareil, dans le cas où il est nécessaire d'en faire usage, est à la fois portatif et d'une nature extrêmement simple.

Un officier chargé de diriger le service de cette arme ne doit donc point perdre de vue cette maxime, que son principal but doit être de faire les décharges contre l'ennemi, en volées aussi formidables que possible.

Par conséquent, si on lui confie la défense d'un poste, et

pour peu que le terrain soit favorable, il pourra, indépendamment de l'appareil régulier qui aura été mis à sa disposition, préparer ce qu'on pourrait appeler des batteries de fusées, consistant en autant d'embrâsures que le terrain le permettra. Ces embrâsures sont faites en creusant la terre de manière à former des sillons de 4 ou 5 pieds de long et à 3 pieds de distance les uns des autres; par ce moyen, on peut arranger une *volée* d'un grand nombre de fusées pour défendre un point susceptible d'être attaqué. Afin de prévenir toute surprise dans ces embrâsures, on peut placer les fusées et les tenir prêtes, mais sans découvrir les lumières, quoique, généralement parlant, cela ne soit pas nécessaire; attendu qu'il faut si peu de temps pour les mettre en place. On n'en dispose donc que dans quelques embràsures.

Lors d'une bataille, on n'a pas d'ordinaire le temps de préparer le terrain ainsi que nous venons de le dire; mais supposons qu'il soit assez uni. Dans ce cas, l'officier commandant peut, indépendamment de l'appareil qu'il possède, augmenter son feu, en tirant, entre les intervalles de ses chevalets ou de ses affûts, toujours dans la direction voulue, des fusées simplement posées par terre; et si l'ennemi s'avance sur lui, les volées qu'il peut tirer de cette manière à une distance convenable, ne sont limitées que par la quantité de munitions qu'il possède, l'étendue de terrain qu'il occupe, et l'importance de l'objet sur lequel il dirige son feu. De cette manière il peut tirer des volées de 50 à 500 fusées, et un feu aussi redoutable, s'il est habilement dirigé, doit tout exterminer devant lui. A cet effet, on prépare des traînées de poudre; les deux hommes chargés d'y mettre le feu se trouvent seuls exposés; le reste, avec les munitions, peut être à l'abri. Je dois en outre faire remarquer ici que l'étendue de la portée et la hauteur de la courbe du ricochet, dans cette manière de tirer, dépendent de la longueur de la baguette. J'ajouterai que la baguette, lorsqu'elle est dans toute sa longueur, porte le plus loin, mais s'élève le plus au-dessus du sol, et qu'étant réduite, elle ne porte pas si loin, mais rase la terre de plus près. D'après le même système, et en mettant quelques *poches* à fusées de 12 livres dans le fourgon, un officier, même avec une brigade à pied, peut toujours manœuvrer et envoyer des détachements sur les flancs d'une colonne qui s'avancerait, serait en bataille, ou formerait un carré, pendant que lui-même conserve sa position au front, avec les grosses munitions et les affûts.

La méthode de tirer par terre ne peut s'appliquer que pour des distances peu considérables qui, pour les petites fusées, peuvent être évaluées de 800 à 1000 yards et de 1000 à 1200 pour les fusées plus grosses. Lorsqu'il est nécessaire de les faire porter plus loin, il faut avoir recours à l'appareil. Il est bon d'observer ici qu'en faisant usage des fusées, du moins dans l'état actuel du système, on n'est pas sûr d'augmenter la portée des petites depuis la terre jusqu'à 15 degrés d'élévation, et jusqu'au 20e ou 25e pour les fusées plus grosses, attendu que dans les élévations intermédiaires la fusée est sujette à tomber en partant et à raser le sol près du chevalet; mais, en la lançant aux angles ci-dessus indiqués, elle portera toujours à une très grande distance, c'est-à-dire de 1500 à 2,000 yards, en ne décrivant qu'une seule courbe.

Dans un bombardement comme en campagne, la quantité de feux lancés à la fois est également importante, et le plus grand nombre de fusées que l'on peut lancer multiplie non-seulement les incendies, mais empêche encore leur extinction, en attirant l'attention de l'ennemi sur différents points. Un officier doit donc toujours employer à cet effet autant de bombardes que possible, et dans un bombardement comme en campagne, cette arme lui donne le moyen d'étendre son feu au-delà des bornes de son appareil.

Il peut, par exemple, établir une batterie de fusées sur un épaulement ordinaire, parallèle à la ville qui doit être bombardée, en creusant une tranchée derrière pour placer les baguettes, de manière que la fusée et la baguette soient couchées sur le talus de l'épaulement, qui est élevé à une hauteur convenable pour lancer la fusée, ou en faisant des trous pour recevoir la baguette; ou bien il peut construire un talus exactement semblable à une batterie de fusées; et attendu que, pour tirer des volées, il n'a pas besoin de donner aux fusées plus de trois pieds de distance, il s'ensuit qu'avec un épaulement ou une batterie ainsi construite, de 50 yards de longueur, il peut bombarder au moyen de décharges de 50 fusées par volées, et répéter ces volées à cinq minutes d'intervalle, s'il est nécessaire, manière de tirer qui doit inévitablement rendre inutiles tous les efforts que ferait l'ennemi le plus actif et le plus nombreux pour prévenir ses effets.

Il est donc hors de doute que dans toutes les comparaisons que l'on voudra faire entre les fusées et l'artillerie ordinaire, l'officier chargé soit d'en éprouver la force, soit d'en faire usage contre l'ennemi, doit bien se pénétrer de la maxime qui précède. En effet, chaque chose doit être démontrée d'une manière analogue à son usage; une seule fusée n'est pas comparable à un seul coup de fusil tiré vers un but; mais il s'agit de savoir si en général la puissance de la quantité, dans les décharges de fusées, ne balance pas au moins la plus grande justesse du fusil. Et afin de donner une idée du système des fusées, il faut faire voir le petit nombre d'hommes nécessaires pour tirer de puissantes volées au moyen de cette arme. On ne devrait pas faire d'expériences avec moins de 20 coups par volée; et pour maintenir ce nombre de volées dans une position fixe, sur le pied de deux et même de trois par minutes, on peut dire que 20 hommes suffisent, même pour des fusées qui lancent des boulets à la Coëhorn, ou des obus de cinq pouces et demi, ou enfin des boulets de 18 et de 24. Le premier point de comparaison est donc : combien de coups d'un calibre donné peuvent tirer par minute 20 hommes, au moyen de l'artillerie ordinaire, et combien de fusées pourraient-ils lancer en volée, en supposant qu'ils eussent tout ce qui est nécessaire sous la main? Et le second point est : quelles sont comparativement les facilités pour employer les deux différents systèmes dont l'un n'exige que le transport des munitions, et l'autre, non-seulement celui des munitions, mais encore celui de pièces de canon d'un grand poids, sans lesquelles les munitions deviennent tout-à-fait inutiles?

Mais indépendamment de cette comparaison pour la quantité, il en est d'autres où la fusée a des avantages exclusifs : il y a des positions où il est impossible de faire usage de l'artillerie, tandis qu'il n'existe pas d'endroit, pas de position offrant un passage au fantassin armé de son fusil, qui ne soit également praticable pour un fuséen porteur de son arme et de ses munitions. Lorsqu'il s'agit d'un service particulier, ces derniers peuvent se passer entièrement d'affûts et même de chevaux; il n'est rien, pour ce service, qu'ils ne puissent transporter et mettre en action eux-mêmes.

Maintenant s'il était nécessaire d'effectuer un bombardement par un coup de main, 1,000 hommes peuvent porter 1,000 coups des plus grosses fusées à carcasse, nombre suffisant pour détruire une forteresse quelconque à leur portée, et effectueraient cette opération en peu d'heures, n'ayant ni batteries ni plate-formes à établir, ni mortiers à transporter.

Tels sont les grands avantages de ce nouveau système d'artillerie (on peut l'appeler ainsi, puisqu'il lance les mêmes munitions que l'ancien); plus on l'emploiera en grand, plus sa force proportionnelle s'accroîtra.

Si par exemple, on organisait un corps égal, quant à la force numérique, à un régiment de cavalerie; si 600 hommes étaient organisés et équipés comme les détachements actuellement existants, ils pourraient tirer, sans chevaux de traits ni affûts, 2,400 coups avec 200 bouches à feu; et si l'on attachait 100 chevaux de trait à ce corps, il y aurait de plus une réserve de près de 2,000 coups, le tout capable de faire les manœuvres et le service d'un régiment ordinaire de grosse cavalerie. J'ajouterai qu'on trouvera la même force proportionnelle dans tous les autres modes d'organisation.

Il est important d'ajouter à ces remarques sur la puissance de cette arme, que les détails du service sont extraordinairement simples; il n'y a que très peu de points à observer pour son application, et la connaissance en est fort aisée à acquérir. L'objet principal est d'avoir soin de bien fixer la baguette à la fusée et dans la vraie direction de son axe, pour prévenir toute déviation dans son trajet.

Pour les angles élevés, le chevalet des grosses fusées doit toujours être de 5 à 10° au-dessus de la hauteur à laquelle on veut les lancer; celui des petites fusées doit être de deux et demi à cinq. En effet, comme la fusée quitte le chevalet avant d'avoir acquis toute sa force, elle tombe de quelques degrés en partant, et cela proportionnellement à son poids. La plus grande portée des fusées à bombe de 32 livres, s'obtient à 50° ou même plus, si les fusées sont confectionnées depuis long-temps. Un officier prévenu de cette circonstance découvrira bientôt le maximum de la portée des fusées qu'il sera chargé de faire partir.

La direction du vent exige aussi quelques changements dans l'élévation ; s'il souffle avec force et dans une direction opposée à celle de la fusée, le chevalet doit être plus élevé, car le vent agissant plus sur la baguette que sur la fusée, l'empêche de s'élever ; si au contraire il souffle dans la direction de la fusée, elle n'a pas besoin d'une aussi grande élévation, parce que dans ce cas la fusée monte par l'action du vent sur la baguette. Ainsi, pour le même motif, en supposant que le vent souffle avec force, en travers de la direction que prend la fusée, quoiqu'il ne soit pas nécessaire de changer l'élévation, il faut incliner un peu sous le vent, attendu que la fusée a une tendance à se rapprocher du vent, ce qui est le contraire des projectiles ordinaires. Un petit nombre de coups suffira pour faire connaître à un officier attentif la part qu'il doit faire au vent. Ces remarques ne sont relatives qu'aux angles élevés, car le vent est sans effet sur les décharges de fusées à terre ; la seule précaution à prendre pour celles-ci est de choisir le terrain le plus uni et le plus égal, à 100 yards en avant du point de direction des fusées, parce qu'elles rasent généralement la terre jusqu'à cette distance, n'ayant pas encore acquis toute leur force, et sont par conséquent plus sujettes à dévier ; mais après avoir parcouru cet espace, elles ont acquis un degré de vitesse presque égal à la vitesse moyenne d'un boulet de canon, et ne se détournent plus si aisément : en outre, arrivées à cette distance, elles s'élèvent à quelques pieds de terre, de manière à éviter tous les obstacles ordinaires qui pourraient se présenter. Il en résulte que, si de la troisième ligne parallèle on voulait lancer dans une ville des fusées à des angles peu élevés, ces fusées qui auraient un espace uni à parcourir pour acquérir leur force, monteraient le glacis, passeraient au-dessus des fossés et du parapet, puis iraient tomber dans la ville. Elles seraient ainsi d'une grande utilité en plusieurs circonstances, particulièrement pour mettre l'ennemi en désordre, en lui envoyant des volées de quelques centaines ou de quelques milliers de fusées au moment d'un assaut ou d'une escalade; et, comme je me suis assuré de leur effet, je n'hésite pas à affirmer que cette manœuvre exécutée en grand, débusquerait infailliblement tout ennemi posté pour la défense d'une brèche.

Je crois en avoir dit assez pour donner aux officiers une connaissance générale de la puissance et de la nature de cette arme, et pour les mettre ainsi en état de l'employer avec le plus grand avantage; et pourvu qu'ils observent toujours la maxime que j'ai posée en principe comme base fondamentale de ce système, je garantis qu'ils ne seront jamais trompés dans l'effet physique ou moral qu'ils comptent produire sur l'ennemi; car il faut se rappeler que pour ce dernier point, la fusée ajoute la terreur de la vue à la puissance de toutes les espèces de munitions destructives introduites par l'usage de la poudre à canon, mais qui jusqu'à présent ont toujours été considérées, avec raison, comme à peu près nulles pour l'effet moral.

Nota. Les divers moyens que nous venons d'indiquer pour l'emploi des fusées de guerre, sont détaillés plus au long dans les planches qui suivent et desquelles nous donnerons quelques explications.

ÉTAT

D'UN CORPS ROYAL D'ARTILLERIE POUR LE SERVICE DES FUSÉES,

Organisé en Angleterre dans le cours de 1822.

Capitaine.	Capit. ine en second.	Lieutenants.	Sergents-majors.	Sergents.	Caporaux.	Bombardiers.	Artilleurs.	Soldats du train	Maréchal expert.	Maréchal.	Maréchaux ferrans.	Selliers.	Charron.	Trompette.	TOTAL.	Cavalerie.		
																Officiers.	Soldats.	TOTAL.
1	1	2	2	3	3	7	97	36	1	1	2	2	1	1	160	12	233	245

Consistant en trois divisions dont chacune comprend dix sections, savoir :

10 sections de grosse cavalerie, armées de fusées de 6 livres; chaque cavalier en porte 6 à la selle, et chaque section porte un tube de cavalerie.

10 sections d'artillerie moyenne, armées de fusées de 3 livres; chaque artilleur en porte 12, et chaque section porte un tube.

10 sections d'artillerie légère, armées de fusées d'une livre et demie; chaque artilleur en porte 24, et chaque section porte 2 tubes.

18 chevaux de bât, savoir : 6 pour chaque division, portant :
- 108 fusées de 6 livres.
- 216 » de 3 livres.
- 432 » d'une livre et demie.

Complément d'affûts pour le corps.

1 pour les fusées de 18 livres (4 chev.) avec un tube;
1 pour id. de 12 » (2 ») id.
2 pour id. de 6 » (4 ») affûts à volée;
2 pour id. de 3 » (2 ») id.

6 caissons légers (deux chevaux) pour les munitions de réserve des affûts.

Toute la compagnie comprenant les sections à cheval, les chevaux de bât, les affûts, les fourgons, portent en campagne la quantité de munitions et le nombre de bouches à feu suivants :

	MUNITIONS.		MUNITIONS.
30 sections à cheval portant	180 fusées de 6 livres ;	six affûts portant	24 fusées de 18 livres.
	360 » de 3 l.		36 » de 12 l.
	720 » de 1 l. et dem.		44 » de 6 l.
			200 » de 3 l.
38 chevaux de bât portant	100 » de 24 l.	six caissons légers portant	100 » de 18 l.
	108 » de 6 l.		300 » de 12 l.
	216 » de 3 l.		600 » de 6 l.
	432 » de 1 l.		600 » de 3 l.

Bouches à feu : 142,

faisant un total de 4120 fusées de différents calibres, et 142 bouches à feu que l'on peut employer contre l'ennemi, pendant qu'une compagnie d'artillerie à cheval, avec le même nombre d'hommes, de chevaux et de voitures, ne transporte que 6 bouches à feu et 1002 coups à tirer.

SECTION IV.

PREUVES DE LA LONGUE CONSERVATION EN BON ÉTAT DES FUSÉES.

A ce sujet je dois me référer à une expérience faite il y a quelques années pour constater l'état de conservation de quelques-unes des premières fusées qui aient été confectionnées, et dont une partie, faites depuis plus de 17 ans, avaient été envoyées pour différentes expéditions en plusieurs endroits du globe, dans la Baltique, dans l'Amérique septentrionale, dans la rivière de la Plata et dans la Méditerranée, où elles étaient restées pendant plusieurs années en magasin; il serait assurément difficile de trouver des températures plus différentes et des voyages plus longs. Malgré cela, ces fusées, après s'être conservées pendant 17 ans, dont 5 dans une casemate du château de Douvres (qui est loin d'être bien sec), ont été reconnues par toutes les épreuves les plus concluantes, n'avoir souffert aucune détérioration sensible depuis leur confection ; à un tel point même que le bureau de l'artillerie ordonna qu'elles seraient gardées en magasin pour les besoins à venir. Qu'on me permette de demander ici dans quel état se serait trouvée, en pareille circonstance, toute autre munition ? Il est certain que la fusée étant renfermée dans une caisse métallique impénétrable à l'air et à l'humidité, n'est pas susceptible de se détériorer pour peu qu'on y donne de soin. J'ai tiré des fusées qui avaient été sous l'eau pendant plusieurs heures.

Lorsqu'on peut produire de pareilles preuves à l'appui de la durée des fusées, il n'est guère probable qu'en prenant les précautions ordinaires, un voyage même aux Indes puisse les détériorer ; et quand une fois elles y sont arrivées en bon état, le climat n'aura pas plus d'effet sur elles que si elles y avaient été faites.

Mais comme ce sont plutôt des preuves par induction, que des preuves directes, je vais démontrer par l'état actuel de trois envois de fusées, faits au cap de Bonne-Espérance, à Madras et au Bengale, que ni la longueur du voyage, ni le climat, n'ont fait aucun effet sur elles. Je vais donner en premier lieu le rapport suivant du major Dundas, qui m'a été transmis par le gouverneur, lord Charles Somerset.

Cape Castle, 12 août 1818.

« Monsieur,

« N'ayant reçu le rapport sur l'épreuve des fusées, à Graham's Town, que par le dernier courrier, il m'a été impossible, jusqu'à présent, de faire le rapport général qui m'a été demandé par M. le Gouverneur. J'ai l'honneur de vous informer actuellement que les fusées gardées ici et à Graham's Town, sont dans un état parfait de conservation, et qu'elles ne paraissent pas avoir subi la plus légère altération par le climat. Sur 18 fusées de différents calibres qui ont été mises à l'épreuve, il ne s'en est trouvé qu'une seule qui n'ait pas produit son effet; mais j'attribue ce résultat à quelque défaut accidentel dans sa confection.

« La portée des grosses fusées de 12 livres a très peu varié, et on peut la fixer à 7000 pieds; celle des fusées de 3 livres, pour la cavalerie, peut être fixée à 4000 pieds; et en les comparant à celle des fusées nouvellement confectionnées et essayées à Woolwich, on reconnaît qu'elles n'ont été endommagées sensiblement ni par le temps, ni par toute autre cause.

« J'ai l'honneur d'être, Monsieur, votre très humble
et très obéissant serviteur,

Signé : Wm DUNDAS,

Major, commandant l'artillerie royale.

Au major Rogers, etc. , etc.

Nous allons considérer actuellement les effets du climat sur les fusées. Ce qui suit est un rapport des épreuves faites avec quelques-unes des fusées perfectionnées, sortant de la manufacture de Bow, et envoyées en 1820 à Calcutta par le vaisseau le Fuciandra.

EXPÉRIENCES FAITES SUR LES FUSÉES A MEERUT

le 29 février 1823, en présence du Major Gal commandant F. Reynell.

Calibre des fusées.	Numéros des coups.	Numéros des caisses où on les a pris.	Distance du but.	But.	Élévation.	Différentes manières de tirer les fusées.	État ou apparence des fusées.	Nature des baguett.
Fusées de trois livres.	1	108	500 yards	4 Drapeaux à 20 yards les uns des autres, formant un front de 60 yards.	6	Tube de 6 pieds.	En bon état.	Bambou.
	2	»			2	Embrasure.	id.	id.
	3	»			6	Tube.	id.	id.
	4	63			2	Embrasure.	Très bon état.	id.
	5	»			6	Tube.	Bon.	id.
	6	»			2	Embrasure.	Très bon.	id.
	7	12			6	Tube.	Bon.	id.
	8	»			2	Embrasure.	Un peu humide.	id.
	9	»			6	Tube.	Très bon.	id.
	10	105			2	Embrasure.	Un peu humide.	id.
	11	»			6	Tube.	Lumière un peu rouillée.	id.
	12	»			2	Embrasure.	Bon.	id.
	13	90			6	Tube.	Très humide.	id.
	14	»			2	Embrasure.	Bon.	id.
	15	»			6	Tube.	Un peu humide et la lumière un peu rouillée.	id.
	16	70			2	Embrasure.	Comme le n° 13.	id.
	17	»			6	Tube.	Un peu humide.	id.
	18	»			2	Embrasure.	Très humide.	id.
Fusées de six livres.	1	257	700 yards.		45	Appar. d'infanterie légère	Bon.	Sapin.
	2	»			7	Tube de 6 pieds.	id.	Bambou.
	3	»			2	Embrasure.	id.	id.
	4	180			7	Tube.	Un peu humide.	id.
	5	»			2	Embrasure.	Lumière un peu rouillée.	id.
	6	»			30	App. d'infanterie légère.	Très hum. lum. très rouil.	Sapin.
	7	272			45	id	Lumière un peu rouillée.	id.
	8	»			7	Tube.	id.	Bambou.
	9	»			2	Embrasure.	Rouillée et humide.	id.
	10	271			7	Tube.	Un peu humide.	id.
	11	»			2	Embrasure.	Plus humide.	id.
	12	»			30	App. d'infanterie légère.	Très humide.	Sapin.
	13	230			45	id.	Très bon.	id.
	14	»			7	Tube.	id.	Bambou.
	15	»			2	Embrasure.	id.	id.
	16	252			7	Tube.	id.	id.
	17	»			2	Embrasure.	id.	id.
	18	»			30	App. d'infanterie légère.	Un peu humide.	Sapin.

Observation. Les fusées tirées des chevalets d'infanterie légère n'ont pas été dirigées vers un but donné; toutes les autres, à l'exception peut-être de 3 ou 4, ont passé entre les drapeaux, et généralement à une hauteur convenable. On a observé que celles qui ont été tirées par terre, portaient plus sûrement et faisaient plus d'effet. Les résultats des expériences de cette journée ont été très-favorables; pas une seule fusée n'a éclaté quoiqu'ayant passé deux saisons de pluies. Les caisses nos 105 et 90, contenant des fusées de 3 livres, ont été mises exprès dans l'endroit le plus exposé des magasins pour voir si l'humidité de l'atmosphère les avait endommagées. On n'avait pas séché les fusées, mais on avait ôté la rouille des lumières. Toutes les fusées ont été tirées avec une mèche ordinaire, sans amorce.

Signé : C. GRAHAM, capitaine, commandant la 7e brigade à cheval d'artillerie pour le service des fusées.

Pour copie conforme. *Signé :* H. Nichelson, capitaine, surintendant du nouveau système des fusées.

On voit, par ce rapport, que sur 36 fusées tirées à cette occasion, pas une n'a manqué, et aucun accident ne s'est manifesté.

Ces fusées, appartenant au système perfectionné, étaient au nombre des premières que l'on eût expédiées aux Indes. Après avoir fait le voyage de Calcutta, elles furent dirigées sur Meerut, en remontant le Gange de plusieurs centaines de milles; c'était là qu'on avait établi le quartier-général pour le corps des fuséens, et elles s'y étaient conservées sans aucun soin particulier ainsi qu'il résulte des faits constatés dans le rapport.

Les mêmes expériences renouvelées à Mount, fort Saint-Georges, en présence du commandant en chef sir A. Campbell, sur des fusées faites sous ma direction et envoyées à Madras en 1812, ont eu les mêmes résultats; c'est par suite du succès de ces expériences, que le corps des fuséens qui avait été réformé en 1821, faute de munitions, paraît avoir été rétabli dans son état primitif. Les lettres suivantes, relatives aux mêmes expériences, n'ont pas besoin de commentaires.

Copie d'une lettre de son excellence le général sir Alexandre Campbell, commandant en chef des forces de S. M., à Madras, au capitaine H. Nichelson, inspecteur du nouveau système des fusées dans l'Inde.

Madras, 7 décembre 1822.

« MON CHER MONSIEUR,

« Il est difficile de vous exprimer avec quelle satisfaction j'ai été témoin hier soir, au mont Saint-Thomas, des expériences faites sur des fusées.

« Les grands perfectionnements apportés par sir William Congrève à la composition et à la confection de cette machine de guerre aussi simple que destructive, a entièrement dissipé les préjugés qui, avant votre arrivée ici, existaient contre elle dans l'armée par suite de la mauvaise qualité des armes de cette nature employées pendant la dernière guerre. Je saisirai la première occasion pour recommander au gouvernement le rétablissement d'un corps de fuséens, et je sens combien l'armée doit de reconnaissance à M. le marquis de Hastings pour avoir pris soin de lui envoyer un officier aussi expérimenté que vous l'êtes dans l'emploi de cette arme importante, avec mission spéciale d'en démontrer la pratique.

« J'ai l'honneur d'être, avec la plus parfaite estime et considération, votre très-humble serviteur.

Signé : A. CAMPBELL.

Pour copie conforme. *Signé :* H. NICHELSON.

Extrait d'une lettre du capitaine Nichelson, inspecteur des fusées, à sir William Congrève :

« Après avoir perdu tout espoir de revoir le navire la Providence, nous le vîmes enfin arriver en rade le 17 du mois dernier. Aussitôt que l'appareil des fusées put être débarqué et envoyé au Mont, je commençai les opérations, et j'ai le plaisir de vous annoncer que leur résultat, jusqu'à ce jour, a été on ne peut plus satisfaisant, aucune fusée n'ayant crevé ou manqué son effet. L'artillerie en est extrêmement contente. J'ai donné au colonel J. Noble, commandant l'artillerie à cheval, une copie de l'état de formation des corps de fuséens à Woolwich et au Bengale. Je ne puis en ce moment vous envoyer de rapport exact sur les expériences;

seulement je puis vous assurer que plus de la moitié des fusées qui ont été tirées ont traversé le rideau (*curtain*). Une de ces fusées, de 12 livres, entrée dans un arbre de plus de 2 pieds de diamètre, y a éclaté en produisant le plus grand effet, ce qui a démontré aux nombreux spectateurs combien cette arme est puissante. »

Il est nécessaire de dire ici quelques mots concernant la justesse de cette arme pour les différents services de campagne. Cette qualité est prouvée jusqu'à l'évidence par les extraits de documents qui existent. Ainsi nous voyons par le rapport du capitaine Nichelson, que plus de la moitié des fusées tirées dans les expériences du Mont Saint-Thomas traversèrent le rideau.

En conséquence, je n'ai aucun doute qu'un examen impartial des états et documents contenus dans ce traité ne prouve complétement la grande puissance et la simplicité de cette arme, sa force de pénétration et sa portée extraordinaire ainsi que la justesse de direction qu'on est parvenu à lui donner. Il est prouvé en même temps qu'elle est la munition de guerre la plus économique et la plus durable qu'il soit possible d'employer.

SECTION V.

EXPLICATION DES PLANCHES.

PLANCHE 1re.

Équipement de la cavalerie pour le service des fusées.

La planche no 1 représente l'équipement nécessaire pour porter les fusées à cheval suivant le mode adopté pendant les expériences qui ont eu lieu sous ma direction à Bagshot, en 1811, et introduit ensuite dans le service effectif sous les ordres du capitaine Bogue, avec les armées alliées en Allemagne dans la mémorable campagne de 1813; c'est d'après ce mode qu'on se propose d'équiper le nouveau corps d'artillerie à cheval pour le service des fusées, formé le 1er janvier 1814, par le comte Mulgrave, grand maître de l'artillerie, et qui est composé de deux compagnies sous les ordres du lieutenant-colonel Fischer, de l'artillerie royale.

La figure à droite représente un cavalier monté, entièrement armé et équipé en tenue de revue. La figure à gauche est ce même cavalier, mais sans chabraque, afin de laisser voir les fontes dans lesquelles on met les fusées. Chaque fonte contient deux fusées de 6 livres, dont chacune est armée d'une bombe de 6 livres ou d'une cartouche (mitraille); elles sont attachées ensemble par la partie supérieure, et sont supportées par le pommeau de la selle qui est fait comme celui de la selle des hussards; mais la selle elle-même est faite et rembourrée comme une selle anglaise ordinaire; ce pommeau éloigne les fontes du garot et des épaules, ce qu'il serait difficile de faire sans cela, vu leur dimension; les quartiers de la selle s'avancent aussi davantage à cet effet; les fontes ainsi réunies peuvent s'ôter du pommeau avec la plus grande facilité; ce qui est un point important, attendu que dans le service des fusées, le cavalier, quand il rencontre quelque passage qui ne lui permet plus d'avancer à cheval, est parfois obligé de mettre pied à terre et de le franchir de la sorte chargé des fontes contenant les munitions ainsi que du tube. Les baguettes, qui ont sept pieds de longueur, et sont au nombre de 4, quantité correspondante à celle des fusées, sont réunies en un faisceau au moyen d'une courroie, avec quatre brides faites exprès, et on les porte au côté hors-montoir : le gros bout de ces baguettes, supporté par un sabot en cuir qui est suspendu aux quartiers de la selle, se trouve attaché au milieu par ladite courroie, et appuyé en travers de la cuisse du cavalier contre la pointe de cette même selle; de la sorte il passe naturellement sous son bras droit sans le gêner aucunement, soit pour monter, soit pour descendre, ou même pour le maniement du sabre. Au moyen de cette disposition on peut aisément retirer les baguettes du faisceau pour les fixer aux fusées, et celles qui restent sont aussi bien assujetties que lorsque le nombre en était complet.

J'ai déjà dit que les soldats sont divisés par section de 3; ils sont en conséquence numérotés 1—2 et 3; les nos 1 et 3 ne portent que leur part des munitions, qui est de 4 fusées et 4 baguettes pour chacun, et le n° 2 (la figure à gauche de la planche) porte le tube ou cylindre qui sert à lancer les fusées de sa section. Ce tube a environ 5 pieds 6 pouces de long, et peut se fixer solidement en terre au moyen de 4 appuis en fer, de manière à pouvoir tirer les fusées à des angles peu élevés. Le poids de ce tube ou bouche à feu est d'environ 12 livres, et on le porte dans une botte ou sabot, comme la carabine de cavalerie.

Les hommes sont armés d'un sabre qui reste suspendu à la selle pendant une action et pour ne pas les embarrasser lorsqu'ils montent à cheval et lorsqu'ils en descendent; ils ont en outre un pistolet à la ceinture, et dans les fontes un fer de lance qui peut s'adapter au bout d'une baguette de fusée, et servir de lance en cas de besoin. Au lieu de se servir d'une mèche ordinaire, ce qui serait dangereux et embarrassant, on allume un porte-feu au moyen d'un peu de poudre placée dans le bassinet d'une batterie de pistolet qui est montée sur un manche de bois. Ce porte-feu, qui consiste en un petit tube de fer qui se démonte et que l'on place dans les fontes, sert à mettre le feu aux fusées. Toutes les parties de cet équipement, excepté les baguettes, sont tellement cachées par la chabraque, qu'un corps de fuséens a simplement l'apparence de lanciers.

Le poids des munitions complètes, portées par un cheval, est au-dessous de 28 livres, ce qui n'est pas un trop grand fardeau pour un cheval pendant des manœuvres ordinaires. Mais pendant de longues marches il serait inutile de les charger à ce point; on se sert donc de petits caissons pour transporter 3 charges de fusées sur les quatre dont chaque homme doit être porteur; il en garde une qu'il tient à gauche, et les 4 baguettes sont placées à droite pour faire un contre-poids.

PLANCHE 2.

Équipement d'un cheval de bât.

La planche 2 représente la manière d'équiper les chevaux de bât.

On voit, par la figure à gauche, que toutes les munitions peuvent être complétement couvertes et mises à l'abri de l'intempérie de l'air par une toile peinte; l'autre figure est sans couverture, afin de voir la distribution particulière de la charge qui consiste en 36 fusées de 6 livres avec leurs baguettes et les petits objets d'armement, tels que porte-feu, mèche ordinaire, etc.

Cette charge est portée sur une selle ou bât aussi petit et aussi léger que possible, avec un coussinet qui s'étend vers la croupe ; la selle est munie de 2 fourches en fer pour assujettir une caisse en cuir qui renferme les baguettes.

Les fusées sont renfermées dans des espèces de poches que nous appellerons *gibernes-bât*, divisées en compartiments pour chaque deux fusees, et s'ouvrant d'un côté par une petite patte munie d'une chaîne d'anneaux et d'un cadenas. La fusée y est placée horizontalement. De cette manière la charge présente le moins de volume possible, près des flancs du cheval, et les fusées ainsi séparées ne peuvent être endommagées par le transport.

Ainsi, la charge est divisée en trois parties, savoir : la caisse qui renferme les baguettes et les deux gibernes-bât, une de chaque côté, faites de manière à être accrochées au bât, et renfermant chacune 16 fusées. De la sorte il n'y a aucune difficulté à charger ou à décharger le cheval.

Le poids porté de cette manière par un cheval de bât est d'environ 270 livres, savoir : 90 livres à peu près pour la selle, les baguettes, etc., et aussi 90 livres dans chacune des gibernes-bât.

La manière de conduire ces chevaux se voit dans la planche suivante.

PLANCHE 3.

Cavalerie attachée au service des fusées, en marche et pendant une action.

La planche 3, figure 1, représente une subdivision de la cavalerie attachée au service des fusées, marchant en colonne par trois. Elle consiste en six sections de 3 hommes chacune (1), et derrière elle viennent 4 chevaux de bât, conduits de 2 en 2 par un soldat monté. Ainsi une subdivision au grand complet consistera en 24 chevaux et 20 hommes, et pourra mettre en action 152 fusées à bombe ou à mitraille, de 6 livres chacune, et 6 bouches à feu ou tubes portés par le cavalier du centre de chaque section.

La figure 2 représente cette division pendant une action. Elle est supposée rangée en bataille. Au commandement de : *Garde-à-vous ! Pied à terre !* les nos 1 et 3 mettent pied à terre, et donnent leur bride au n° 2, qui reste à cheval. Le n° 1 s'avance de 15 à 20 pas avec le tube qu'il a pris à la selle du n° 2, et pendant que les nos 2 et 3 préparent une fusée qu'ils prennent dans une des fontes les plus à portée, le n° 1 fixe le tube en terre, par le moyen des supports, le pointe vers le but, et allume son porte-feu pour tirer la première fusée que le n° 3 apporte pendant ce temps et introduit dans la culasse du tube. Alors le n° 1 n'a plus qu'à toucher la lumière avec son porte-feu. Le n° 3 retourne cher-

(1) Ces subdivisions peuvent être diminuées en proportion de la force d'une compagnie.

cher une autre fusée que le n° 2 aura eu le temps de préparer pendant cet intervalle. De cette manière une subdivision mettra 6 bouches à feu en action, dans l'espace d'une minute, sans se presser, et pourra continuer le feu sans effort, à raison de 2 à 3 coups par minute, et par tube; et même de 4 au besoin. Il en résulterait donc que les 6 bouches à feu tireraient 72 coups, du calibre de 6 livres, en 3 minutes.

Le seul préparatif nécessaire pour mettre la fusée en état, est d'y visser la baguette; mais il faut avoir grand soin de bien la fixer, parce que tout dépend de là. Il faut aussi que la lumière soit découverte avec beaucoup de précaution, car autrement la fusée est sujette à crever, et pour la même raison la mèche ne doit pas être enfoncée trop avant dans la fusée. Il y a des circonstances où une baguette de 2 pieds ou 2 pieds 6 pouces, suffit pour une fusée de 6 livres. Au moyen de cet arrangement, on peut en porter un certain nombre toutes prêtes dans les fontes, la baguette étant en bas et passant par un trou pratiqué au fond de ces mêmes fontes.

Au commandement : *Cessez le feu!* le n° 1 coupe sa mèche, ramasse le tube, retourne à sa section et replace le tube. Le n° 5 revient également et n'a autre chose à faire que de repasser la bride par-dessus le col de son cheval, et ils se trouvent tout prêts à remonter et à exécuter les diverses manœuvres qui pourraient leur être commandées, en moins d'une minute après que le commandement de *cessez le feu* a été donné.

Indépendamment de la célérité dans l'exécution de cette manœuvre, il est à considérer que cette artillerie n'étant embarrassée ni par des affûts, ni par des caissons, peut manœuvrer partout où la cavalerie et même l'infanterie ont la faculté d'agir; car, ainsi qu'il a déjà été dit, si cette troupe se trouvait arrêtée par des murailles, des fossés ou des marais impraticables pour des chevaux, elle peut mettre pied à terre, prendre les fontes ainsi que les baguettes et avancer à pied.

Un autre grand avantage de l'emploi des fusées, c'est le petit nombre d'hommes nécessaires pour former une section complète, ce qui offre un immense avantage sur tout autre système d'artillerie. D'où il résulte que le nombre des bouches à feu qui peuvent être mises en action avec les mêmes moyens, est, comparativement à l'artillerie ordinaire à cheval, au moins comme six est à un. Et elles peuvent être disposées sur une ligne très étendue, ou concentrées sur un point, suivant que le service l'exige. La cavalerie fuséenne peut manœuvrer par section séparée comme celle des tirailleurs, et cette attaque est d'un grand effet.

PLANCHE 4.

Affûts de campagne pour les fusées en marche et dans une action.

La planche 4, figure 1, représente un affût de fusées en marche; ces affûts sont de différentes espèces. Le principe général de leur construction est de multiplier le nombre des bouches à feu ou tubes, en proportion du calibre des fusées que l'on veut employer, de manière que chaque affût, au lieu d'être armé d'une seule pièce de canon comme dans l'artillerie ordinaire, est muni d'un certain nombre de ces tubes qui restent chargés pendant la marche, et peuvent lancer ces fusées en volée, ou successivement, suivant qu'on le juge à propos. On peut armer de 4 tubes un affût de fusées de 24 livres, de 6 tubes un affût pour les fusées de 18 livres, de 8 tubes un affût pour les fusées de 12 livres, de 10 tubes un affût pour les fusées de 9 livres, de 12 ou de

14 tubes un affût pour les fusées de 6 livres, et de 20 tubes un affût pour les fusées de 3 livres. En outre, les avant-trains portent un approvisionnement de fusées dans leurs caissons.

La figure 2 représente ces affûts dételés pour une action; à gauche est représenté un affût pour tirer les fusées de 12 livres en volée; à droite est une vue en profil d'un pareil affût. Les avant-trains sont toujours supposés être en arrière. Le feu se met aux fusées au moyen d'une mèche fixée au bout d'une longue perche. Deux hommes suffisent pour manœuvrer les affûts de fusées de 3 livres, de 6 livres, et même de 9; 4 hommes suffisent pour les affûts de fusées de 12 livres, de 18 et même de 24.

Cette manœuvre est extrêmement simple : au commandement de *garde-à-vous, en action!* les affûts sont dételés. Les nos 1 et 2 ôtent les cuirs qui recouvrent les deux bouts de la rangée de tubes contenant les fusées; ensuite, saisissant les baguettes, ils ressortent les fusées des tubes pour en découvrir la lumière. Dans cette position et au commandement *feu*, le n° 3 passe rapidement la mèche sur les lumières, si l'on doit tirer en volée; dans le cas contraire, il met le feu successivement après que le n° 4 a pointé et élevé chaque fusée.

PLANCHE 5.

Infanterie chargée du service des fusées en marche et dans une action.

La planche 5, figure 1, représente une subdivision d'infanterie en marche. La figure 2 représente la même subdivision dans une action. Cette planche sert à faire voir l'emploi des fusées dans l'infanterie. Un homme, sur dix ou plus, porte un tube entier s'il n'est pas au-dessus du calibre de 3 ou de 6 livres; et 2 hommes portent chacun la moitié d'un tube si son calibre est de 9 ou de 12 livres. La construction de ces tubes est la même que pour la cavalerie; ils sont également supportés par 4 pieds en fer, mais ils sont plus longs et susceptibles d'une plus grande élévation. Le tube du calibre de 9 peut avoir jusqu'à 15 pieds de long, et celui du calibre de 12 jusqu'à 20 pieds, ce qui donne une grande justesse au coup sans occasionner beaucoup d'embarras, attendu que ces tubes peuvent se démonter en deux et même en trois parties. Le reste du détachement porte de 3 à 6 fusées par homme suivant leur calibre, savoir : 2 de 12 livres, 3 de 9, 4 de 6 et 8 de 3. De cette manière 100 hommes peuvent mettre en action, dans toutes les positions où l'emploi de la mousqueterie est possible, 200 fusées de 12 livres, 300 de 9, 400 de 6, et 800 de 3.

Ce service est réglé ainsi qu'il suit :

Le n° 1 porte un léger tube complet, ou les n°s 1 et 2 chacun la moitié d'un gros tube, comme il a été dit ci-dessus. Le n° 1 porte également un pistolet porte-feu et la boîte pour ces tubes; le n° 3 porte, dans un petit sac de peau, les menus approvisionnements, tels que la mèche, les porte-feux, etc. : il porte aussi la perche pour y fixer la mèche.

Les n°s 4, 5, etc., jusqu'à 10, portent sur le dos les fusées renfermées dans un sac, et sur l'épaule les baguettes attachées ensemble par des courroies et des boucles.

Étant ainsi distribués, ils s'avancent en doubles files. Au commandement de : « *Halte! préparez-vous!* » le n° 1 place le tube à terre, l'y fixe avec l'assistance du n° 2, et lui donne la direction et l'élévation convenables; le n° 2 présente le manche de la mèche au n° 1, qui la prépare et l'allume, tandis que le n° 2 va recevoir la fusée disposée par les n°s 3—4, etc., qui sont allés se mettre en bataille à 15 pas environ en arrière et un peu de côté. Ces hommes peuvent toujours préparer les fusées plus vite qu'on ne peut les tirer; l'un d'eux doit s'avancer vers le tube pour aller à la rencontre du n° 2 avec la fusée ainsi disposée. Le n° 2 ayant reçu la fusée, l'introduit dans le bas du tube et donne le mot au n° 1, en disant : *Prêt*, *feu*. Le n° 1 met alors le feu à la fusée; le n° 2 replace une autre fusée dans le tube et répète les mots de : *Prêt*, *feu*. Par cette méthode on peut décharger, sans difficulté, de 3 à 4 fusées par minute avec un seul affût, jusqu'au commandement de : « *Cessez le feu.* » « *Préparez-vous à avancer*—ou—*à faire retraite*. » Alors le tube est enlevé de terre, et tout le détachement peut avancer ou se retirer immédiatement au pas de charge, s'il est nécessaire. Pour accélérer cette manœuvre et empêcher que les munitions ne soient endommagées, les n°s 3—4, etc., ne doivent pas quitter leur sac; ils peuvent s'assister mutuellement, pour préparer les fusées, en posant leurs baguettes par terre, attendu qu'on peut les relever dans un instant.

Si le tube est muni d'une batterie, l'exercice est le même, excepté que le n° 1 amorce et arme le chien, et que le n° 2 tire après en avoir reçu l'ordre du n° 1.

La fusée à cartouche est une application de l'arme particulièrement propre à l'usage de la cavalerie ou de l'infanterie en campagne. Chaque coup de fusée à cartouche contient une plus grande quantité de balles de carabine qu'une bombe du même calibre. La poudre renfermée dans la cartouche de la fusée (dont l'explosion est extrêmement régulière au moyen d'une mèche), se trouve dans un compartiment derrière les balles, et ces balles acquièrent une grande force à l'explosion de la cartouche, ce qui n'a pas lieu pour la bombe. La poudre contenue dans la fusée à cartouche est arrangée de manière que les balles pénétreraient dans une planche d'un pouce d'épaisseur, si la fusée était arrêtée ; et par conséquent quelque faible que soit le degré de vitesse de la fusée au moment de l'explosion de la cartouche, les balles auront toujours assez de force pour produire l'effet désiré, au lieu que la force de la bombe étant presque épuisée au moment de son explosion, les balles tombent sans aucun résultat. On ne peut mieux démontrer la différence existant entre les fusées et les projectiles ordinaires, qu'au moyen de l'effet produit par les fusées à cartouches sur un rideau ou sur une toile tendue, à une distance de 800 ou 1000 yards.

PLANCHE 6.

Manière d'employer des fusées dans un bombardement.

La planche 6, figure 1, représente la manière de transporter à bras l'appareil à bombarder et les munitions. L'appareil nécessaire est simplement une perche légère d'environ 10 pieds de long, à la partie supérieure de laquelle un tube de fusée du calibre de 24 ou de 32 livres est attaché par des crampons, de manière à pouvoir se fixer et s'enlever à volonté. Cette perche est munie de 2 supports légers, ce qui forme un chevalet triangulaire, semblable à ceux qui servent pour les bombardements. Chaque pièce nécessaire à ce service peut être transportée à bras; on peut encore faire usage d'un caisson (modèle flamand), attelé de 4 chevaux, et capable de contenir 60 fusées de 32 livres, distribuées en 10 boîtes, dont 8 sont placées en travers dans le fond du caisson, et 2 en longueur par-dessus. L'appareil se place tout préparé sur les fusées, et les baguettes se mettent de chaque côté; le tout est recouvert de toile cirée, et il suffit de 4 hommes attachés à chaque caisson. Ils sont numérotés 1—2—3 et 4.

L'appareil et les munitions ayant été apportés dans la batterie ou dans tout autre endroit couvert, par des magasins ou des arbres (1), au commandement : « *Posez l'appareil*, » les nos 1 et 2 lèvent facilement l'appareil pendant que les nos 3 et 4 préparent la fusée. Avant de charger le tube, l'officier commandera : *Élevez à* 35°—ou—45° ou à tout autre angle qu'il jugera nécessaire pour donner la portée convenable. Cette opération sera faite par les nos 1 et 2, en avançant ou en reculant les supports de l'appareil d'après une petite plaque sur laquelle les degrés sont marqués afin de déterminer la ligne d'élévation. Cette plaque est portée par l'officier non commissionné. Au commandement : « *Ajustez*, » on pointe l'appareil au moyen d'un plomb suspendu à la partie supérieure du chevalet et qui sert également à voir si l'appareil est d'aplomb ou non. Les choses étant ainsi disposées, les nos 1 et 2 ajustent les supports de l'appareil jusqu'à ce que le tube soit dans la direction nécessaire. Au commandement « *Chargez*, » le no 3 apporte une fusée et l'introduit dans la partie inférieure du tube qu'elle retient dans sa position par le bout de la baguette qui porte à terre. Préalablement il a ôté avec précaution le cercle qui couvrait la lumière. Si le tube est muni d'une batterie de fusil, le no 1 prend le cordon de la détente et se retire obliquement à 10 ou 12 pas, pour attendre le commandement de « *feu !* »

Lorsque la fusée est lancée, le no 1 reçoit une autre fusée du no 2. On tire de cette manière jusqu'au commande-

(1) Les batteries ne sont pas aussi indispensables que pour les mortiers, par la facilité que l'on a de changer de position.

ment de « *Cessez le feu* » qui est suivi de celui de : « *Préparez-vous à la retraite.* » A ce commandement, les n°s 1 et 2 s'avancent vers l'appareil, et à celui de « *Baissez*, » ils baissent l'appareil de la même manière qu'il a été élevé, le démontent et peuvent se retirer en moins de 5 minutes ; ou, si l'on ne veut que changer de position, et si la distance n'est pas considérable, les 4 hommes peuvent porter l'appareil avec facilité sans le démonter ; le caisson suit avec les munitions, ou bien elles sont portées à bras d'hommes selon que les circonstances l'exigent.

Les munitions lancées par cet appareil consistent en fusées de 32 livres, dont le calibre et la portée sont ainsi qu'il suit :

1° La petite, contenant 8 livres de matières combustibles, c'est-à-dire 3 livres de plus que la bombe ordinaire de 10 pouces de circonférence ; sa portée est de 3,000 yards ;

2° La moyenne, contenant 12 livres de matières combustibles, comme la bombe de 13 pouces ; portée 2500 yards ;

3° La grosse, contenant 18 livres de matières combustibles, faisant 6 livres de plus que les bombes de 13 pouces de diamètre ; portée, 2000 yards ;

Ou bien des fusées de 32 livres, armées de boulets coniques, creux, en fer épais, remplis de poudre et munis d'une mèche pour faire explosion dans les cas où l'on croit cet effet plus avantageux que les propriétés incendiaires des carcasses. Ces boulets coniques contiennent :

Les petits : 5 livres de poudre à canon équivalant à la force d'une bombe de dix pouces ; portée, 3,000 yards ;

Les moyens : 8 livres de poudre à canon, égales à la force d'une bombe de 13 pouces ; portée, 2,500 yards ;

Les gros : 12 livres de poudre ; portée, 2,000 yards.

PLANCHE 7.

Moyen de se servir des fusées dans un bombardement, derrière des retranchements en terre, sans nul appareil.

La planche 7, figure 1, est une vue en perspective d'une batterie établie spécialement pour lancer des fusées pendant un bombardement. Le talus intérieur a l'angle de projection nécessaire, et se trouve à la hauteur de la fusée avec sa baguette.

Le grand avantage de ce système est de ne pas nécessiter d'appareil lorsqu'on a le temps d'établir une telle batterie d'une longueur considérable. La quantité de feux que l'on peut lancer dans un temps donné, n'est limitée que par la longueur de la batterie, et comme on peut placer les fusées dans des embrasures pratiquées à deux pieds de distance, une telle batterie de 200 pieds de long, tire 100 fusées par volée; ou encore on peut entretenir un feu très vif et non interrompu, en replaçant les fusées à mesure qu'elles sont tirées.

Les principes pour établir une telle batterie sont les suivants :

L'élévation du talus intérieur de ces ouvrages est formée moitié par excavation et moitié par la terre sortie de cette excavation. Pour faire la base de la partie du talus intérieur qui doit être élevée à un angle de 55 degrés, élevez les deux tiers de la hauteur perpendiculaire projetée ; tranchez ensuite le talus jusqu'à la profondeur perpendiculaire, égale à la hauteur susmentionnée; creusez pour la largeur de l'excavation intérieure un tiers de plus que l'épaisseur de la batterie; faites une descente régulière depuis l'extrémité de cette excavation jusqu'au pied du talus, et l'excavation fournira la quantité de terre nécessaire pour donner à la face extérieure un talus de 45 degrés.

La figure 2 est une vue perspective d'un épaulement ordinaire converti en une batterie à fusée. Comme un épaulement n'est pas d'une hauteur suffisante pour supporter une fusée et la baguette, il faut pratiquer des trous en terre avec une tarrière de mineur, et ces trous doivent être faits à une profondeur assez grande pour recevoir les baguettes, ainsi qu'aux distances et aux angles d'élévation convenables pour y placer les fusées. Le talus intérieur de l'épaulement doit être coupé de manière à former ledit angle de 55 degrés; on place alors les fusées dans les embrasures pratiquées à cet effet, comme dans le cas précédent. Lorsque le terrain permet de faire des trous, cette dernière méthode est la plus simple; mais quand la terre est sujette à s'ébouler dans les trous, on se sert de petits tubes d'environ deux pieds de long pour conserver l'ouverture; on emploiera de ces tubes avec avantage dans les différentes sortes de terrains.

La figure 2 fait voir une manière avantageuse de défendre une batterie à l'aide de fusées, indépendamment des moyens de défense du système actuel; il suffit, à cet effet, de pratiquer des embrasures dans le glacis pour exécuter des feux horizontaux.

PLANCHE 8.

Embuscade à fusée.

La planche 8, figure 1, représente un des emplois les plus importants des fusées en campagne; c'est celui des embuscades pour défendre un défilé ou pour couvrir la retraite d'une armée. On place un certain nombre de centaines ou de milliers de fusées à bombes, de 32 ou de 24 livres, ou de fusées de 32 livres armées de boulets de 18. Cette opération ne connaît de limites pour le nombre, que d'après l'importance de l'objet que l'on se propose, et l'on peut porter la destruction dans les rangs de l'ennemi sans presque exposer un seul homme.

Les fusées sont placées en rangs ou batteries de 100 à 500 sur une seule ligne, suivant l'étendue du terrain qu'on veut défendre; elles peuvent être cachées dans l'herbe ou de toute autre manière, et l'embuscade peut être composée d'un certain nombre de batteries placées les unes derrière les autres, chaque batterie étant préparée pour décharger les fusées en volées au moyen d'amorces; de manière qu'un seul homme suffit pour tirer le tout successivement, en commençant par la batterie la plus proche des ennemis, aussitôt qu'il sera à leur portée. Lorsque les batteries sont très étendues, elles peuvent être subdivisées en plusieurs parties avec des traînées séparées, de manière qu'il soit possible de les tirer toutes ensemble ou séparément, en proportion du nombre et suivant la position des ennemis. Les mèches sont d'une construction particulière ; elles consistent en une espèce de saucissons en flanelle, avec deux ou trois fils de mèches, qui agissent sur tous les points. Ces mèches sont d'un emploi très facile, attendu qu'il n'y a qu'à les passer sur les lumières, de fusée en fusée; par ce moyen le feu se communiquant de lumière en lumière, fait partir les fusées à très peu d'intervalle, sans déranger leur direction respective en partant, ce qui aurait lieu si elles étaient tirées toutes au même instant, attendu qu'elles sont placées à 18 pouces les unes des autres.

La figure 2 représente une opération à peu près semblable, car elle rentre plutôt dans l'espèce des embuscades que dans le système de défense ouverte. Elle présente une batterie basse destinée à la défense d'une ou de plusieurs positions, et faite seulement de terre et de gazon, ramassés en quantité suffisante pour former les embrasures peu élevées des grosses fusées, qui sont placées à une distance de 2 ou 3 pieds et même moins. Les fusées sont tirées isolément par un certain nombre d'hommes employés à entretenir le feu, suivant que le cas l'exige.

Il est évident que par cette méthode on peut entretenir un feu suivi et si vif qu'il serait impossible à l'ennemi de le traverser, non-seulement à cause de la quantité, du poids et de la nature destructive des munitions, mais encore en raison de ce que la ligne est si serrée et si près de terre, que tout l'espace qui se trouve devant le front de la ligne, est labouré après un petit nombre de coups.

Ces deux opérations étant supposées défensives et exécutées dans des positions fixes, il n'y a pas de difficulté dans ce cas à établir un dépôt suffisant de munitions pour entretenir un feu très vif, et tel qu'il soit impossible d'approcher de ce système de défense par les moyens ordinaires de l'artillerie.

PLANCHE 9.

Emploi des fusées pour l'attaque et la défense des places fortes.

La planche 9, figure 1, représente les batteries avancées et les approches faites pour l'attaque d'une forteresse. On suppose qu'une brèche imparfaite a été pratiquée à l'angle saillant d'un bastion. De grosses fusées, pesant chacune deux ou trois cents livres au plus et chargées d'un baril de poudre, au moins, sont lancées dans les ruines de la muraille, après que le revêtement a été détruit, afin de rendre la brèche praticable le plus promptement possible, par des explosions continuelles. Pour que toutes les fusées produisent l'effet désiré, il faut tellement les charger qu'elles ne s'élèvent pas de terre après qu'elles sont tirées, et on les place à cet effet dans une petite tranchée creusée jusqu'au pied du glacis, en partant du point le plus rapproché de la troisième parallèle, et en droite ligne dans la direction de la brèche. Il est évident que ces opérations doivent se faire de nuit, et que peu d'heures suffisent, non-seulement afin d'ouvrir la tranchée, qui n'a besoin que d'avoir 18 pouces de profondeur et 9 pouces environ de largeur, mais encore afin de tirer un assez grand nombre de fusées pour faire une brèche complète avant que l'ennemi puisse prendre des mesures propres à empêcher les effets de cette opération.

J'ai tout lieu de croire, d'après les expériences que j'ai faites depuis peu, que des fusées d'un calibre beaucoup plus considérable peuvent être employées pour ce genre de service. Des fusées du poids d'un demi-tonneau jusqu'à un tonneau, renfermées dans une forte caisse de fer fondu, possèdent une telle force, qu'en les tirant par un procédé semblable à celui qui est indiqué ci-dessus, même contre le revêtement d'une forteresse non entamée par le canon, elles le perceront sans nul doute; après cela, l'explosion de plusieurs barils de poudre qu'elle contient, fera sauter dans le fossé une partie de la maçonnerie, et en peu de coups la brèche sera entièrement praticable.

On voit, par ce qui vient d'être dit, que la grosse fusée est extrêmement portative, et qu'elle peut être manœuvrée avec une facilité à laquelle nulle autre pièce d'artillerie n'est comparable; que d'un autre côté sa puissance et les masses de munitions qui peuvent être employées, surpassent de beaucoup celles de l'artillerie ordinaire. Cependant, quoique les dernières fusées que nous venons de décrire soient d'un poids énorme, si elles ont le pouvoir que je leur ai supposé (ce dont je ne doute pas), le poids qui pourra être lancé contre une ville pour battre en brèche est hors de comparaison avec le poids des munitions nécessaires pour le même service, d'après le système actuellement en usage. Ces fusées l'emportent en outre sur ce système par l'économie de temps et de frais, et par une grande simplicité pour l'exécution des approches et des ouvrages nécessaires pour un siége. Je propose de nommer cette espèce de fusée *Béliers à feu.*

La figure 2 représente l'usage de ces grosses fusées pour la défense d'une forteresse, en détruisant les batteries qui ont été érigées contre elles. En pareil cas, ces fusées sont tirées d'embrasures pratiquées sur le glacis, le long de tranchées ouvertes dans la direction des ouvrages qu'on veut détruire.

PLANCHE 10.

De l'emploi des fusées par l'infanterie contre la cavalerie et pour défendre l'approche d'une forteresse.

La planche 10, figure 1, représente une charge de cavalerie contre un corps d'infanterie. Cette charge est repoussée à l'aide de fusées que nous supposons être du plus petit calibre, c'est-à-dire de 9 ou de 12 livres, et portées par des chevaux de bât ou dans de petits caissons; nous supposons encore que ce sont des fusées à bombe de 6 livres, dont 6 peuvent être portées en faisceau par un seul homme pour toute espèce de service particulier; ou bien elles peuvent être disposées de telle sorte que dans les compagnies d'élite de chaque régiment, tout homme en porte une indépendamment de sa carabine, dans une petite poche en cuir, attachée à sa giberne le long de cette même carabine. Sur son épaule est la baguette de la fusée, qui peut servir de lance (étant faite de manière à recevoir une baïonnette au bout), ou bien d'appui pour poser et tirer l'arme.

Par ce moyen, chaque bataillon posséderait une batterie formidable de ces munitions, outre les moyens d'attaque et de défense ordinaire, et presque sans augmenter la charge que les compagnies d'élite portent habituellement, le poids total de la fusée et de la baguette n'excédant pas 6 livres, et la différence entre un fusil et une carabine étant à peu près nulle. Quant à la manière de s'en servir dans une action, pour tirer à une grande distance, comme ces fusées portent à 2,000 yards, chaque régiment pourrait emporter quelques appareils sans aucun embarras, attendu que les appareils de cette espèce de fusées ne sont pas plus lourds qu'un fusil; mais comme le véritable emploi de cette arme, dans de pareils cas, est de s'en servir à une petite distance, pendant une charge de cavalerie ou même d'infanterie, il est généralement supposé qu'on les lance par volées simplement posées à terre, comme il est représenté par la planche ci-jointe. Il est reconnu que les charges de cavalerie sont souvent repoussées avec succès par l'infanterie au moyen d'un feu de mousqueterie bien nourri. On peut sans présomption inférer de là que des colonnes d'infanterie repousseraient infailliblement la cavalerie, si elles possédaient le secours additionnel de puissantes volées de fusées à bombe. De même, lorsque des bataillons d'infanterie chargent ou sont chargés, une volée de 100 ou de 200 fusées tirées à propos par les compagnies d'élite doit produire les effets les plus décisifs; et l'on ne peut douter que les compagnies d'élite, en s'avançant pour attaquer, ne puissent faire l'usage le plus formidable de cette arme, alternativement avec leurs carabines pour toutes les manœuvres d'infanterie légère ou de tirailleurs. On peut également en faire usage pour le passage des rivières, afin de protéger les colonnes avancées, ou pour l'établissement d'une tête de pont; et généralement, dans toutes occasions semblables, on verra que les fusées sont d'une grande utilité, ainsi que l'on s'en est convaincu en 1813 au passage de l'Adour. Enfin je dois faire observer ici que l'usage des fusées n'est pas plus limité que celui de la poudre à canon elle-même.

La figure 2 représente l'assaut d'une forteresse protégé par des fusées de gros calibre, à carcasse et à bombes; les premières sont tirées des tranchées, à des angles élevés; les secondes sont tirées par terre. On ne peut mettre en doute que la confusion qui existe dans une place, lorsqu'on y a lancé quelques milliers de fusées, en deux ou trois volées vivement répétées, ne soit très favorable soit pour un assaut partiel, soit pour une escalade générale.

Quoique dans tous les cas je fonde la plus grande puissance de cette arme dans son emploi en grande quantité, il ne faut pas supposer pour cela que les effets d'une fusée à carcasse tirée isolément, et dont la plus petite contient autant de matières combustibles qu'un projectile ordinaire de 10 pouces, ne soient pas au moins égaux à ce projectile, ou que l'explosion de la bombe d'une fusée n'ait pas la même puissance qu'une bombe lancée de toute autre manière; mais comme le pouvoir de lancer instantanément une quantité illimitée de projectiles est une propriété exclusive de cette arme, et comme il est incontestable que l'emploi instantané d'une certaine quantité de munitions ne produise infiniment plus d'effet matériellement et même moralement (1) qu'un feu successif entretenu avec la même quan-

(1) Cent incendies qui se déclarent à la fois doivent nécessai-

tité de munition, il serait absurde de ne pas faire de cette propriété exclusive la règle générale de l'emploi de cette arme nouvelle.

Cette arme peut encore être employée avec succès à l'assaut même des places fortifiées, attendu que c'est la seule espèce d'artillerie que puissent porter avec eux les hommes commandés pour l'assaut; leur valeur, en pareil cas, est infinie, et jamais on ne devrait tenter une opération de cette nature sans leur secours. Outre que les fusées mettront les assiégeants, dès le moment où ils seront arrivés sur la brèche, à même de balayer le parapet, les rues et passages où ils trouveront de la résistance, elles doivent, lorsqu'elles sont ainsi lancées dans une ville, jeter la confusion dans les troupes de la garnison aussi bien que parmi les habitants.

PLANCHE 11.

Emploi des fusées par des chaloupes.

La planche 11 représente deux chaloupes de vaisseaux de guerre lançant des fusées. L'appareil est le même que celui qui est employé sur terre pour les bombardements, à l'exception des deux supports qui sont remplacés pour le service de mer par le mât de l'avant de la chaloupe. Pour rendre générale l'application de l'appareil ordinaire, tous les mâts de ces chaloupes sont munis d'un tenon ou crampon destiné à fixer ledit appareil, et propre à le hausser ou à le baisser à volonté au moyen de la manœuvre des vergues.

La chaloupe qui se trouve en tête dans la planche est représentée au moment d'une décharge. Lorsque l'appareil est

rement causer plus d'effroi et de destruction, que lorsqu'ils arrivent successivement et peuvent être éteints au fur et à mesure.

élevé à l'angle désiré, l'équipage se retire vers la poupe, et un des artilleurs de marine décharge la fusée par le moyen d'un cordon. Dans la seconde chaloupe, des artilleurs sont occupés à charger; à cet effet l'appareil est descendu à un point convenable, le grand mât est debout et la grande voile est en partie carguée; en mouillant cette voile, on évite (sans aucun danger pour elle) que les hommes soient incommodés par la fumée et par les étincelles que la fusée lance en partant. On fera donc bien d'user de ce moyen lorsqu'il n'en résultera pas d'inconvénient par rapport au vent; toutefois cette précaution n'est pas indispensable, car j'ai moi-même tiré plusieurs centaines de fusées dans des chaloupes et même dans des canots à 6 rames sans y avoir recours. Il est évident que par cette disposition de la voile, on peut également lancer des fusées soit quand elle est déployée pour la marche de l'embarcation, soit dans les cas où la chaloupe est mise en mouvement par l'aviron, soit enfin lorsqu'elle est à l'ancre. Dans une chaloupe on peut mettre les munitions à couvert en les plaçant sur l'arrière et en les couvrant de toiles goudronnées ou de peaux tannées; mais dans le canot à 6 rames il n'y a pas assez de place et il est nécessaire qu'il soit accompagné d'un autre canot pour porter les munitions; la chaloupe est donc préférable tant sous ce rapport que parce qu'elle a plus d'aplomb, lorsqu'elle n'a pas à lutter contre l'obstacle de courants ou de basses eaux.

Le pouvoir de lancer des projectiles sans l'embarras des pièces de canon, donne à l'arme des fusées un avantage immense pour le service de terre, et sa propriété de pouvoir être lancée sans réaction ou contre-coup, lui donne également un très grand avantage pour le service de mer. D'où il résulte que des fusées renfermant autant de matières combustibles que l'on pourrait, d'après la méthode ordinaire, en lancer au moyen des plus gros mortiers et à bord de vaisseaux d'un port considérable, peuvent être employées par les plus petites embarcations; c'est ainsi que des fusées de 12 et de 18 livres ont été fréquemment lancées de canots à 4 rames.

Les fusées à bombe, de 12 et de 18 livres, font parfaitement bien le ricochet dans l'eau, étant tirées à des angles bas.

L'emploi des fusées dans les canots peut encore recevoir une application qui ne doit pas être passée sous silence : je veux parler du cas où il s'agit d'aborder un vaisseau, opération que leur usage facilite beaucoup. A cet effet on prépare des fusées à bombes de 32 livres, avec une baguette courte, munies d'une petite mèche et d'une amorce pour tirer. Le tout étant ainsi disposé, chaque chaloupe destinée à aborder, est munie de 10 à 12 de ces fusées; au moment où elles arrivent près du vaisseau ennemi, on met le feu aux amorces et toutes les fusées sont immédiatement lancées à la main dans les sabords de ce vaisseau où elles suivent leur propre impulsion et tournent sur les ponts jusqu'à leur explosion de manière à les balayer pour enlever tout obstacle aux abordeurs, soit par la destruction, soit par la terreur qu'elles répandent dans l'équipage; les abordeurs restent tranquilles pendant quelques secondes jusqu'à ce que l'explosion des fusées les avertisse qu'elles ont fait leur effet et qu'il n'y a rien à craindre pour eux en montant à l'abordage.

PLANCHE 12.

Emploi des fusées dans les brûlots, et manière d'équiper toute autre espèce de navires pour le service des fusées.

La planche 12, figure 1, représente l'emploi des fusées dans des brûlots. Ces navires, ainsi disposés, acquièrent la faculté d'incendier de loin, indépendamment des moyens propres qu'ils possèdent, mais qui ne sont efficaces qu'autant qu'ils arrivent en contact avec les bâtiments dont on se propose la destruction.

Voici la marche qu'on suit à cet égard : les appareils ou racks (1), capables de contenir autant de fusées à bombe et à carcasse qu'on en veut employer, sont disposés par rangées l'un au-dessus de l'autre dans les agrès et presque à se toucher. On peut également placer quelques-uns de ses racks dans les manœuvres des mâts de hune et de perroquet pour en augmenter le nombre; et lorsqu'on veut faire usage de ces brûlots, on met les fusées sur les racks, à différents angles et dans tous les sens, avec les lumières découvertes, et sans qu'il soit besoin d'y veiller ni de préparer leur direction, attendu que leur effet ne peut manquer ni en raison du vent, ni en raison de la pluie. Elles prennent feu effectivement par le seul progrès des flammes qui montent dans les agrès, et long-temps après que le feu a été mis au navire et que ce dernier a été abandonné.

Il est donc évident qu'aucun accident n'est à craindre pour les personnes chargées de diriger le brûlot, puisqu'elles seront en sûreté avant qu'aucune décharge n'ait eu lieu. Il

(1) Planches percées de trous pour y placer les fusées.

n'est également pas douteux que l'on peut compter sur la destruction des navires de l'ennemi, parce que la décharge commencera aussitôt que le brûlot sera arrivé au milieu d'eux, et alors il lancera des volées terribles. Le plus petit brûlot étant supposé ne pas porter moins de 1000 fusées placées dans toutes les directions, il est impossible que la totalité des vaisseaux ennemis ne soit pas atteinte un peu plus tôt ou un peu plus tard de ces feux destructifs, si les brûlots sont en nombre suffisant et si l'on y met les fusées nécessaires; au lieu qu'au contraire, sans ce pouvoir de détruire à une certaine distance, il est à parier, dix contre un, que les brûlots passeront au travers d'une flotte sans occasionner de dommages, attendu les efforts des chaloupes ennemies pour touer et dégager ses bâtiments, efforts qui sont rendus entièrement inutiles par le nouveau système de brûlots, attendu qu'il est impossible que des chaloupes s'aventurent au point d'approcher d'un bâtiment ainsi équippé et lançant des fusées à bombe et à carcasse dans toutes directions. J'ai eu l'occasion d'en faire l'expérience lors de l'attaque de la flotte française dans la baie de Biscaye, et quoique cette opération ait été faite avec très peu de moyens, il a été constaté qu'elle occasionna autant de terreur que de confusion parmi l'ennemi.

Les figures 2—3 et 4 représentent la manière d'équiper un navire pour lancer des fusées par des ouvertures pratiquées dans les flancs, ce qui donne une batterie de fusées à chaque vaisseau ayant un entre-pont, outre les batteries ordinaires de la coursière de *spar-deck*, sans que l'une nuise en aucun point à l'autre et sans le moindre danger pour le vaisseau; les étincelles lancées par les fusées, en partant, étant complétement interceptées par des écoutilles en fer qui ferment ces ouvertures en dedans ainsi que cela a été pratiqué à bord du vaisseau le GALGO, muni de vingt et une de ces ouvertures, comme le représente la figure 3, ou par une construction particulière de ces ouvertures et de l'appareil que j'ai proposée et qui a été appliquée à la corvette l'EREBUS. Ici l'ouverture est entièrement remplie dans toutes les positions obliques et à tous angles par l'appareil, et de là toute possibilité d'incendie est complétement prévenue. Dans ces deux navires on peut tirer les fusées aux angles les plus élevés pour un bombardement, ou à des angles bas comme un supplément des moyens offensifs ou défensifs contre d'autres navires pendant une action, attendu que les fusées employées à cet usage sont capables de lancer des boulets de 18 livres, ou des projectiles de 4 pouces 1|2, ou même des boulets de 24. Cet arrangement donne, par le fait, à la classe des petits bâtiments ci dessus mentionnés, un second pont formidable pour un service général aussi bien que pour un bombardement.

De plus petits bâtiments, tels que des bricks armés, des goëlettes et des cutters, peuvent, étant équipés de cette manière, lancer des fusées au moyen d'un appareil semblable à celui des chaloupes qui a été décrit dans la planche 2, et qui se trouve placé soit dans leur entre-pont, soit sur les flancs, soit sur l'arrière. Cet appareil est fait de façon à pouvoir s'élever et se baisser à volonté, à l'aide d'une perche ou d'un mât de chaloupe fixé perpendiculairement en-dehors des bastingages du navire. Cette méthode est très bonne pour être employée dans de petits bâtiments, ou accidentellement sur tout navire; mais elle a l'inconvénient de ne pas lancer les étincelles à une aussi grande distance des manœuvres que lorsqu'on les tire d'en bas ; elle gêne aussi pour le service des canons et ne peut par conséquent être employée qu'exclusivement dans un bombardement. Tous les bricks de la station de Boulogne, pendant le commandement du commodore Owen, étaient équipés de cette manière ; quelques-uns portaient deux appareils et d'autres en avaient trois.

DEUXIÈME PARTIE.

RECHERCHES

SUR

LES FUSÉES DE GUERRE,

PAR M. DE MONTGERY,

CAPITAINE DE VAISSEAU (1).

PRÉAMBULE.

Il suffit, pour former une espèce de fusée de guerre, d'ajouter une grenade, un obus, ou des matières incendiaires, à l'extrémité antérieure d'une fusée volante de grandes dimensions. On ne doit pas considérer comme une différence essentielle, que les enveloppes soient faites avec du carton, du papier, du bois ou du métal : ces diverses enveloppes

(1) *Journal des Sciences Militaires*, novembre 1825, janvier, février, novembre et décembre 1826.

sont depuis long-temps en usage. Lancer des projectiles incendiaires ou détonants, à l'aide de fusées, au lieu d'employer des bouches à feu, tel est le caractère principal de l'invention. Elle passe en général pour être fort nouvelle; quelques philanthropes voudraient qu'elle fût proscrite, parce qu'ils la croient trop meurtrière; et la plupart des militaires la regardent comme absolument insignifiante. Il y a erreur complète dans les deux premières opinions; la troisième doit être modifiée. Examinons d'abord la question de nouveauté, ou plutôt d'ancienneté.

Les soldats du Bas Empire portaient, dans l'intérieur de leurs boucliers, de légers tubes ou siphons à mains (χειροσὶφωνα) pleins d'un feu artificiel (εσκευασμενον πυρ), qui s'élançait dans l'air avec une force extrême. L'empereur Léon le philosophe faisait lui-même préparer ces siphons, opération que les Grecs s'efforcèrent toujours de tenir secrète. Sans chercher ici à la deviner, nous pouvons conclure qu'un artifice qui frappait l'air avec violence, devait, en vertu de la réaction, faire voler les enveloppes, lorsque par hasard celles-ci échappaient de la main des soldats. Or, voilà, dès la fin du 9e siècle, des espèces de fusées volantes (1).

(1) Léon le Philosophe monta sur le trône en 880. Il n'est pas certain qu'il ait inventé les siphons à main; mais, avant son règne, on n'en trouve aucune trace dans toute l'histoire byzantine. Les grands siphons décrits d'abord par Thucydide et Apollodore, dont l'usage fut renouvelé par Callinique en 672, étaient des espèces de pompes foulantes qui lançaient du naphte, de la poix et autres matières liquides et inflammables. De là vient le nom de feu Mède (μηδικονπυρ) et feu liquide (υγρονπυς). Ces artifices qui brûlent jusque dans l'eau, et qu'on a nommés aussi feu romain et feu grec ou grégeois, furent d'abord en usage chez les Assyriens,

Dans le célèbre manuscrit de Marcus Græcus (1), on trouve à la fois la manière de composer la poudre à canon, le feu grégeois et les fusées volantes et meurtrières. Les mêmes renseignements furent reproduits dans un ouvrage du 13e siècle, attribué à Albert le Grand. Roger Bacon paraît avoir connu quelque chose de semblable; mais non plus que Marcus et Albert, il n'a parlé de canon ni d'aucune autre bouche à feu; en sorte que les fusées, dites à la Congrève, qui sont regardées aujourd'hui comme une des inventions d'artillerie les plus récentes, sont au contraire une des plus anciennes. En voici d'autres preuves.

Dans différents états de l'Asie, les feux de joie sont en usage depuis un temps immémorial : le juif Benjamin de Tudèle, qui visita la Perse, vers 1173, vit une grande quantité

les Chinois, les Chaldéens, les Perses, les Hébreux, les Mèdes, etc. Ils passèrent ensuite chez les Phéniciens, les Grecs, les Romains, les Alexandrins, les Byzantins, les Vandales, les Arabes, les Francs, etc. Non-seulement on a employé ce feu à des époques très reculées, mais on n'a jamais entièrement cessé de s'en servir. La manière de le composer et de l'employer se trouve dans un grand nombre d'ouvrages anciens et modernes. Cependant, certaines différences dans les ingrédients, dans la préparation, et surtout dans le nom, sont cause de toutes les erreurs débitées à son sujet par Théophane, Cédrène, Albert d'Aix, Mélanchton, La Porte, Pancirolle, Schotte, Ducange, Moréri, Montesquieu, Daniel, Grose, Watson, Gibbon, Hoyer, et une infinité d'écrivains distingués. Un savant anglais, membre de la Société royale de Londres, a publié récemment, sur le feu grégeois, un mémoire ingénieux, mais qui contient des méprises singulières.

(1) *Liber ignium ad comburendum hostes tàm in mari quàm in terrâ*; imprimé à Paris en 1804. Voyez pages 5, 6 et 13.

de ces artifices nommés soleils, qui ne sont autre chose que des fusées tournantes. Lorsque les Portugais abordèrent pour la première fois à Mélinde, en 1498, les Indiens ne cessèrent toute la nuit de tirer des fusées volantes et des coups de canon, en signe de réjouissances.

On trouve un exemple frappant de l'emploi des feux d'artifice par les Chinois pendant leur guerre contre les Tartares, vers le commencement du 13e siècle : leurs villes trouvèrent un de leurs principaux moyens de défense dans l'usage des bombes, des lances à feu et des fusées volantes.

Celles-ci, nous venons de le voir, étaient connues alors en Europe ; mais, malgré des recherches très nombreuses, nous n'avons commencé à trouver des preuves de leur emploi, qu'en 1379 et 1380. Les Padouans s'en servirent pour incendier la ville de Mestre ; et les Vénitiens, pour incendier la tour *delle Bebe*, qui appartenait aux fortifications avancées de Chiogia. Ces faits se passèrent presque à la vue des historiens qui les ont rapportés.

En 1449, Dunois fit jeter des fusées dans la place de Pont-Audemer ; et, tandis que l'assiégé s'efforçait d'éteindre l'incendie, les Français escaladèrent les remparts (1).

Ce n'était pas la première fois que nous faisions usage de ces artifices : un chanoine d'Orléans a reconnu, en compulsant le registre des dépenses de cette ville, que pendant le siége de 1428, on avait donné diverses sommes pour l'achat de matériaux propres à fabriquer des fusées (2).

(1) Voyez sous cette date la vieille *Histoire anonyme de Charles VII*, ou l'*Histoire de la Milice française*, par Daniel, t. I, p. 576.

(2) Renseignements donnés par le capitaine d'artillerie Vergnaud.

Dans un manuscrit qui passait pour très vieux en 1561, les fusées volantes et meurtrières sont décrites avec un soin particulier. On recommande de faire les enveloppes en tôle, et de les vernir pour les empêcher de se rouiller (1).

Un ingénieur en chef de Charles-Quint, Louis Collado, nous apprend qu'à l'époque où il composait son *Manuel d'artillerie* (en 1586), on se servait de fusées pour éclairer les environs des places assiégées, et pour mettre en déroute la cavalerie. Il veut qu'on leur ajoute des pétards, afin de les rendre plus dangereuses, et qu'on les lance à l'aide d'un long tube, afin d'augmenter leur portée.

Hanzelet recommande aussi d'employer contre la cavalerie des fusées armées d'un pétard ou d'une grenade.

A la même époque, un auteur anonyme (2) donnait un moyen de diriger les fusées pour brûler les navires, les maisons, etc., à l'aide d'une table à bascule qu'on fixait au degré d'inclinaison convenable, en visant le but que l'on voulait frapper.

Furtembach décrit des espèces de boucliers surmontés d'un tube, qui servent à lancer des grenades à main et des fusées (*Ragetten*, aujourd'hui *Rachetten*). Cet auteur nous apprend que les Barbaresques et autres Musulmans en fai-

(1) *Petit Traité contenant plusieurs artifices de feu*, etc., chap. 25, 26, 35 et 36. Le nom de *roquet* et celui de *roquette*, sont employés pour désigner le corps ou l'enveloppe de la fusée. La fusée entière est nommée feu volant comme dans le manuscrit de Marcus Grœcus.

(2) *Récréations mathématiques composées de plusieurs problèmes plaisants et facétieux*, etc., 3e partie, chap. 15, p. 41 et 42; Rouen, 1630.

saient un grand usage dans les combats de mer (1). Il ajoute : 1° que la tête des fusées doit être armée d'une pointe de fer barbelée ; 2° que parfois on enduit l'enveloppe d'une matière inflammable, pour empêcher l'ennemi de les saisir et de les rejeter ; 3° qu'on insère dans le pétard des balles de fer ou de plomb, qui forment, lorsque le pétard éclate, une mitraille très meurtrière. Cela se pratiquait déjà pour les bombes, les grenades, les pots à feu et autres projectiles creux.

Vers la fin du 17e siècle, et pendant tout le 18e, on cessa à peu près de se servir de fusées en Europe, si ce n'est pour les feux de réjouissance et pour les signaux. Cependant, l'artificier Ruggieri fit des expériences, en 1760, sur des fusées destinées à lancer des matières incendiaires. Il fit aussi des fusées à grenades avec un nommé Monjori.

Il paraît qu'en Asie on continua à employer les fusées à la guerre. Un des exemples les plus récents eut lieu en 1799, au siége de Seringapatnam ; les soldats de Tippo-Saeb en lancèrent un grand nombre contre les Anglais, et elles produisirent des effets extrêmement destructeurs. Les fusées employées par les Indiens sont en fer, et armées d'une baguette de bambou ; elles pèsent ordinairement de 1 à 8 livres.

Julienne de Belair, qui en avait vu précédemment les

(1) On trouve ailleurs la confirmation de ce fait (*Vie de Tourville*, par Richer, t. 1, p. 43). Le chevalier d'Hocquincourt, ayant abordé un vaisseau d'Alger, reçut un grand nombre de grenades et de lances à feu. Ce dernier artifice, semblable au siphon à main des Grecs et à nos chandelles romaines d'aujourd'hui, formait une espèce de fusée volante, dès qu'il était abandonné à lui-même. Souvent, au reste, on a confondu ensemble les lances à feu et les fusées.

bons effets, étant revenu en France, entreprit, vers 1791, de les perfectionner, de concert avec C. F. Ruggieri. Ce dernier en fabriqua de nouvelles en 1798, pour un armateur de corsaire, à Bordeaux. Mais ces différentes personnes et quelques autres, parmi lesquelles on remarque les généraux Lariboissière, Marescot, Éblé, essayèrent inutilement de faire adopter cette innovation militaire. Sir William Congrève fut plus heureux, en 1805, auprès de son gouvernement.

Les premières fusées qu'il fit exécuter pour le service des troupes anglaises étaient garnies seulement de matières incendiaires (1), et c'est surtout ce qui a contribué à les discréditer.

En effet, lorsqu'on lance dans une ville des fusées ou d'autres projectiles chargés de ces matières, ils tombent souvent sur des pierres ou de la terre, et s'y consument en pure perte; que s'ils tombent sur un objet combustible, on annulle leur effet en les déplaçant avec promptitude, ou en jetant de l'eau sur l'incendie naissant : il en est de même à bord des navires. Quant aux troupes (l'effroi des chevaux à part), elles ne sont offensées par les projectiles incendiaires que dans le cas où elles se trouvent précisément sur leur passage.

Les projectiles détonants, pleins de poudre, sont évidemment plus redoutables : non-seulement ils peuvent causer des incendies, si l'on n'y remédie à temps, mais leur explosion détruit tout ce qui les entoure.

(1) Un de nos plus habiles chimistes, M. d'Arcet, a donné l'analyse de ces matières et la description des fusées avec une exactitude et une clarté parfaites.— *Bulletin de la Société d'Encouragement*. Juin 1814, p. 137 et suivantes.

Le premier essai des fusées du général Congrève eut lieu en octobre 1806, contre la ville de Boulogne. Depuis cette époque, les Anglais ont continué d'en faire usage, dans presque toutes leurs expéditions. En 1813, le prince royal de Suède commença, ainsi que les Prussiens, à employer ces armes pour le service de campagne : il avait réuni un corps de tireurs de fusées à la division de l'armée coalisée qui était sous ses ordres. Enfin le prince régent d'Angleterre, d'après les rapports avantageux qui lui furent faits sur cette espèce d'artillerie légère, ordonna la formation d'un corps de tireurs de fusées qui fut organisé le 1er janvier 1814, et adjoint aux régiments d'artillerie. Des détachements de ce corps furent envoyés vers la même époque à l'armée des Pyrénées sous les ordres du général Wellington, et, l'année suivante, il s'en trouva aussi dans les rangs de l'armée anglaise à Waterloo.

Maintenant des compagnies de fusée à la Congrève sont incorporées dans plusieurs régiments anglais de l'artillerie légère, et on en a même introduit dans les brigades du même corps dans l'Inde.

Depuis la campagne de 1815, le général Congrève a déclaré que, si la guerre eût continué, il eût tellement étendu et perfectionné l'usage de ces projectiles, que le fusil serait devenu une arme purement auxiliaire.

Quelques personnes, en Angleterre et en France, ont disputé à cet actif et ingénieux officier l'invention des fusées de guerre, prétendant en être les véritables auteurs. Mais ces artifices ayant été employés autrefois en Europe et l'ayant toujours été en Asie, comme on vient de le voir, la seule prétention raisonnable était d'en renouveler l'emploi et de les perfectionner : c'est positivement ce qu'a fait le général Congrève.

CHAPITRE I.

INCONVÉNIENTS ET AVANTAGES ATTRIBUÉS AUX FUSÉES A LA CONGRÈVE.

Voyant un moyen de destruction aussi terrible que nouveau dans les fusées à la Congrève, quelques philanthropes prompts à s'alarmer sur les progrès de l'art de la guerre, et quelques écrivains, plus prompts encore à déclamer sur toute espèce de sujets, ont reproché vivement aux Anglais de tirer des fusées sur leurs ennemis, au lieu de lancer des bombes, des boulets incendiaires, de la mitraille et d'autres projectiles en usage.

Admettons momentanément la supériorité des fusées sur ceux-ci, et examinons, sans partialité, si nos rivaux ont tort d'obtenir, avec plus d'art, des succès plus décisifs, et si nous ne devrions pas adopter et même entreprendre de perfectionner une innovation importante, plutôt que d'en faire l'objet de vaines déclamations.

Dans une rixe particulière, le point d'honneur fait une loi de ne se présenter sur le terrain qu'à nombre égal et avec des armes semblables; mais d'autres principes sont suivis dans les querelles des nations : chaque gouvernement s'efforce de surpasser ses adversaires par la nature et la grandeur de ses armements; les généraux cherchent à opposer des troupes nombreuses au moindre corps ennemi, à prendre des positions avantageuses ou même à dresser les plus perfides embûches; enfin les ingénieurs et les artilleurs s'occupent sans cesse de perfectionner la fabrication ou l'emploi des armes offensives et défensives. Tout cela paraît légitime, indispensable. La loi, ou du moins l'opinion, frappe celui qui néglige à cet égard les devoirs de sa profession. Mais si quelqu'un crée de nouvelles ressources militaires, on crie aussitôt à la violation du droit des gens; et tel écrivain, ou tel officier, qui trouve fort naturel qu'on cherche par des perfectionnements de détail à se procurer des armes parfaites, s'indigne qu'on y parvienne tout d'un coup par une amélioration capitale.

On s'est souvent figuré que les guerres seraient plus meurtrières, à mesure que la stratégie, la fortification et l'artillerie feraient des progrès. Mais l'histoire prouve le contraire; surtout depuis l'adoption des bouches à feu, qui furent l'objet des lamentations et de l'exécration de tant d'écrivains du 15e siècle, et même d'époques très récentes. C'était, à les entendre, une invention diabolique, qui devait causer la ruine totale du genre humain... Ceux qui déclament aujourd'hui contre les fusées à la Congrève ne montrent pas plus de prévoyance.

Les gens de lettres, au surplus, sont fort excusables lorsqu'ils portent de faux jugements sur les inventions militaires; on peut citer en leur faveur d'illustres et mémorables exemples. Laissons parler ici un des raisonneurs les plus spirituels et les plus clairvoyants qui aient jamais existé :

« Les armes à feu, disait Montaigne, sont de si peu d'effet, « que, sauf l'étonnement des oreilles, à quoi chacun est « désormais apprivoisé, j'espère qu'on en quittera l'usage. »

Quelques hommes du métier, il faut en convenir, avancent aussi de singulières opinions sur les perfectionnements de l'art de la guerre. Ainsi un officier sorti de la plus célèbre des écoles s'exprimait de la sorte, en 1812 : « Par ces deux « préludes de nos méditations, les places sur les frontières « des États du grand Empereur et de ses descendants, seront « des boulevarts contre lesquels désormais viendront échouer « les inventions *infernales* des Vauban (1) des Bélidor (2) et « des Congrève (3). »

(1) Cette apostrophe contre Vauban, le plus humain des guerriers, vient à l'occasion du tir à ricochet, qui annula presque la défense des places fortes. Mais qu'en résulta-t-il? on démonta presque subitement l'artillerie de ces places; on les fit capituler après quelques jours de tranchée ouverte, et après de très faibles pertes en hommes; tandis qu'en faisant usage de l'artillerie suivant l'ancienne méthode, on eût peut-être, sans avancer le terme de la guerre, perdu, de part et d'autre, plusieurs milliers d'individus.

(2) Bélidor est accusé pour les globes de compression ou mines surchargées, que l'ingénieur Lefebvre contribua plus que celui-ci à mettre en usage ; mais ni l'un ni l'autre n'en est l'inventeur, puisque ce fut par une mine surchargée que Pierre de Navarre prit le château Dell-Ovo, dès l'année 1503 ; et puisque beaucoup d'autres mines de ces premiers temps furent également surchargées.

(3) *Mémoire sur la guerre souterraine, la poudre de mine, et sur une nouvelle bouche à feu*, par C......., capitaine au corps impérial du génie, p. 38. Savone, 1812.

Les Anglais prétendent que, lors de l'attaque de Flessingue, en 1809, le gouvernement français fit des remontrances formelles à lord Chatam, contre l'emploi des fusées dans le bombardement de cette place. Nous aimons à douter de cette démarche; mais dans les cas où elle aurait eu lieu, lord Chatam n'aurait-il pas été en droit de répondre : « La plupart « des perfectionnements de l'artillerie ont été l'ouvrage de « la nation française, à l'époque où elle était la plus civilisée, « ou la plus industrieuse du monde; elle a substitué aux « énormes pièces des premiers temps, qui tiraient de grosses « boules en pierre, des canons faciles à transporter, et lan« çant avec autant de célérité que de précision des boulets « en fer de tous calibres. C'est le chevalier Renau qui fit « connaître le moyen de bombarder les villes maritimes. « Enfin, voici un fait très ancien, mais trop semblable à la « circonstance actuelle, pour ne pas le citer : *Un des meil« leurs rois qu'ait eu la Pologne, inventa certains boulets à « feu qu'il fit jeter dans les retranchements des Livoniens et « des Moscovites, lesquels n'étant bâtis que de bois, faisaient « beau feu par tous les quartiers : de quoi ces barbares firent « leurs plaintes dans l'épouvante que ce feu leur donna, disant « qu'on violait en cela le droit de la guerre, et que la bien« séance des armes ne pouvait être polluée que par des frau« des et des tromperies si manifestes; mais on se moqua d'eux « et de leurs raisons* (1). »

La question du perfectionnement des armes est jugée

(1) *Justi Lipsii Poliorceticon : in Casimiro Siemienovioz, Ars magna artilleriæ*. La citation précédente est copiée textuellement, page 259, d'une traduction faite en 1651, du grand art d'artillerie.

depuis long-temps par tous les hommes éclairés. C'est à ce perfectionnement que les nations doivent principalement leur existence et leur rang politiques; c'est par là que les Grecs sortirent victorieux de leur lutte contre le grand roi; que les Macédoniens se rendirent si célèbres sous Alexandre; que les Romains furent le premier peuple du monde; que Charlemagne rétablit l'empire d'occident; que les Espagnols et les Portugais ont soumis les deux Indes. Les conquêtes dues au nombre des combattants plus qu'à l'industrie militaire, sont à la fois les plus funestes aux vaincus et les moins glorieuses pour les vainqueurs: telles furent celles des Goths, des Huns, des Vandales, des Mogols, et de toutes les hordes sauvages ou à demi civilisées.

Si le général Congrève a réellement créé des moyens de destruction très supérieurs à ceux en usage, l'histoire placera son nom à côté des noms immortels d'Archimède, de Priscus, de Callinique, de Vauban et de Fulton; et la nation qui fera le meilleur emploi de ces moyens, deviendra, si elle ne l'est déjà, la plus puissante et la plus respectée entre toutes les nations.

Mais, jusqu'à ce jour il n'est nullement certain que les fusées aient obtenu sur les bombes, les obus, la mitraille et autres projectiles ordinaires, un avantage général et décisif. Un grand nombre de récits tendent à prouver le contraire.

Les fusées, dit-on, étonnèrent à peine nos conscrits dans la campagne d'invasion du midi de la France; et elles n'inspirèrent que du mépris aux milices américaines en 1815, dans les environs de la Nouvelle-Orléans. Il en fut tiré un grand nombre dans cette expédition, mais elles ne mirent hors de combat que dix hommes, quoiqu'elles eussent fait sauter deux caissons. Dans les siéges mêmes, les détracteurs des fusées assurent qu'elles occasionnèrent moins de dommages que les boulets, les bombes, les obus et les carcasses incendiaires; ils prétendent qu'à Flessingue elles retournèrent contre ceux qui les avaient lancées, et que si elles produisirent quelques dégâts dans cette place ainsi qu'à Boulogne, il faut en accuser la frayeur des habitants, qui leur fit négliger les précautions d'usage en pareille occasion (1); ils rappellent en outre combien elles furent nulles contre Plattsburg, Norfolk, Lewiston, Stonington, et contre plusieurs citadelles.

Les partisans des fusées citent la plupart des mêmes combats et des mêmes siéges, mais dans un sens bien différent. Ils se prévalent de relations qui attribuent des effets très meurtriers aux nouveaux projectiles, notamment à Leipzig, dans le midi de la France et à Waterloo. Dans la première de ces affaires, s'il faut en croire les auteurs anglais et allemands, la compagnie des artificiers, commandée par le capitaine Bogue, employa les fusées à la Congrève avec le plus grand succès. Un écrivain français ajoute que le corps commandé par le général Nansouty fut repoussé par une division appuyée de l'artillerie saxonne et de la batterie de fusées à la Congrève, que le prince royal de Suède avait envoyée sur ce point. Voici en outre ce que dit un de nos compatriotes : « Ces fusées devinrent le principal auxiliaire de « l'artillerie anglaise; la flotte française dans la baie des Bas-

(1) A Boulogne, elles devinrent bientôt la risée des matelots, qui leur donnèrent le nom de *fusées brûlotières;* ils les détachaient avec des leviers de fer ou de bois, et les jetaient ensuite à la mer. Du sable mouillé éteignait promptement les matières enflammées que ces fusées vomissaient par plusieurs orifices (*Victoires et conquêtes*, t. 17, p. 295).

« ques, l'expédition de Walcheren, les ports des Asturies, « Copenhague, les carrés français à Leipzig, les champs « de Waterloo, éprouvèrent les terribles effets de ces fu- « sées. »

Lors du premier essai de ces projectiles à Boulogne, on ne tira que 200 coups et par voie d'expérience seulement; néanmoins trois maisons furent brûlées, plusieurs navires atteints ; et le bombardement qui eut lieu la nuit suivante, par les moyens ordinaires, produisit non-seulement moins de dégâts, mais il n'occasionna pas un seul incendie.

Copenhague, Dantzick, Flessingue, sont les noms que les partisans des fusées citent surtout avec complaisance. Les Anglais rapportent que, dans la première de ces villes, elles produisirent des ravages incroyables : un comité d'artilleurs, nommé après le siége pour en constater les effets, déclara que cette arme était un puissant auxiliaire du système actuel d'artillerie. Pour prouver leur efficacité à Flessingue, on rappelle la prétendue remontrance faite par le général Monnet : l'incendie s'était manifesté en plusieurs quartiers à la fois; il détruisit l'hôtel-de-ville et soixante-dix maisons (1), et en endommagea un nombre beaucoup plus grand ; néanmoins il n'y eut que vingt à trente hommes d'employés à lancer une petite quantité de fusées, et toujours par voie d'essai.

On peut encore citer, en faveur des fusées, les nombreuses occasions où elles furent employées avec succès en Asie.

(1) Le magasin général de la marine fut l'édifice où le feu se manifesta avec plus de violence ; mais, non plus que les autres, il ne fut entièrement consumé. On s'aperçut que l'on n'éteignait pas les fusées avec de l'eau ; on y substitua avec succès des cuirs et des matelas mouillés (Récit de témoins oculaires).

Toutefois il semble qu'on trouve une preuve convaincante du peu d'importance des fusées, dans le résultat définitif des guerres entre les Indiens et les Européens. Ceux-ci, sans avoir de fusées, vainquirent alternativement leurs adversaires, en combattant de près à l'arme blanche, et de loin avec leur artillerie, contre toutes les espèces d'artilleries indiennes. Lorsqu'ils éprouvèrent des revers, l'extrême infériorité de leur nombre paraît en avoir été la principale cause ; et si parfois les fusées occasionnèrent des ravages décisifs, les projectiles ordinaires, et notamment les obus, en produisent souvent de la même nature. Par exemple, « le 11 septembre « 1780, les meilleures troupes d'Hyder-Ali attaquèrent un « corps anglais sous les ordres du colonel Bailey. Cet officier « serait probablement parvenu à se faire jour au travers des « Indiens, sans l'explosion simultanée de quatre caissons, « dont un seulement fut atteint par une fusée : alors les Eu- « ropéens commencèrent à s'ébranler ; la cavalerie ennemie « les chargea de nouveau, les mit en déroute, et leur fit « éprouver une perte de plus de quatre mille hommes. » Un obus, ou même un boulet, a mainte fois occasionné de semblables explosions. On ne doit donc pas regarder cet événement, qui est un des plus remarquables, comme prouvant la supériorité des fusées sur les projectiles ordinaires. Nous examinerons plus en détail les services qu'elles ont pu rendre aux Indiens, dans un appendice qui fera suite à nos recherches.

Il était réservé au trop célèbre Ali Pacha de réduire, au moyen de nouveaux projectiles, des cités que leur position semblait avoir rendues inexpugnables. « Les Anglais, dit « M. Pouqueville, lui avaient donné de l'artillerie de mon- « tagne, des obusiers, des fusées à la Congrève, perfection- « nement nouveau dans l'art de la destruction, et le bruit,

« ainsi que les effets de ces moyens, dignes des incendiaires « de Copenhague, suffisaient pour épouvanter des peupla- « des accoutumées à la stratégie des siècles héroïques. » Enfin, lorsque le vieux tyran de l'Épire se vit resserré dans ses châteaux de Janina, il incendia cette ville avec des bombes, des obus et des fusées à la Congrève.

Quoique cet homme, en sa qualité de musulman, fût aussi ignorant que féroce, il avait tant de sagacité naturelle, que l'adoption qu'il fit des fusées, ne laisse pas de témoigner en leur faveur; et un autre suffrage bien plus imposant est celui du roi de Suède, dont l'expérience et les talents militaires eurent tour à tour trop d'influence sur les victoires et les revers de la France, pour que nous les révoquions en doute.

Dans de semblables matières, toutefois, les faits matériels prouvent plus qu'aucune autorité morale; et il est difficile de prononcer, quand on voit ces faits alternativement cités pour et contre les nouveaux projectiles : il faut donc approfondir de plus en plus cette question.

Observons d'abord que les fusées ont été principalement vantées par les Anglais et leurs alliés, c'est-à-dire par les hommes qui les ont adoptées, tandis qu'elles ont été dépréciées par ceux qui n'en ont pas encore fait usage. Or, l'amour-propre, qui engage toujours chacun à justifier sa conduite, explique déjà en partie la différence des opinions.

Mais le jugement porté par les militaires français et américains offre quelques garanties particulières : l'effet de projectiles à grandes portées est bien mieux constaté par les hommes entre les rangs, ou dans les places desquels ils tombent, que par les troupes qui les ont lancés. En outre, tous les peuples ont coutume d'exagérer le mal que les armes nouvelles leur font éprouver : ils aiment à rejeter sur des innovations qu'ils appellent lâches et frauduleuses, des revers dont ils ne devraient accuser que leur manque d'industrie.

Voici enfin un fait bien propre à motiver le mépris que les Français et les Américains ont témoigné pour les fusées à la Congrève; la plupart de celles qui furent lancées contre eux, chargées seulement de roche à feu et de matière fusante, ne faisaient que brûler sans éclater; pour en être frappé, il fallait se trouver précisément sur leur passage, accident fort rare, à cause de leur peu de direction, et facile à éviter, dans certains cas, à cause de leur peu de vitesse. Quant aux édifices et aux navires sur lesquels il est tombé des fusées, on est parvenu souvent à éteindre l'incendie par les moyens les plus ordinaires; ou à le prévenir, en s'empressant de rejeter, loin de tout objet combustible, les projectiles enflammés, ou en les étouffant avec du sable, du cuir, des matelas ou des étoffes humides.

Mais au lieu de n'avoir en vue que les fusées garnies de roche à feu, les écrivains anglais avaient l'esprit occupé de plusieurs autres, exécutées ou projetées successivement par le général Congrève; en sorte que les partisans et les antagonistes de ces armes n'ont pas parlé des mêmes objets; et, par cette seule raison, ils devaient différer essentiellement d'opinion; on n'a pas maqué d'ailleurs, suivant la coutume, d'exagérer les avantages et les inconvénients du nouveau système : aucune innovation ne saurait être appréciée d'abord à sa juste valeur.

Outre les propriétés bonnes ou mauvaises attribuées jusqu'ici aux fusées, il en est d'autres ignorées du public, qui seront présentées dans les chapitres suivants. Mais avec les notions déjà recueillies, et sans nous occuper encore des perfectionnements les plus récents des nouvelles armes, nous sommes à même de porter quelques jugements moins hasardés que ceux de nos prédécesseurs.

1° La théorie et l'expérience démontrent que les baguettes et le peu de vitesse des fusées exposent ces projectiles à de grandes déviations. On doit souvent manquer un but mobile et de peu d'étendue, même en ayant égard à la force et à la direction du vent; mais des hommes bien exercés frapperont presque toujours un but d'une autre espèce, tel qu'une ville ou un camp, un carré ou une colonne de troupes, un convoi engagé dans une rue, ou sur une place, ou dans un défilé.

2° La forme sphérique des projectiles ordinaires procure presque toujours des ricochets très destructeurs. Les fusées, au contraire, ricochent rarement, à cause de leur forme, et surtout de leur baguette; elles ne fournissent pas non plus des trajectoires très aplaties qui, rasant la surface de la terre, ont la chance de rencontrer un grand nombre d'objets. Leur tir est comparable à celui des projectiles lancés par un mortier, qui ne frappent qu'un seul point en tombant de très haut. Il existe des moyens de corriger en partie cet inconvénient pour les fusées; mais nous devons conclure que celles dont on a fait usage jusqu'ici, ne convenaient qu'à des bombardements.

3° Il y a certains édifices à l'épreuve des bombes, qui ne résisteraient pas aux fusées. En effet, nos plus grosses bombes actuelles sont de 12 pouces et pèsent au plus 188 livres : on a renoncé à celles d'un calibre supérieur, parce qu'entre autres inconvénients, leurs mortiers étaient trop difficiles à transporter et à manœuvrer; mais il n'y a, pour ainsi dire, aucune limite aux dimensions des fusées : les Anglais en fabriquent qui pèsent 300 livres, et ils se proposent d'aller au-delà. Les Birmans, au rapport de Symes, en construisent souvent du poids de plusieurs quintaux ; enfin, le capitaine Cox en a vu commencer une, chez le même peuple, qui était destinée à contenir la charge énorme de 10, 500 livres de poudre.

Mais, au lieu de ces proportions colossales, une fusée ayant 9 pouces de diamètre, et pesant seulement 240 livres, défoncerait des voûtes et des blindages à l'épreuve des bombes de 12 pouces. Elle contiendrait environ 80 livres de matière fusante qui ne serait épuisée que vers le point culminant de la trajectoire ; et, partant de là avec une vitesse plus grande que la bombe, elle s'enfoncerait plus profondément dans un massif quelconque à l'instant de sa chute, attendu sa plus grande vitesse, son moindre diamètre et la forme pointue de sa partie antérieure. On ne doit pas toutefois en conclure que cette fusée serait à tous égards plus destructive qu'une bombe de 12 pouces, car il ne s'agit pas toujours d'obtenir les plus grands enfoncements possibles ; loin de là, c'est un désavantage qu'un projectile détonnant, en tombant sur le sol, s'y enfonce trop profondément ; il forme alors un entonnoir peu évasé, et ses éclats, au lieu de se répandre dans un large cercle, s'élèvent presque verticalement et ne mettent parfois personne hors de combat. De plus, le pot d'une fusée de 240 livres n'en pèserait qu'environ 60, et ne contiendrait pas autant de poudre qu'une bombe de 12 pouces, à moins que ses parois ne fussent très minces, ce qui rendrait ses éclats peu redoutables.

4° Mettant de côté les bombes, si nous comparons les fusées aux carcasses incendiaires lancées par une bouche à feu, les résultats vont se présenter sous différents aspects. Les bouches à feu ne fournissent de longues portées qu'à l'aide de projectiles d'une grande pesanteur spécifique et à l'aide de vitesses initiales prodigieuses ; mais ces vitesses nuisent à l'inflammation des carcasses incendiaires, qui d'ailleurs n'acquièrent beaucoup de pesanteur qu'au moyen d'une enveloppe de fer d'une épaisseur surabondante; de façon que si l'on veut lancer cette espèce de projectile à une distance plus grande que 8 à 900 toises, il est presque indispensable de faire usage d'une fusée. Rarement, au surplus, a-t-on besoin de combattre à de pareilles distances. C'est dans les limites de 150 à 600 toises que s'exécutent la plupart des bombardements (exception faite des bombardements maritimes). Or, on lance alors les carcasses incendiaires, avec des obusiers, des mortiers et des pierriers, chargés d'une quantité de poudre qui est à peine le dixième de la quantité de matière fusante contenue dans le cartouche d'une fusée, dont les dimensions correspondent au calibre de ces différentes armes.

5° Dans plusieurs circonstances, et notamment dans les siéges, on varie les charges de poudre des bouches à feu, de manière à obtenir, avec des quantités très petites, les effets nécessaires. Nous ne parlerons pas des tirs à ricochet, quoique les plus importants et les plus économiques, puisque les fusées ne peuvent en fournir dans leur état actuel. Mais supposons que les assiégeants veuillent tourmenter, par des feux verticaux, les troupes qui défendent le chemin couvert et les remparts : ils n'ont besoin d'employer que de très petites charges de poudre. Les assiégés agissent de même, pour incommoder leurs adversaires dans la tranchée, et pour éclairer pendant la nuit les environs de la place. On ne saurait exécuter économiquement ces différentes opérations avec les fusées d'une grosseur moyenne, parce que leurs cartouches contiennent des quantités de matière fusante beaucoup plus considérables que les plus grandes charges

BIBLIOTHÈQUE

de poudre d'aucune bouche à feu. Il serait possible, sans doute, de fabriquer des fusées dont les cartouches auraient sept à huit longueurs différentes pour fournir diverses portées, mais cela n'existe pas encore; de plus, on tomberait dans le très grave inconvénient d'avoir des armes qui, individuellement, ne seraient destinées qu'à un cas particulier.

6º La baguette de direction, ainsi que la grande quantité de matière fusante contenue dans le cartouche, présentent d'autres désavantages que ceux déjà indiqués. Elles rendent les approvisionnements plus lourds et plus volumineux que ceux en usage. Comparons, sous ce rapport, les nouveaux projectiles avec les bouches à feu qui fournissent comme eux des tirs verticaux : car l'effet d'aucune des fusées ci-dessus décrites ne saurait être comparé au tir rasant, ou à ricochet, de canons chargés à boulet, ou à mitraille; et, afin de rendre la comparaison encore plus exacte, au lieu de regarder les fusées comme garnies d'artifices incendiaires, que les bouches à feu lancent rarement, nous supposerons que chaque pot en fer fondu soit du même poids et chargé de la même quantité de poudre que la bombe ou l'obus du calibre correspondant; prenant d'ailleurs pour modèle les premières fusées fabriquées en Angleterre, à Vincennes et à Toulon, sans avoir égard à des constructions plus nouvelles que nous n'avons pas encore fait connaître au lecteur.

Voyez le tableau ci-après

TABLEAU

des Mortiers et des Obusiers, comparés aux approvisionne effets à peu près semblables à ceux des bom

NATURE de l'arme.	POIDS de l'arme avec son affût.	CHARGE de poudre de chaque arme.		POIDS des bombes ou des obus.		FUSÉES ayant un pot du même poids qu'une des bombes ou un des obus précédents. Diamètre	Poids total y compris la baguette.
Mortiers de	livres.	liv.	onc.	liv.	onc.	pouces.	livres.
12 p° à pet. portée.	5820	3	2	158	12 1/2	9	794
Id. à grande *id*....	11712	30	0	187	10 1/2	10	938
10 à petite *id*....	3392	3	10	105	12 1/8	8	529
Id. à grande *id*...	4720	7	4				
8 à petite *id*...	1411	1	4 3/4	47	8	6	238
Obusiers de							
8 à petite portée.	3128	1	12	47	1	6	235
6 à petite *id*...	2512	1	12	24	6	5	122
Id. à grande *id*...	3242	4	8				
5 7/12 à petite *id*...	2100	1	0	14	1	4	70
Id. à grande *id*...	2916	4	10				

DES APPROVISIONNEMENTS

ments de Fusées, susceptibles de fournir des portées et des bes et des obus d'un calibre correspondant.

PORTÉES des bombes, des obus et des fusées.	APPROVISIONNEMENTS DE SIÉGE.		APPROVISIONNEMENTS DE BATAILLE.	
	Poids de chaque mortier ou obusier avec son affût et 1000 coups.	Poids de 1000 fusées, y compris un chevalet.	Poids de l'obusier avec son affût, et 300 coups.	Poids de 300 fusées, y compris un chevalet.
toises.	livres.	livres.	livres.	livres.
1200	173,518	795,191	»	»
2000	241,079	939,407	»	»
1100 / 1300	129,611	529,793	»	»
580	51,821	238,357	»	»
1600	55,057	235,352	20,899	70,852
1200 / 1700	44,549	122,183	17,215	36,783
1100 / 1600	29,705	70,105	15,937	21,105

On reconnaît, en consultant ce tableau, que les fusées offriraient un matériel au moins quatre fois plus pesant pour les siéges, et trois fois plus pesant pour les batailles que les bouches à feu ordinaires.

7° La comparaison précédente est purement matérielle; quelques considérations particulières la rendent tour à tour plus ou moins défavorable aux fusées : celles-ci, quoique plus pesantes, ne produisent pas des explosions plus considérables que les bombes, ou les obus correspondants; et elles causent moins de dommage si elles sont lancées sur un camp ou sur des troupes, parce qu'elles pénètrent à de trop grandes profondeurs; mais elles produisent, au contraire, de prodigieux effets, s'il s'agit de ruiner une ville, c'est-à-dire, de traverser les toits et les planchers des maisons les plus solides, et de défoncer jusqu'aux voûtes et aux blindages à l'épreuve des bombes. On obtiendrait peut-être ces résultats avec les plus petites fusées désignées dans le tableau précédent : elles offrent d'ailleurs un très grand avantage sur les bombes et les obus, c'est qu'on peut les faire partir en bien plus grand nombre dans un temps donné, soit en multipliant les chevalets, soit en se passant de ces instruments. Une plus grande vivacité dans les bombardements en rendrait le succès bien plus certain. La ville de Lille, par exemple, a reçu 36,000 projectiles ordinaires durant un siége de 25 jours. Une grande partie de ces projectiles n'étaient ni incendiaires, ni détonnants, et l'on parvint successivement à éteindre des incendies excités à de certains intervalles l'un de l'autre. Mais l'effroi et le mal réel eussent été bien plus grands si, dans une seule nuit, l'ennemi eût jeté 10,000 fusées de 70 livres. Aucune place, jusqu'à ce jour, n'a encore été soumise à une aussi rude épreuve; aucune probablement ne la supporterait sans se rendre; d'autant plus que la garnison, dans ses casemates, ne serait pas plus à l'abri que les habitants dans le fond de leurs caves; d'autant enfin que l'attaque, pouvant être inopinée, ne laisserait pas le temps de prendre les précautions les plus ordinaires contre l'incendie.

8° L'emploi des fusées n'exige ni tranchée, ni aucun préparatif de siége; leur transport ne réclame impérieusement aucune espèce de voiture; il peut s'effectuer à bras, ou sur le dos de toutes les bêtes de somme, non-seulement en plaine, mais dans les pays couverts de montagnes, de bois et de marais inaccessibles à l'artillerie ordinaire; de sorte qu'une troupe quelconque a la faculté, pendant la nuit, de s'approcher très près des murs d'une place, et de jeter dans son enceinte une grande quantité de fusées. Une attaque semblable nuirait considérablement aussi à des troupes retranchées dans un camp.

9° Dans le bombardement des places maritimes, on ne peut employer les mortiers qu'à bord de navires d'une certaine grandeur et à l'aide d'une installation qui exige beaucoup de temps et de dépense, et qui nuit à tout autre service. Le chevalet des fusées se place sans difficulté, au moment du besoin, à bord des bateaux de toute grandeur, ou même à bord des chaloupes, des canots et autres petites embarcations : celles-ci ont d'ailleurs un avantage qui tient à leur petitesse; elles s'approchent de terre, malgré les rochers et les bas-fonds, et l'ennemi ne saurait les apercevoir pendant la nuit qu'à une très petite distance. Tout navire de guerre ou de commerce, approvisionné de fusées, est donc à même d'attaquer subitement les places maritimes les mieux fortifiées, soit en lançant les projectiles de son bord, soit en les faisant lancer par ses embarcations; en sorte que des villes réputées inexpugnables, telles que Saint-Malo, Gibraltar ou

Cadix, sont réellement dans le cas d'être entourées de jour ou de nuit par les embarcations d'une escadre, et d'être subitement couvertes de feu. En faisant usage de ce moyen, nous eussions évité, au dernier siége de Cadix, les retards causés par les préparatifs de navires à bombes; retards qui eussent été très funestes à notre escadre, si le coup de vent d'équinoxe eût été plus violent.

10° Il arrive fréquemment dans un siége que les pièces, à force de tirer, sont mises hors de service. Les affûts et les plates-formes éprouvent le même accident. Les chevalets des fusées n'y sont nullement exposés; en outre, ils offrent peu de prise aux projectiles de l'ennemi; et, s'ils sont brisés, leur perte est facile à réparer, en raison de leur légèreté et de la modicité de leur prix, qui permet d'en avoir de rechange. Enfin, nous avons déjà vu qu'on remplace le chevalet par des talus, des piquets, etc.

11° A la suite de combats ou de longues marches, on se trouve souvent séparé des approvisionnements qui appartiennent à certaines bouches à feu, ou des bouches à feu propres à certains approvisionnements: alors il n'y a plus moyen d'employer sur-le-champ ni les uns ni les autres. Quant aux fusées, il est toujours possible de lancer celles qu'on a sous la main.

12° La plupart des villages, des bourgs et des petites villes sont bâtis en long, sur le bord des grandes routes; et lorsque des troupes battent en retraite, elles peuvent profiter de ce genre de localité pour arrêter leurs ennemis, à l'aide des fusées. Vers le milieu de la grand'rue, l'arrière-garde établirait, à quelque distance l'une de l'autre, deux ou trois barricades, ou des coupures propres à servir chacune de talus à une centaine de fusées; puis se tenant en avant et sur les flancs de ces ouvrages, elle ferait mine de vouloir les défendre, et elle se retirerait successivement derrière chacun d'eux en mettant le feu aux fusées. Nous venons de supposer que la rue principale se trouvait percée en ligne droite; si elle formait des coudes très prononcés, les maisons placées dans les retours dispenseraient de faire des talus; on braquerait les fusées dans les fenêtres, dans les portes, ou dans des meurtrières percées à la hâte. Les défilés formés par des montagnes ou par d'épaisses forêts, peuvent également être défendus par des rangées de fusées.

13° Il est un avantage inhérent à toutes les armes nouvelles, qui appartiendra quelque temps encore aux fusées; c'est d'inspirer plus d'effroi, à égalité de puissance, que les armes ordinaires, surtout lorsqu'on les emploie contre des peuples peu avancés en civilisation, comme les montagnards grecs; ou peu aguerris, comme les milices du Hâvre-de-Grâce en Amérique.

14° Envisagées sous ce dernier aspect, les fusées semblent favoriser l'oppression et l'envahissement; mais on reconnaît aisément le contraire. En effet, lorsqu'un peuple se lève en masse pour maintenir ou pour conquérir son indépendance, il est ordinairement dépourvu des moyens matériels et des talents nécessaires pour faire le siége des villes, des forteresses ou des camps retranchés dans lesquels s'enferment les satellites de la tyrannie. Quelques milliers de fusées achetées à l'étranger serviraient à foudroyer ces places et à décider du sort de la patrie (1).

(1) Lord Cochrane a employé des fusées contre la garnison royaliste du fort de Callao. Le non-succès de cette attaque doit être attribué à ce que les fusées ne furent pas lancées en assez grand nombre, ou avec assez d'adresse, ou à ce qu'elles n'avaient pas les dimensions requises.

Nous venons d'indiquer les conséquences les plus directes des documents précédents; plusieurs de ces conséquences ont échappé aux partisans et aux antagonistes des fusées; mais, en revanche, ils ont hasardé bien des assertions que nous avons passées sous silence.

Il est à peu près inutile de répondre à des personnes qui se trompent sur les faits les mieux constatés, et qui avancent, par exemple, que *la portée des fusées est au plus de* 1200 *toises, que les obus et les bombes contiennent une plus grande quantité de roche à feu que les fusées, etc.* On aurait su, en consultant quelques-uns des ouvrages déjà cités et plusieurs autres, que l'amplitude des fusées fabriquées par les Anglais, s'étend à 1700 toises, et que les Français en ont construit qui ont porté jusqu'à 2100 toises. On aurait su, en outre, que des fusées de moyenne grosseur contiennent jusqu'à 18 livres de roche à feu, tandis que nos plus grosses bombes, farcies de roche à feu, en contiendraient au plus 5 ou 6 livres.

Mais il est des erreurs présentées d'une manière plus spécieuse qui méritent davantage notre attention.

Les auteurs anglais qui se sont le plus occupés des fusées, prétendent que le prix en est moindre que celui de la charge d'aucune arme à feu, sans y comprendre le prix de la construction et de transport de cette arme; et ils n'ont pas craint d'affirmer *que les fusées composent l'espèce d'artillerie la moins dispendieuse possible.*

Répondons d'abord à cette dernière assertion. Fixer ainsi des limites au génie de l'homme, dans la carrière des arts mécaniques, c'est manquer totalement de savoir et de raison. Tous les jours on voit exécuter des choses jugées impossibles par nos ancêtres : nos neveux s'avanceront à leur tour beaucoup plus loin que nous dans cette vaste carrière. Nous en pouvons d'autant moins douter, que depuis le commencement de notre siècle surtout, les découvertes, les inventions et les perfectionnements se succèdent avec une rapidité inouïe et toujours croissante.

Examinons à part ce qui concerne le prix comparatif des fusées et des projectiles ordinaires. En jetant un nouveau coup d'œil sur le tableau relatif aux approvisionnements des bombes, des obus et des fusées, on se convaincra que, même en y comprenant les bouches à feu, les anciens approvisionnements doivent être à peu près quatre fois moins dispendieux que les approvisionnements des fusées, attendu qu'ils sont composés en partie de matériaux moins chers, et qu'ils sont trois ou quatre fois moins lourds et sept à huit fois moins volumineux.

L'avantage d'exécuter des bombardements extraordinairement actifs, procurerait, il est vrai, une grande compensation en faveur des fusées, mais on n'a pas encore assez de données à ce sujet pour déterminer si cette compensation produirait un nouveau matériel de siége moins dispendieux que l'ancien. Nous ne devons guère parler que du matériel de siége, car les fusées décrites jusqu'ici ne sauraient composer uniquement l'artillerie de place et encore moins celle de bataille. Elles sont évidemment inférieures, dans la défense des places, aux fusils de rempart, aux carabines rayées, aux obusiers, aux mortiers à la Coëhorn, et aux pierriers : avec les fusils de rempart et les carabines rayées, on peut mettre hors de combat quiconque élève seulement la tête au-dessus des tranchées; avec un feu vif d'obusiers, pendant le jour et même pendant la nuit (en jetant d'avance quelques balles d'éclairage), on a la faculté de bouleverser le parapet des parallèles ennemies; enfin, avec les mortiers à la

Coëhorn et les pierriers, on tourmente les assaillants dans le fond de toutes leurs tranchées.

Les fusées incendiaires, ou a obus, dont il est question, ne remplaceraient, en aucune manière, les fusils de rempart, ni les carabines rayées, ni même les obusiers qui, pour mieux détruire l'épaulement des parallèles, doivent être tirés horizontalement. Ainsi donc, les nouveaux projectiles n'auraient à remplacer, du côté des assiégés, que les balles à feu. Mais nous avons déjà montré que les fusées d'éclairage coûtent plus que les balles à feu; et nous allons voir que, sous ce rapport, elles ont encore plus de désavantage si on les compare aux mortiers à la Coëhorn et surtout aux pierriers : les mortiers à la Coëhorn lancent, jusqu'à 500 toises, des grenades du calibre de 16 et de 8 livres, avec des charges de poudre de 13 et de 9 onces; au lieu de ces petites charges, il faudrait, pour lancer les mêmes grenades, des cartouches de fusées contenant environ 8 et 4 livres de matière fusante, dépense à laquelle il faudrait ajouter le prix de la tôle, de la baguette et d'une manipulation soignée; en sorte que le rapport des dépenses totales serait environ de 1 à 7. Le même rapport est difficile à fixer pour les pierriers, parce qu'il n'y a aucune espèce de fusée dont l'effet puisse leur être assimilé; mais on reconnaîtra combien leur service doit être économique, en sachant qu'un pierrier du calibre de 15 pouces ne pèse que 1050 livres, et qu'il lance 100 livres de pierres menues, ou de gros cailloux, avec une charge de 2 livres $^1/_2$ de poudre.

Nous sommes enfin obligés d'éluder une comparaison directe, à cause de la trop grande différence du tir, entre les fusées déjà décrites, et les armes à feu dont on se sert en campagne, savoir : les fusils, les pistolets, les canons et même les obusiers : car ceux-ci fournissent, comme les pièces de bataille, des tirs rasants et des ricochets que ne donnent pas les fusées.

C'est en faisant abstraction de la plupart de ces considérations, et en ayant toujours en vue la méthode de porter des matières incendiaires à de très grandes distances, que les partisans des fusées ont cru prouver qu'elles composaient l'artillerie la moins dispendieuse possible. Mais le moyen d'incendier de loin une cité ne constitue pas entièrement l'art de la guerre; c'est au contraire le moyen le plus odieux, et peut-être en résumé le moins décisif. Une nation, au lieu d'être vaincue, après avoir vu incendier quelques places fortes, et avoir été forcée d'abandonner la garde de quelques autres, n'en aurait que plus de troupes disponibles, et par conséquent plus de facilité à prendre l'offensive.

Nous reconnaîtrons, dans les chapitres suivants, que divers perfectionnements rendront l'usage des fusées extraordinairement redoutable, et qu'on est à même de diminuer les frais de fabrication, en remplaçant le travail des mains par celui des machines. Cependant, comme les nouveaux projectiles seront confectionnés avec plus de soin et employés en plus grande quantité, les dépenses définitives seront probablement augmentées. Mais cette circonstance doit être un motif de plus de les adopter pour les nations industrieuses, qui sont ou qui doivent devenir les plus riches du monde; elles acquerront de la sorte des armes que ne sauraient s'approprier les gouvernements et les peuples dominés par un aveugle esprit de conquête, et privés des ressources progressives d'une haute industrie.

CHAPITRE II.

THÉORIE DU MOUVEMENT DES FUSÉES.

On ne trouve dans les traités des physiciens modernes aucune explication relative au sujet qui nous occupe; mais plusieurs savants du dernier siècle en ont parlé sommairement (1).

Mariotte et Nollet attribuent l'élévation rapide des fusées volantes à la résistance de l'air, qui, s'exerçant à l'arrière de la fusée contre les gaz résultant de l'inflammation de la poudre, fait que ceux-ci réagissent avec force contre le corps de la fusée et déterminent son ascension.

Desaguliers et d'Antoni pensent que l'air n'entre pour rien dans ce phénomène; ils l'attribuent tout entier à la puissance réactive des gaz de la poudre contre la tête de la fusée. « Concevons, dit le premier, une fusée sans orifice, et met-

(1) Entre autres, Lahire et Buffon (*Mém. de l'Acad. des Sciences*, 1702, p. 11; 1740, p. 105).

tons-la sur le feu ; en supposant les parois assez fortes pour qu'elles n'éclatent pas, la pression de la flamme s'exercera avec une égale force contre la tête et la queue de la fusée, et il y aura équilibre. Mais si l'on pratique un orifice à l'une des extrémités, il n'y aura plus de pression vers cette partie, tandis que la partie opposée continuera d'être poussée avec la même force que dans le premier cas, ce qui produira l'ascension de la fusée et de sa baguette. »

En rapprochant ces deux opinions, on voit que, d'après l'explication de Mariotte et de Nollet, la force impulsive de la fusée serait variable et irait en diminuant à mesure que la vitesse augmenterait; car le vide plus ou moins parfait qui se forme derrière un corps mu avec rapidité, affaiblit nécessairement la résistance ou la réaction de l'air contre les gaz de la poudre ; et il résulte de la même explication que les fusées ne prendraient aucun mouvement dans un espace vide, conséquence démentie par plusieurs faits mécaniques dont il sera parlé ci-après.

Dans l'hypothèse de Desaguliers et de d'Antoni, au contraire, la force d'impulsion resterait la même, quelle que fût la vitesse de la fusée ; et elle agirait aussi bien dans le vide que dans l'atmosphère.

Il ne paraît pas qu'on ait jamais fait d'expériences pour décider la question qui nous occupe, non plus que pour résoudre tous les autres problèmes auxquels donnent lieu le tir et le mouvement des fusées.

Mais à défaut d'expériences directes, on peut s'aider de l'analogie, et comparer les effets des gaz de la poudre à ceux de la vapeur, dans les roues à réaction mues par ce fluide. D'après les essais tentés par Watt et Évans (1), ces roues

(1) *The abortion of the young steam Engineer's guide, by*

tournent avec une grande vitesse, même dans le vide, surtout lorsque la pression de la vapeur est un peu élevée; ce qui prouve qu'un fluide élastique peut, par sa seule pression et indépendamment de la résistance de l'air, communiquer son mouvement aux corps pesants, circonstance à laquelle Mariotte et Nollet ont eu tort de n'avoir pas d'égard; mais il est certain, comme ils l'ont avancé, que le choc des fluides contre l'air doit augmenter leur puissance impulsive et les faire réagir avec plus de force contre le mobile, car l'air devient, dans cette circonstance, une espèce de point d'appui ou de butée qui soutient le ressort expansif des gaz. La tête de la fusée présente d'ailleurs beaucoup moins de surface que la gerbe de fluide élastique; et l'on peut conclure que le vol d'une fusée est dû, non-seulement à la pression des gaz de la poudre, mais encore à la résistance que l'air oppose à leur sortie.

Il serait facile, au reste, de déterminer par l'expérience l'espèce et l'intensité des forces qui poussent les fusées, et même la vitesse de ces corps à chaque instant de leur mouvement : on fixerait une fusée sur la circonférence d'une roue, comme dans l'artifice nommé soleil; les vitesses acquises par la roue fourniraient un procédé fort simple pour déterminer, à chaque période du mouvement, la force d'impulsion et la vitesse de la fusée. Comparant ensuite les résultats obtenus avec ceux des roues à vapeur qui tournent dans le vide, on serait à même d'apprécier la résistance

Olivier Evans, p. 94; Philadelphia, 1805. — Le plan le plus soigné en ce genre, qui ait paru, est celui de la roue à vapeur de *Sadler*, mais nous n'osons affirmer qu'il ait été soumis à l'expérience.

qu'oppose l'air à des gaz fortement comprimés qui s'échappent tout-à-coup au travers d'un orifice.

Les moyens déjà en usage pour mesurer la vitesse des boulets, peuvent être appliqués à faire les mêmes observations sur les fusées. Un des plus employés est le pendule, mais il ne donne la vitesse d'un boulet que pour un point quelconque de la trajectoire, tandis qu'en fixant une fusée au plateau du pendule, on serait à même de reconnaître, dans toutes ses périodes, l'action des gaz ou l'intensité de la force impulsive qui anime la fusée.

Passons à l'examen du tir et des portées de cette espèce de projectiles : leur théorie doit différer essentiellement de celles des projectiles ordinaires ; ceux-ci sont lancés dans l'espace par une impulsion violente et presque instantanée qui leur imprime une vitesse initiale très grande. Les fusées, au contraire, ne sont poussées que par une force très faible, mais continue et dont les effets accumulés finissent par imprimer au mobile une vitesse très considérable ; de même que la pesanteur, par ses actions successives, accélère le mouvement vertical des corps.

Pour déterminer les circonstances du mouvement d'une fusée, c'est-à-dire, sa vitesse, en un instant quelconque, sa direction, sa trajectoire, sa portée, etc., il faut la considérer comme soumise à l'impulsion de la poudre, à la gravitation et à la résistance de l'air, et en déduire, par les formules connues, les éléments de son mouvement.

L'impulsion de la poudre varie continuellement de direction, puisqu'elle agit tangentiellement à la trajectoire ; l'action de la pesanteur s'exerce toujours verticalement, mais le poids de la fusée est variable et diminue à mesure que l'artifice s'épuise ; enfin, la résistance de l'air varie à la fois de direction et d'intensité, et agit en sens inverse de la force impulsive (1).

Désignons par f cette force, par r la résistance de l'air sur la tête de la fusée, par m le poids du mobile; par c celui de la composition, par T la durée de la combustion, par g la pesanteur ; par v la vitesse du projectile.

Nous trouverons les équations suivantes pour la détermination du mouvement de la fusée, pendant la durée de l'inflammation :

$$\frac{d^2x}{dt^2}=\left(f-\frac{r}{v^2}\right)\frac{dx}{\sqrt{dx^2+dy^2}};$$

$$\frac{d^2y}{dx^2}=\left(f-\frac{r}{v^2}\right)\frac{dy}{\sqrt{dx^2-dy^2}}-\left(m-\frac{ct}{T}\right)g.$$

Pour tirer parti de ces équations, il faudrait substituer au lieu de f, sa valeur en fonction du temps ; mais lors même

(1) Pour simplifier un problème déjà fort compliqué, nous regarderons ici la résistance de l'air comme ne formant qu'une seule force proportionnelle au carré des vitesses. Ce dernier principe, quoique admis généralement, est faux, surtout lorsque les vitesses sont assez grandes pour qu'il se forme un vide plus ou moins exact derrière le mobile. Il résulte des expériences de Hutton (*Tracts on mathematical*, etc., tome 3, pag. 191, and following), que la résistance de l'air, dans les mouvements modérés, est à peu près comme le carré de la vitesse, et que ce rapport augmente beaucoup dans les mouvements rapides. Il résulte des mêmes expériences, que l'air résiste par deux causes très différentes, l'inertie et l'adhérence; mais il n'existe encore aucune méthode pour apprécier séparément l'intensité de ces deux résistances.

qu'on donnerait à f une valeur constante, ces équations ne seraient pas intégrales par les moyens ordinaires, à moins qu'on ne les simplifiât, en omettant plusieurs des conditions qu'elles expriment, et en altérant leur exactitude; il paraîtrait donc inutile de tenter ce travail. Pour nous confirmer dans cette opinion, examinons les recherches d'un savant anglais, M. Moore, qui, ayant envisagé la question sous un point de vue moins étendu, a écarté les principales difficultés, et est parvenu à rendre en nombres finis l'expression des lois du mouvement qui nous occupe.

Après avoir adopté l'hypothèse de Desaguliers, qui facilite extrêmement la solution aux dépens de la vérité, M. Moore (1) suppose que la fusée se meut dans le vide; ce qui le dispense d'avoir égard à la résistance de l'air, et au décroissement de force et de vitesse qui en résulte : de plus, il suppose la fusée et sa baguette entièrement libres au moment du tir, tandis qu'il est évident que l'appui qui les supporte influe beaucoup sur leur commune direction; car, dans le premier moment, la vitesse étant très faible, la fusée ne saurait se dégager instantanément de dessus son support; et, pendant que la partie postérieure est encore soutenue, la tête tend à descendre par son propre poids, ce qui abaisse sensiblement la direction qu'on croit lui donner. Voici les principaux problèmes abordés par ce savant, et résolus au moyen de simplifications si vicieuses.

Ier *Problème.*—Étant donnés, la force (supposée constante) des gaz qui s'échappent d'une fusée, le poids de la composi-

(1) *A Treatise on the motion and flight of Rockets*, etc.— *The new Cyclopædia*, by Abr. Rees, vol. XXX, part. 2, art. *Rocket*.

tion, la durée de l'inflammation, le poids et les dimensions du corps de la fusée et de la baguette, trouver la hauteur à laquelle s'élèvera le mobile, étant dirigé verticalement.

Il est évident que le premier et le principal objet de la solution consiste à trouver la hauteur où parvient la fusée, après qu'elle a épuisé sa composition; car son ascension ultérieure ne dépendra que de principes bien connus et bien établis, ou de la formule relative à l'élévation et à la chute des corps pesants. C'est en effet ainsi que M. Moore divise la question, et, pour la résoudre, il désigne par

w, Le poids du corps de la fusée et de la baguette;

c, Le poids de la composition;

m, Ces deux poids réunis;

a, Le temps pendant lequel elle brûle;

n, La pression moyenne de l'atmosphère;

$s\,n$, La force comparative de la composition enflammée;

d, Le diamètre de la base de la fusée;

$p\,d^2$, Son aire;

z, L'espace parcouru;

v, La vitesse de la fusée en un temps indéterminé t;

b, représente la quantité $\frac{2\,ag\,s\,n\,p^2}{c^2}$;

g, La force accélératrice de la pesanteur.

On trouve ainsi que la vitesse de la fusée, en un moment quelconque de sa volée, est :

$$v = b \text{ Log. } \frac{a\,m}{am - ct} - 2\,gt;$$

et lorsque la composition est épuisée,

$$v = b \text{ Log. } \frac{m}{m - c} - 2\,ga.$$

La hauteur est alors dans le premier cas,

$$z=\left(bt-\frac{b\ a\ m}{c}\right)\text{Log.}\,am+\frac{b}{c}\,(am-ct)\,\text{Log.}\,(am-ct)+bt-gt^2$$

et lorsque $t=a$,

$$z=\frac{a}{c}\left((m-c)\,\text{Log.}\,\frac{m-c}{m}+c-\frac{a\ c\ g}{b}\right)$$

On peut déduire de ces formules du mouvement vertical, celles qui se rapportent au tir oblique, sous des angles dans lesquels la pesanteur a peu d'effet pour retarder le mouvement des fusées, au moins dans la première partie de leur trajectoire ; il suffit d'y faire $g=o$, et l'on a

$$v=b\,\text{Log.}\,\frac{m}{m-c}$$

$$z=\frac{a\ b}{c}\left((m-c)\,\text{Log.}\,\frac{m-e}{m}+c\right)$$

$$v=b\ \text{Log.}\,\frac{am}{am-ct}$$

$$z=\frac{a\ b}{c}\left((am-ct)\ \text{Log.}\,\frac{am-ct}{am}+ct\right)$$

IIe *Problème*. — Déterminer la trajectoire d'une fusée sous un angle quelconque A : x et y, représentant les abscisses et les ordonnées de la courbe, on aura

$$x=z\ \text{cos. A},$$
$$y=z\ \text{cos. A tang. A}-gt^2$$

Équations dans lesquelles z a la valeur trouvée ci-dessus.

IIIe *Problème*. — Trouver la vitesse V de la fusée à chaque point de la trajectoire :

$$V=\left(b^2\cos.^2 A\, \text{Log.}^2 \frac{am}{am-ct}+(b\sin. A \text{Log.} \frac{am}{am-ct}+2\,gt)^2\right)^{1/2}$$

Lorsque l'angle est de 30°, on a sin. $A={}^1/_2$, cos. $A={}^1/_2\sqrt{3}$ et la formule devient

$$V=\left({}^3/_4\, b^2 \text{Log.}^2 \frac{am}{am-ct}+({}^1/_2 b \text{Log.} \frac{am}{am-ct}-2\,gt)^2\right)^{1/2}$$

Lorsque l'angle est de 60°, on trouve

$$V=\left({}^1/_4\, b^2 \text{Log.}^2 \frac{am}{am-ct}+\frac{\sqrt{3}}{2} b\text{Log.} \frac{am}{am-ct}-2\,gt)^2\right)^{1/2}$$

IVe *Problème*. — Trouver la portée totale d'une fusée, étant donnés l'angle de tir et la durée de l'artifice.

Cette portée est composée de deux parties. La première est parcourue pendant le temps de l'inflammation, et est égale à z cos. A. La seconde partie est l'abscisse d'une parabole que la fusée commence à décrire après que la déflagration a cessé. Pour déterminer cette courbe, il faut connaître la vitesse de la fusée à cet instant, ainsi que sa direction. La vitesse est connue par le problème précédent ; l'angle de sa direction avec l'horizon a son sinus égal à $\frac{v}{V}$ cos. A ; représentant le sinus et le cosinus de cet angle par i et k, et par u la vitesse de la fusée dans la trajectoire parabolique, on trouve pour valeur de la portée totale, après le temps t,

$$P=\frac{ku}{\sqrt{g}}\left(\frac{i^2\,u^2}{4\,g}+z\sin. A - gt^2\right)^{1/2}+\frac{iku^2}{2g}+z\cos. A.$$

M. Moore donne encore la solution de beaucoup d'autres problèmes relatifs au même sujet; mais il serait superflu de s'arrêter davantage sur des recherches qui, dans leur état actuel, ne sauraient donner des résultats applicables à la pratique. Cet extrait suffira, comme nous l'avons déjà dit, pour montrer combien le problème est compliqué, même en négligeant plusieurs considérations indispensables.

En attendant les perfectionnements dont la théorie est susceptible, les faits et les observations suivantes peuvent, jusqu'à un certain point, servir de guide aux artilleurs.

Afin de reconnaître combien il est nécessaire d'employer une baguette ou quelque autre moyen de direction, examinons les circonstances du mouvement d'une fusée qui en serait dépourvue, en commençant par le tir vertical, le plus simple de tous.

Il faut, pour que l'ascension s'exécute en ligne droite, que la direction de la force impulsive se confonde avec l'axe du mobile, que les deux centres de figure et de gravité se trouvent placés sur cet axe, et que le fluide ambiant soit parfaitement calme et formé de couches d'une densité homogène.

En raison de cette dernière circonstance, ainsi que de la configuration et homogénéité symétriques de toutes les parties de la fusée, le centre de résistance se trouve également placé sur l'axe : ainsi l'air et la gravitation ne tendent qu'à retarder l'ascension verticale, sans faire incliner le mobile dans aucun sens.

Cette sorte d'équilibre, semblable à celui d'un cône renversé qui resterait immobile en reposant sur son sommet, a été justement nommé instable, parce qu'il exige le concours de toutes les conditions qui viennent d'être indiquées, et qu'il est subitement détruit si l'une d'elles est légèrement altérée.

Par exemple, que l'air cesse d'être calme, la fusée oscille; la résistance de l'air et la gravitation ne s'exercent plus suivant la direction de l'axe et de la force impulsive; la tête et la partie inférieure du mobile ne sont plus exactement poussées dans le même sens; ainsi la fusée ne doit pas tarder à tourner sur elle-même.

Si, l'atmosphère n'ayant éprouvé aucune perturbation, la résultante des résistances de ce fluide se confond toujours avec l'axe du mobile, mais que la force impulsive ait une autre direction, alors les extrémités de la fusée sont encore soumises à deux actions plus ou moins divergentes, qui finissent par produire le même tournoiement; et celui-ci aura encore lieu, si, la force impulsive et la résistance de l'air demeurant confondues avec l'axe, le centre de gravité, ou le centre de figure se trouve hors de cette ligne : que ce soit le centre de gravité, par exemple, l'action de la pesanteur tendra à faire incliner la partie dans laquelle celui-ci aura passé. Or, cette déviation suffirait pour faire tourner le mob le sur lui-même dans le vide, et à plus forte raison dans l'air, puisque la résistance de ce fluide n'agit plus suivant l'axe du mobile, dès que cette ligne ne se confond plus avec la direction de la force impulsive. Il en serait de même si, le centre de gravité ne sortant pas de l'axe, le centre de figure seulement était déplacé.

On voit donc que, même dans le tir vertical, une fusée privée d'un moyen de direction doit tourbillonner dans l'air, au lieu de continuer à s'élever en ligne droite. C'est ce qui a lieu quand on tire un serpenteau, qui n'est autre chose qu'une fusée sans baguette.

Dans les autres tirs, écarté de la verticale, on ne peut

obtenir un seul instant la position d'équilibre stable ; car, puisque vous inclinez une fusée avant de la lancer, la force impulsive n'agit pas dans le même sens que la gravitation, et les deux extrémités du mobile étant poussées dans diverses directions, il doit en résulter de continuels tournoiements.

On les prévient par l'addition d'une baguette dont le poids et la longueur sont calculés de manière que le centre de gravité du système se trouve placé en arrière de l'orifice, par lequel jaillit le fluide enflammé.

Comparons le tir vertical d'une fusée pourvue de ce moyen de direction avec celui d'une fusée qui en serait privée : celle-ci est soulevée par sa partie inférieure comme le serait un corps placé en équilibre sur une pointe, et elle est en conséquence sujette à une infinité de perturbations. La fusée à baguette, au contraire, est soulevée comme un corps auquel on aurait attaché un fil moteur au-dessus du centre de gravité. En vain la résistance de l'air, ou la pesanteur, cause des oscillations dans un mobile ainsi suspendu ; il est forcé de suivre la puissance motrice, qui le ramène sans cesse dans la direction primitive.

Mais on objectera peut-être que la déflagration de la poudre devant agir inégalement, ne représente pas une force dont la direction soit constante.

La baguette corrige encore cette cause de déviation : en effet, si l'axe du mobile fait momentanément un angle avec la verticale, tout le système, c'est-à-dire, la fusée et la baguette frappent alors l'air obliquement ; celle-ci, étant cinq ou six fois plus longue que le corps de la fusée, éprouve plus de résistance de la part du fluide ambiant, en sorte qu'elle est ramenée dans la direction verticale et y replace tout le système.

Dans les tirs obliques, il existe une cause de déviation inévitable; c'est la gravitation qui agit toujours verticalement, tandis que la force impulsive a une autre direction. Ainsi la trajectoire doit avoir une courbure plus ou moins considérable. Dans ce cas, la baguette n'agit avec efficacité que pour empêcher les déviations latérales et maintenir tout le système dans un même plan vertical, et elle augmente considérablement la flexion de la trajectoire, lorsque le mobile commence à descendre; car l'air la frappant en dessous, la relève et fait incliner de plus en plus tout le système, au point de le faire tomber verticalement, si le tir a eu lieu sous l'angle de la plus grande portée, et à *fortiori* sous un angle encore plus ouvert.

Jusqu'ici nous avons implicitement supposé que la baguette et le corps de la fusée étaient concentriques ou avaient le même axe; mais, pour faciliter la main-d'œuvre, on fixe la baguette en dehors de la fusée. Il y a donc, outre le déplacement des centres de figures et de gravité, une augmentation de résistance de l'air du côté de la baguette; ce qui occasionne une déviation continuelle de ce côté, et peut faire retourner la fusée sur elle-même, si la durée de l'ascension est considérable.

Déjà nous avons fait mention des effets produits sur le mouvement d'une fusée, par de légères perturbations de l'atmosphère : examinons les effets du vent, lorsqu'il a une force sensible.

La baguette, ayant plus de surface et surtout moins d'inertie que le corps de la fusée, cède davantage aux impulsions de l'air, et elle tend à faire présenter au vent la tête de la fusée. Or, s'il souffle en travers de la ligne du tir, et de la droite, par exemple, la baguette incline à gauche, la tête tourne à droite, et tout le système dévie de ce dernier côté. Que s'il souffle en sens inverse du tir, il relève la baguette plus fortement que la fusée, diminue ainsi l'angle de tir et raccourcit la portée, indépendamment de l'excès de résistance directe qu'il oppose au mouvement du projectile. Enfin se dirige-t-il dans le même sens que le tir, mais avec une vitesse moindre que celle de la fusée, il ne produit d'autre effet que de diminuer la résistance de l'air et d'allonger un peu la portée. Mais si sa vitesse l'emporte sur celle du projectile (1), il peut détourner entièrement la baguette et faire revenir la fusée vers ceux qui l'ont lancée. Cet effet a lieu principalement dans les premiers instants de la volée, où la vitesse de la fusée est très faible. Mais si le vent n'est pas assez puissant pour détourner totalement la baguette, il l'incline davantage, et la fusée s'élève plus haut qu'on ne l'aurait prévu en la pointant; elle acquiert alors (abstraction faite de sa déviation) une portée plus grande, si les angles de tir sont moins ouverts que celui de l'extrême amplitude, et une portée moindre dans le cas contraire.

De là dérivent des règles pour pointer les fusées suivant l'état de l'atmosphère : si le vent souffle de la droite, il faut, suivant sa force, pointer plus ou moins à gauche; s'il souffle directement contre les tireurs, il faut pointer plus haut de quelques degrés pour obtenir la même portée que si l'air était calme : enfin, s'il souffle dans le même sens, il faut diminuer l'angle de tir, et ne lui donner, par exemple, que 50° au lieu de 55°, pour obtenir la plus grande portée.

On trouve dans plusieurs traités d'artifices d'autres moyens

(1) Ce cas doit être fort rare, puisque la vitesse des vents les plus violents ne dépasse guère 100 pieds, et que la vitesse moyenne des fusées a été trouvée beaucoup plus considérable.

que la baguette pour diriger les fusées : tel est l'emploi d'un bout de corde, ou d'un fil de métal, soit seul, soit contourné en hélice et portant une boule métallique; mais ce moyen imparfait n'est tout au plus applicable que pour les fusées volantes dirigées verticalement, et encore manquerait-il souvent d'effet, à cause de la flexibilité du fil ou de la corde.

Un autre système, depuis long-temps proposé, consiste à garnir d'ailes l'extrémité de la fusée, qui alors ressemble en quelque sorte à une flèche; pl. I5, fig. 1. Ce procédé n'a réussi, même pour les tirs verticaux, qu'à l'aide d'un moyen auxiliaire.

M. Vaillant, de Boulogne, a lancé des fusées à trois ailes dans des prismes triangulaires, fig. II, auxquels il donne environ six fois la longueur de la fusée, et la même largeur que l'envergure des ailes. M. Ruggieri substitue quelquefois à ce moyen un conducteur, formé d'une tige de fer fixée perpendiculairement sur le sol. Le cartouche porte à sa surface deux anneaux qui servent à placer la fusée sur la tige, en la faisant couler dessus et jusqu'au bas.

Ces moyens paraissent avoir obtenu quelques succès pour le tir de petites fusées de réjouissance : ils seraient trop embarrassants, trop incertains, et tout-à-fait défectueux, pour le tir des fusées de guerre.

Les différents principes contenus dans ce chapitre, sur le tir et la déviation des fusées garnies d'une baguette, ne sont pas seulement fondés sur le raisonnement, ils sont le résultat des expériences exécutées en France et en Angleterre (1);

(1) *Mém. sur les fusées incendiaires*, par les capitaines d'artillerie *Morton* et *Bourrée*, manuscrit des ministres de la guerre

ils sont aussi le résultat de ce qui a été observé généralement à l'égard des fusées volantes, dont on fait usage depuis si long-temps pour les signaux et pour les feux d'artifice.

Durant le cours des expériences faites en France et dans la Grande-Bretagne, sur les fusées de guerre, on ne semble avoir cherché à reconnaître que l'angle de projection correspondant à la plus grande portée. Cet angle a été trouvé de 50 à 60°.

Dans la plupart des traités d'artillerie, on considère encore l'angle de 45°, comme celui de l'amplitude extrême des projectiles lancés par les bouches à feu de grand ou de petit calibre. Ce principe ne serait vrai qu'autant que les projectiles seraient lancés dans le vide; mais à raison de la résistance de l'air, l'angle de plus grande portée varie pour chaque espèce de projectile, et dépend de la vitesse, du poids et du volume de ce dernier. On n'a fait aucune suite d'expériences qui permette de déterminer exactement pour les différentes bouches à feu l'ouverture de cet angle, suivant la nature de la charge; mais on sait qu'il est d'environ 45° pour les gros projectiles animés d'une faible vitesse initiale et d'environ 25° pour les petits projectiles lancés avec une grande vitesse.

Hutton pense que l'angle de la plus grande portée, pour toute espèce de projectile, varie entre 45 et 30 degrés. Ces

et de la marine, 1815.—*Aide-Mémoire des officiers d'artillerie*, tome II, p. 878, 5e édit. ; Paris, 1819.—*Encyclopédie méthodique : Dictionnaire d'artillerie*, par le général *Cotty*, au mot *fusées incendiaires;* Paris, 1822.—*The Seagunner's vade mecum*, by *R. Simmons*, p. 206, 1812. — *The new cyclopedia* by *Rees*, au mot *Rocket;* 1815.—*A new universal dictionary of the marine*, by Falconer, enlarged by Burney, au mot *Rocket;* London, 1815.

limites diffèrent peu des précédentes, qu'on doit toutefois regarder comme les plus exactes.

Expliquons pourquoi l'angle de la portée extrême est plus grand pour les fusées que pour les bombes, les obus, les boulets et autres mobiles lancés par les bouches à feu.

Distinguons d'abord dans la trajectoire des fusées la partie qui est décrite pendant l'inflammation de la poudre, de celle qui est décrite après. Celle-ci dépend des mêmes lois que la trajectoire ordinaire; mais la première partie en diffère essentiellement. Un projectile lancé par une bouche à feu reçoit une vitesse initiale très grande; la fusée, au contraire, n'en prend qu'une extrêmement faible ; le mouvement ascendant du premier est constamment retardé; celui de la fusée est rapidement accéléré; au bout d'une seconde, le boulet a parcouru un espace considérable; la fusée a mis plusieurs secondes pour atteindre la même distance. Dans cette première limite, la pesanteur n'a presque pas le temps d'agir sur le boulet; elle abaisse, au contraire, considérablement la fusée. La première trajectoire est tangente à la ligne de tir, et se confond sensiblement avec elle dans une partie de son cours ; celle de la fusée la coupe, au contraire, et fait, dès l'origine, un angle de plusieurs degrés.

Ces effets deviendront plus sensibles à l'inspection de la fig. 3, pl. IV, où l'on voit un boulet *a* et une fusée *b*, tirés l'un et l'autre suivant la direction *c e*; si celle-ci met deux ou trois fois plus de temps que le boulet à atteindre la verticale *d b*, la pesanteur, dont les effets sont en raison du carré du temps, la fera abaisser quatre ou neuf fois plus que le boulet, c'est-à-dire que la dépression *a b* sera quatre ou neuf fois plus grande que *d a*; de sorte que, pour donner à la fusée la direction *c a*, il eût fallu la pointer sous un angle beaucoup plus grand que *f c d*, et tel que *f c g*.

Indépendamment de l'abaissement causé par la gravitation, la fusée, comme il a déjà été dit, éprouve une autre dépression, par suite de la différence de pesanteur et de résistance entre la tête et la queue ; différence qui tend à abaisser la première plus fortement que la seconde, et, par conséquent, à faire descendre tout le système. Cet effet est d'ailleurs encore augmenté par la position de la baguette qui, étant ordinairement au-dessous de la fusée, fait incliner le mobile dans le même sens.

Il est un autre sujet de recherches que, faute de données assez nombreuses, nous ne pouvons déterminer que d'une manière très imparfaite; c'est la vitesse et la force de pénétration d'une fusée comparées à celles d'un projectile sphérique du même poids, à diverses distances du point de départ.

On éprouva des fusées à Malte, par les ordres du célèbre amiral sir Sidney Smith ; l'une d'elles, dont la portée avait été de 2,350 yards (environ 1,100 toises), pénétra dans un mur et brisa plusieurs grosses pierres. Le baron Ehen constata, dans un rapport fait après la capitulation de Copenhague, qu'une fusée qui était tombée sur une maison, avait traversé trois planchers, outre le toit, et s'était ensuite plantée dans une muraille. Enfin, les Anglais ont observé que la vitesse moyenne des fusées est à celle des obus comme 8 est à 9, et que l'enfoncement des fusées de 32 livres (non compris la baguette, qui pèse environ 10 livres), est de 9 pieds dans un terrain de consistance moyenne.

Remarquons d'abord qu'on imprime des vitesses très-différentes aux projectiles ordinaires, en les lançant avec des pièces plus ou moins longues, et des charges de poudre plus ou moins considérables ; et que les fusées de différentes espèces, tirées sous les mêmes angles, ont des portées très variées, et par conséquent une vitesse et une force de pénétration plus ou moins grandes.

Nous allons prendre maintenant pour termes de comparaison, parce que nous les regardons comme les moins inexacts : 1° un obus de 6 pouces, pesant 23 livres, lancé sous l'angle de 40°, avec une vitesse initiale de 950 pieds par seconde; 2° une fusée ayant les dimensions suivantes : diamètre, 3 $^1/_2$ pouces; poids du cartouche chargé, 23 livres; poids du pot chargé, 10 livres; poids de la baguette, 9 livres.

Le tableau ci-après fait connaître les circonstances principales des mouvements de ces deux projectiles.

DISTANCES de l'obusier ou du chevalet.	VITESSES CALCULÉES		Poids de la fusée.	Pénétrations calculées dans la terre,	
	de l'obus.	de la fusée		de l'obus.	de la fusée.
toises.	pieds.	pieds.	livres.	pieds.	pieds.
0	950	0	42	7. 0	0. 0
100	850	158	37	5. 5	0. 9
200	760	224	34	4. 4	1. 7
300	680	274	32	3. 5	2. 4
400	608	316	30	2. 8	3. 0
500	544	354	28	2. 3	3. 8
600	486	387	27	1. 8	4. 0
700	435	418	26	1. 4	4. 8
800	389	447	25	1. 2	5. 2
900	357	474	24	1. 0	5. 4
1000 *	338	500	23	0. 9	5. 7
1100	364	530	*id.*	1. 0	6. 4
1200	385	565	*id.*	1. 1	7. 3
1300	414	605	*id.*	1. 3	8. 4
1400	451	650	*id.*	1. 6	9 7
1500	510	700	*id.*	2. 0	11. 0**

On voit, d'après ce tableau, que les vitesses et les forces de pénétration de la fusée, moindres d'abord que celles de l'obus, les égalent ensuite, puis les surpassent. Or, comme

*Le point culminant de la trajectoire se trouve entre 900 et 1000 toises.

**Cet enfoncement est plus grand que celui des fusées anglaises cité plus haut, parce qu'il est produit par une fusée ayant une portée et un poids un peu plus considérables.

on peut toujours avoir de petites portées avec toute espèce d'armes, en tirant presque verticalement, et comme les vitesses au point de chute en sont d'autant plus grandes, puisque les mobiles tombent de plus haut, nous devons conclure que les fusées, quoique très inférieures aux obus pour traverser un but sous une trajectoire aplatie, leur sont très supérieures pour le traverser après avoir parcouru une trajectoire relevée. Mais les tirs de cette dernière espèce étant ceux qui ont le plus de déviation, toutes choses égales d'ailleurs, et les fusées étant jusqu'à ce jour plus sujettes à dévier que les autres projectiles, il en résulte que c'est aux dépens de la justesse des coups que l'on peut obtenir, avec une fusée environ deux fois plus pesante qu'un projectile sphérique, des enfoncements qui, parfois, seraient plus considérables.

CHAPITRE III.

FABRICATION ET SERVICE DES FUSÉES.

Ce chapitre sera spécialement consacré aux détails de la fabrication et du service des fusées incendiaires : ce sont les premières et presque les seules dont les Anglais aient fait usage; ce sont les seules, d'ailleurs, qu'on ait fabriquées en France, et sur lesquelles nous possédions des renseignements pratiques très étendus.

En 1809, le colonel du génie de Récicourt envoya à la société d'Encouragement de Paris, des fusées incendiaires qui avaient été trouvées à bord d'un brûlot anglais échoué, lors de l'attaque de la flotte française devant l'île d'Aix. M. D'Arcet, chargé d'en examiner une, s'acquitta de cette tâche avec une exactitude et une sagacité particulière; mais on crut devoir attendre la paix pour publier son travail (1).

(1) Bulletin de la Société d'Encouragement, 13e année, juin 1814, p. 135.

Cette fusée (pl. 13, fig. 4 à 9), pesait près de 10 kil. et avait 31 centimètres de circonférence sur un mètre de longueur. L'enveloppe en tôle formait un cylindre surmonté d'un cône; elle contenait dans sa partie postérieure une matière fusante, et dans l'autre partie une composition incendiaire, semblable à la roche à feu. Voici l'analyse de ces deux artifices.

Matière fusante.		*Composition incendiaire.*	
Nitrate de potasse.	53 70	Nitrate de potasse. . .	53 5
Charbon.	20 93	Bitume, suif ou graisse. Soufre et sulfure d'antimoine.	46 5
Soufre.	11 37		
Eau.	14 00		
Total.	100	Total.	100

La dernière composition ressemble à la matière incendiaire que M. Vauquelin trouva dans les brûlots lancés contre la flottille de Boulogne en 1805.

A la suite du mémoire de M. D'Arcet, on lit la description d'un équipage employé à Leipzig pour tirer des fusées. Cet équipage, fig. 10, offre quelque analogie avec l'affût d'un canon : il en diffère en ce que les flasques F F, au lieu d'être courbes, sont droits et forment des boîtes qui renferment les baguettes; sur chacune de ces boîtes, on en place une plus petite G pour les ustensiles. L'espace intermédiaire est occupé par une planche dans laquelle sont creusées deux gouttières parallèles qui servent à tirer deux fusées à la fois. Ce plateau est soutenu à un bout par un appui H qui permet de l'incliner à volonté.

Cet affût est monté sur des roues comme les affûts ordinaires; il se fixe aussi sur un avant-train qui porte un petit caisson destiné à recevoir quelques fusées.

En 1810 et 1815, le gouvernement français fit construire et éprouver à Vincennes des fusées incendiaires. Les officiers d'artillerie chargés de ce travail, en fabriquèrent d'abord de trois pouces de diamètre, entièrement semblables aux fusées anglaises tombées entre nos mains, et si bien décrites par M. D'Arcet. Ils en fabriquèrent ensuite de 18 lignes, de 2 pouces, de 3 pouces et demi, et de 4 pouces; mais ils crurent devoir s'arrêter à ce point, parce que les fusées de 4 pouces, qui pesaient avec leur baguette jusqu'à 55 livres, avaient des portées moins étendues que celles des calibres inférieurs. Mais il faut attribuer ce non-succès des fusées de gros calibre à un vice particulier d'exécution : les fusées de guerre anglaises, ainsi que les fusées ordinaires fabriquées dans tous les pays, ont un vol d'autant plus considérable, qu'elles sont d'un plus grand calibre.

Tous les procédés de main-d'œuvre, suivis dans les essais de Vincennes, furent consignés du reste avec beaucoup de soin dans un manuscrit dont les directions de l'artillerie de marine et de l'artillerie de terre conservent des copies (1). Il suffit de présenter ici le sommaire de ce travail dont l'*Aide-Mémoire* et l'*Encyclopédie méthodique* ont déjà publié des extraits fort étendus.

Chaque fusée, fig. 11, est composée de trois parties : le cartouche ou corps de la fusée, le pot ou chapiteau, et la baguette de direction.

Le cartouche A B renferme la composition fusante; c'est un cylindre de tôle douce, dont l'extrémité postérieure est fermée par un culot de cuivre convexe, au milieu duquel se

(1) *Mémoire sur la construction des fusées incendiaires*, par MM. *Bourrée* et *Morton*, capitaines d'artillerie.

trouve un trou circulaire nommé *œil*, *lumière* ou *orifice* de la fusée.

Le pot, ou chapiteau, renferme la matière incendiaire; c'est un cylindre de tôle B C, plus court que le cartouche, et surmonté d'un cône C D, qui porte à son sommet une pointe d'acier à arêtes barbelées.

La baguette directrice E F est une tige carrée de bois léger, comme le sapin, et environ cinq fois plus longue que la fusée.

Le cartouche et le pot se fabriquent à l'aide de mandrins de dimensions convenables, et en faisant usage des outils des tôliers.

On double l'intérieur du cartouche avec un carton mince qui sert à le garantir de la rouille qu'occasionnerait le contact de la composition.

Cette composition est un mélange de pulverin (1), de soufre et de charbon, humecté quelquefois avec de l'essence de térébenthine, ou de l'huile de pétrole.

Après que les matières sont parfaitement triturées et amalgamées, le chargement se fait d'une manière analogue à celui des fusées de signaux, c'est-à-dire par couches successives et en ménageant, au moyen de broches coniques, un espace vide nommé ame. Le seul changement introduit dans cette opération, est qu'au lieu de battre la baguette à charger avec un maillet, ce qui ne produit que des coups irrégu-

(1) C'est de la poudre à canon écrasée, après avoir été grainée : on sent combien il est vicieux de faire subir à la poudre une préparation que l'on détruit ensuite ; au lieu d'employer directement les quantités de salpêtre, de soufre et de charbon nécessaires pour composer l'artifice des fusées.

liers et incertains, on emploie un mouton dont on peut régler la force de percussion en le faisant tomber de plus ou moins haut (1). L'artificier doit avoir soin, à chaque coup de mouton, de bien appuyer le bout de la baguette sur la composition; autrement, l'air qui occuperait l'espace intermédiaire venant à être vivement comprimé, produirait une étincelle comme dans le briquet pneumatique, et il pourrait en résulter une inflammation et des accidents funestes.

Le poids du mouton est de 40 livres pour les fusées de 2 pouces, 60 pour celles de 3 pouces, et à proportion pour les calibres supérieurs. On le fait jouer pour chaque charge, en donnant d'abord 4 à 5 coups avec une chute de 4 à 6 pouces, et en augmentant la battage à mesure que le cartouche s'emplit, jusqu'à donner enfin 60 coups de 5 à 6 pieds de hauteur.

On tamponne le haut du cartouche avec une couche d'argile et un disque de bois, percés d'un trou pour établir la communication de la matière fusante avec la composition incendiaire. Mais il semblerait préférable de fermer cette extrémité du cartouche avec un culot de cuivre ou de fer pareil à celui qui forme l'œil de la fusée. Ce nouveau tampon étant moins épais que celui d'argile et de bois, la fusée en serait d'autant plus courte et un peu plus légère.

La matière incendiaire avec laquelle on charge le pot, est formée de roche à feu dont voici la composition : soufre 24, salpêtre 8, pulverin 12, poudre en grain 4.

(1) Cette méthode fut jadis en usage pour les grandes fusées (C. Siemienowicz, *Ars magna artilleriæ*, p. 103, ou la traduction, p. 126; Amsterdam, 1651).

On coule la matière en fusion dans le pot, en le remplissant jusqu'à 3 pouces du bord : elle est assez solide pour résister sous la tôle lors de la chute de la fusée. Dès qu'elle est enflammée, elle lance des jets de feu par des trous qu'on a pratiqués à la surface et dans la masse du chapiteau. On coiffe la fusée avec son chapiteau, en faisant entrer de force le bout du cartouche dans le vide qu'on a laissé dans le premier, et on arrête le tout avec des clous à tête plate ou des vis qui traversent les deux épaisseurs de tôle et pénètrent dans le tampon de bois : enfin, on couvre et on assujettit cette jonction, en l'enveloppant de plusieurs tours de ficelle bien serrée et bien goudronnée. Il vaudrait peut-être mieux tarauder et visser les extrémités du cartouche et du pot destinés à se joindre, surtout dans les grands calibres où la tôle doit avoir beaucoup d'épaisseur.

Le plus vicieux de tous les procédés suivis à Vincennes, est celui de fixer la baguette sur la fusée par le moyen de deux ligatures en ficelle. Il faut, pour la facilité du transport, que les fusées ne soient équipées qu'au moment du tir, mais l'exécution d'un pareil amarrage ferait perdre un temps précieux en présence de l'ennemi; l'on doit préférer la méthode anglaise observée dans la fabrication décrite par M. D'Arcet. Il y a, sur la fusée, deux attaches en tôle dans lesquelles on introduit la baguette au moment du tir.

Le poids, et surtout le volume de la baguette, offre toujours, au surplus, beaucoup d'embarras dans le transport : chaque baguette est à peu près cinq fois plus longue que le corps de la fusée, quoiqu'elle ne pèse environ que le quart de celui-ci. Il sera parlé ailleurs de la suppression d'un moyen de direction si incommode et si imparfait sous tant de rapports.

Quelques brins d'étoupilles servent d'amorce aux fusées ;

il ne faut les enfoncer dans l'ame qu'à une petite profondeur; autrement la matière fusante s'enflamme avec une telle vivacité, que le cartouche éclate.

Enfin, pour conduire en campagne les fusées, on est obligé de remplir l'ame avec un morceau de bois tendre et léger qu'on recouvre d'étoffe ou de papier. Mais tous ces inconvénients tiennent à ce que l'art est encore dans l'enfance, et, dans les mémoires suivants, nous rechercherons les moyens de les faire disparaître.

On a essayé, à Vincennes, deux espèces de chevalets. Le premier, fig. 12, 13 et 14, est formé d'un poteau équarri, A B, monté sur deux patins horizontaux qui se croisent à angles droits. Le poteau est consolidé par 4 chevrons ou jambes de force E C, E D, qui s'appuient sur les patins, et il est terminé en haut par une fourche taillée carrément dans son épaisseur, ou par un épaulement qui reçoit le milieu d'une longue pièce de bois F G, dite bascule, qui s'y meut sur un boulon ou un axe de fer.

On encastre, dans cette bascule, trois petits rouleaux en fer *rrr* destinés à porter la baguette et à faciliter le départ de la fusée : on revêt de tôle cette pièce, ainsi que la partie supérieure du montant qui est exposée à l'action du feu.

En avant et au-dessus de la bascule, on place en saillie une cheville en fer G ; elle est à charnière, pouvant seulement se rabattre sur l'avant, pour ne pas gêner la fusée à son départ. Elle sert à la retenir sur la bascule, en l'empêchant de glisser sur l'arrière.

On donne à la bascule et à la fusée le degré d'inclinaison convenable, à l'aide d'un quart de cercle L, muni d'un aplomb, et placé sur une des faces verticales de la bascule. On arrête celle-ci contre une pièce de bois retenue au poteau et au chevron correspondant, au moyen d'une vis de pression et d'un étrier M qui les embrasse tous les deux.

Le second chevalet est presque semblable à celui des peintres. Il est formé de trois montants longs de 6 pieds 8 pouces. Deux de ces montants AB, CD (*pl.* 13, *fig.* 15, 16 *et* 17), sont réunis par quatre traverses ; ils sont écartés vers la tête de 8 pouces, et de trois pieds vers l'autre extrémité. Une charnière, fixée sur la traverse supérieure, permet de donner au troisième montant D E les inclinaisons convenables. Il y a, sur le milieu des traverses, des taquets saillants, qui portent des rouleaux de frottement R, et qui, de chaque côté, soutiennent la fusée.

Cette dernière espèce de chevalet a été destinée par nos artilleurs à lancer des fusées de petites dimensions. En Angleterre, elle sert, au contraire, à lancer les grosses fusées de bombardement, comme on le verra par l'exercice transcrit ci-après.

Pour faire usage de ce chevalet à bord d'un navire ou d'un canot, les Anglais en séparent la partie servant de soutien, et règlent les angles de projection au moyen d'un cordage qui court dans une poulie frappée sur un mât ; quelquefois ils se passent tout-à-fait de chevalet, soit en pratiquant des trous dans le bordage des navires, soit en formant à terre des talus, ou en profitant de ceux que les localités leur fournissent.

Un mur, un arbre, une charrette, des piquets, peuvent également procurer aux fusées les inclinaisons convenables.

CHAPITRE IV.

EXERCICE D'UN CHEVALET DE BOMBARDEMENT.

Le premier servant monte les échelons, écouvillonne les deux chambres de fer (*Iron Chambers*), et les amorce avec une étoupille et de la poudre; il place les deux fusées et il arme ensuite les deux platines, ayant soin que les ficelles de détente soient bien disposées. Celles-ci ont 15 à 20 pieds de longueur, distance à laquelle on n'est pas incommodé par le feu des fusées.

Le 2ᵉ servant prend les fusées du 3ᵉ servant, les dégage de la toile qui recouvre l'œil, les passe au 1ᵉʳ, l'aide dans son travail, et fait feu à son commandement : ces deux servants se retirent d'avance à longueur des *rabans* ou ficelles de détente.

Le 3ᵉ servant va chercher les fusées et les remet au 2ᵉ; il les prend une à une ou deux à deux, suivant leurs poids.

Le 4ᵉ servant, éloigné d'environ 30 pieds du chevalet, se tient auprès des boîtes où sont emballées les fusées six par six. Il ouvre ces boîtes à mesure du besoin, et il attache les baguettes aux fusées, pour donner celles-ci tout équipées au 3e servant.

On a trouvé, par l'expérience, que les chevalets ne devaient pas être placés à moins de 30, ni à plus de 60 pieds les uns des autres, et que 10 chevalets, 40 servants, 4 sous-officiers et 1 officier, suffisaient pour obtenir un feu très nourri et très puissant.

Nous donnerons seulement ici le tableau relatif aux fusées incendiaires fabriquées en France, réservant pour un autre mémoire le tableau des fusées anglaises, garnies non-seulement de matières incendiaires, mais de différentes espèces de projectiles.

TABLEAU DES EXPÉRIENCES

Faites à V ncennes, par ordre du gouvernement, dans le courant des années 1810 et 1815, sur les fusées incendiaires; extrait du Mémoire déjà cité de MM. Bourrée et Morton.

DIAMÈTRE intérieur.	Numéros.	POIDS DES CARTOUCHES. Vides.	POIDS DES CARTOUCHES. Chargées.	POIDS DES POTS Vides.	POIDS DES POTS Chargés	POIDS DES Baguettes.	POIDS DES Fusées équipées.	COMPOSITIONS. Pulvérin.	COMPOSITIONS. Soufre.	COMPOSITIONS. Charbon.	COMPOSITIONS. Huile de térébenthine.	Angles du tir.	Portées.	OBSERVATIONS.
		Liv. O.	Liv. O.	Liv. O.	Liv. O.	Liv. O.	Liv. O.	Parties.	Parties.	Parties.	Gros pr 1 livre de composition	Degrés	Toises	
2 pouces.	1	3 »	6 11	» »	1 8	2 4	10 7	4	» $\frac{2}{16}$	1		45	1230	75 tois. à droi.
Id.	2	3 »	6 $1\frac{1}{2}$	» »	1 12	2 6	10 4	*Id.*	» $\frac{2}{16}$	*Id.*		*Id*	780	50 *Id.*
Id.	3	2 10	6 13	» »	1 15	1 14	10 10	*Id.*	»	*Id.*		*Id.*	820	50 *Id.*
Id.	4	2 $8\frac{1}{2}$	6 15	» »	1 8	1 14	10 5	*Id.*	»	*Id.*	»	*Id*	1080	5 *Id.*
Id.	5	2 14	5 15	» »	1 8	1 14	9 3	*Id.*	»	*Id.*	»	*Id.*	186	100 à gauche.
3 pouces.	6	5 4	14 6	1 4	4 »	6 5	24 $8\frac{1}{2}$	8	» $\frac{4}{16}$	2 $\frac{6}{16}$	6	55	1540	150 tois. à dr.
Id.	7	5 $4\frac{1}{2}$	15 »	1 4	*Id.*	6 5	26 $1\frac{1}{2}$	*Id.*	*Id.*	*Id.*	*Id.*	*Id.*	1540	1550 *Id.*
Id.	8	4 14	14 15	1 4	10 »	6 4	27 3	*Id.*	*Id.*	*Id.*	*Id.*	*Id.*	1080	200 *Id.*
Id	9	5 »	14 13	1 4	*Id.*	6 5	25 »	*Id.*	*Id.*	*Id.*	*Id.*	*Id.*	1545	160 *Id.*
3 pouc. $\frac{1}{2}$	10	9 »	25 8	1 15	8 11	8 11	39 3	8	» $\frac{4}{16}$	2 $\frac{7}{16}$	6	60	1028	50 à droi. dépote. la tôle déchirée.
Id.	10	8 10	24 4	*Id.*	9 $13\frac{1}{2}$	9 $13\frac{1}{2}$	42 $1\frac{1}{2}$	8	*Id.*	*Id.*	*Id.*	*Id.*	»	
4 pouces.	12	» »	39 12	2 $5\frac{1}{2}$	5 »	5 »	61 $1\frac{1}{2}$	16	» $\frac{1}{2}$	4	»	»	»	éclatée.
Id.	13	» »	32 11	» »	» »	5 »	51 10	*Id.*	*Id.*	*Id.*	»	»	»	*Id.*
Id.	14	» »	35 7	» »	» »	5 »	55 11	*Id.*	*Id.*	*Id.*	»	»	700	

	FUSÉES DE		
	3 p^0 » lig.	4 p^0 6 lig.	3 p^0 » lig.
Longueur totale de la fusée.	3 pi. 1 p. 6 lig.	»	»
Poids du cartouche	6 livres.	»	»
et du pot, vide......	5 1/4	13 liv.	15 livres.
Poids de la fusée chargée.	17	31	33
Poids de la baguet. de dir.	5 1/2	9	10 1/3
Poids de la fusée équipée.	22 1/2	40	43 1/2
Diamètre du cartouche . .	3 pouces.	3 pouc. 1/2	4 pouces.
Diam. supér. de la broche, quand l'ame est tro.-con.	4 lignes.	7 lig. 1/2	7 lignes 1/2.
Diam. infér. d'*id*.......	15	21 5/12	21 9/12
Côté de la baguet. directio.	17	19	24
Long. de la broche, quand l'ame est conique	35 po. 5 li.	43 pou. 4 li.	50 po. 4 lignes
Longueur quand l'ame est tronc-conique......	19	28	28
Longueur du cartouche..	24	35	36
Longueur du massif......	3 1/2	5	5
Longueur de la baguette de direction	13 pieds 1/2	16 pieds.	16 pieds.
Equilibre.........	sous la gorg.	sous la go. ou à 2 p^0 en arr.	sous la go. ou à 2 p^0 en arr.
COMPOSITION.			
Pulvérin	8 livres.	8 livres.	»
Salpêtre............	»	1	16 livres.
Soufre.........	»	»	4
Charbon	2 1/4	10 on. par li. de composit.	9 1/2
Essence de térébenthine .	1 once par li.	1/2 on. par li.	0 ou 1/2 par li.
Epaisseur de la tôle.....	6 points.	8 à 9 points.	1 ligne.
Portée la plus forte (sur ce).	1500 toises.	1750 toises.*	1503 toises.
Nombre de coups.......	18	40	12
Nombre de fusées éclatées en route...........	8	11	7
Déviation la plus forte...	400 toises.	500 toises.**	286 toises.

* Le général R*** en fit faire à Séville qui portèrent à 2100 toises. La tôle était plus légère, elle n'avait que moitié de l'épaisseur de la tôle employée en France, le charbon meilleur, le salpêtre plus raffiné.

** Une fois on a mis du carton dans l'intérieur; elle est allée à 1330 toises. On a ajouté quelquefois une once poix résine par livre, alors elle a été à 1534 toises.

En 1811, on fabriqua aussi, à Toulon, des fusées incendiaires; les dépenses s'élevèrent à 30,258 fr. pour 2000 fusées d'après le compte suivant (1); mais il faut ajouter à cette somme la valeur des compositions fusantes et des matières incendiaires, qui ne sont pas portées en compte.

		fr. c.
200	kil. de borax, à 7 fr. 10 c.	1420
150	Cuivre jaune, pour soudure, à 1 fr. . .	150
510	Cuivre rouge en planche, à 5 fr. 50 c. .	2805
350	Cuivre rouge en rognures, à 4 fr. . .	1400
225	Fil de fer, à 2 fr.	450
5060	Poids de 1000 feuilles de tôle } à 140 fr. les }	7084
1930	Poids de 200 *idem* [tôle } 100 kilo. }	2702
2500	Journées d'ouvriers en fer, à 2 fr. 50 c. . .	6250
2	mètres frêne à 125; 2 mètres orme à 116 fr.	482
19	Sapin en grume pour baguettes à 75 fr.	1425
15	douzaines de planches, à 10 fr. pour clore les ateliers.	150
100	kil. ficelle, à 2 fr. 25 c.	225
100	*id.* Huile pétrole noire, à 6 fr.	600
6000	Vis à bois, à 5 c.	300
4000	Journées d'artificiers militaires, à 0 fr. 50 c.	2000
2050	Feuilles de carton, à 0 fr. 32 c.	656
	Ustensiles, etc.	2159
	Dépense totale. . .	30 258

Nous pouvons déduire des tableaux précédents le prix

(1) *Aide-Mémoire*, à l'usage des officiers d'artillerie, t. II, p. 886, 5e édit.

total de la fabrication des fusées équipées, telles qu'on les a faites en France en 1810 et 1811 ; savoir :

FUSÉES DE 3 POUCES.

Main-d'œuvre et matériaux autres que les charges du cartouche et du pot.	15 fr.
Composition fusante, 9 livres, évaluée au même prix que la poudre, à cause des manipulations, ou à 1 fr. 33 c.	12
Matière incendiaire, 2 ¼ livres, à 75 c. . . .	2
Total. . . .	29 fr.

Il ne paraît pas que les fusées éprouvent aucune altération, soit par le laps de temps, soit par les mouvements du transport et du service. On a l'exemple de fusées qui, restées trois ans à bord d'un vaisseau, n'ont rien perdu de leur force ni de leur portée ; elles ne présentent d'ailleurs aucun danger, lorsqu'elles sont en magasin, à moins qu'on n'y mette le feu de dessein prémédité, et, dans ce dernier cas, les matières qu'elles renferment occasionneraient de moins grands désastres qu'une quantité égale de poudre à canon, ce qui doit s'entendre seulement des fusées incendiaires. Quant aux fusées armées de projectiles détonnants, dont il sera question au chapitre des perfectionnements, elles offrent le même danger que l'emmagasinage des bombes, des obus et des grenades chargés d'avance.

CHAPITRE V.

PERFECTIONNEMENTS ET NOUVELLES APPLICATIONS DES FUSÉES.

Tandis que nos journalistes et nos philantropes manifestaient des craintes vraiment puériles, à l'occasion d'essais encore très imparfaits ; et tandis que la plupart des militaires, aveuglés par la routine, prétendaient que ces essais n'auraient toujours que de faibles résultats; l'ingénieux général Congrève s'occupait avec une noble persévérance, de procurer une nouvelle force à son pays et de mériter les éloges de ses plus chauds adversaires.

Quelques personnes s'efforçaient, pendant le même temps, de perfectionner les fusées et d'en étendre l'emploi ; mais douées de moins de talents, ou ayant à vaincre plus de difficultés locales, l'ensemble de leurs efforts a moins produit que les travaux du véritable créateur du nouveau système d'artillerie : c'est ce qui résulte des documents réunis dans ce Mémoire. Nous ne devons pas perdre de vue, cependant, que chaque inventeur, d'accord sur ce point avec son gouvernement, a presque toujours cherché à tenir ses opérations secrètes ; en sorte que nous manquons peut-être de certains renseignements qui feraient envisager la question sous un autre aspect.

Occupons-nous d'abord exclusivement des travaux du général Congrève, et formons-en plusieurs séries : la première, qui embrasse ses premiers essais, est déjà connue ; la seconde concerne ce qu'il a fait pour perfectionner les fusées, depuis 1810 jusqu'à 1814; la troisième s'étend de 1814 à 1819; et la quatrième va de cette dernière époque jusqu'au moment actuel.

Les propres écrits de cet officier, joints à ceux de MM. Ch. James, A. Rees, R. Simmons, W. Burney, etc., sont des pièces où nous puisons les aperçus relatifs à la seconde série.

Vers 1813, l'inventeur changea la forme de ses premières fusées, il les composa d'un cône tronqué portant une caisse sur sa base (*Pl.* 14, *fig.* 1). Il résulta de là, que le calibre ou diamètre des fusées fut altéré. Ainsi la fusée de 32, au lieu d'avoir 6 pouces 1/2 de diamètre dans toute sa longueur, eut pour grand diamètre 6 pouces 1/2; et, pour petit, 4 pouces 1/2 seulement.

Chaque fusée d'une même dénomination varia aussi de poids, et le pot contint des charges plus ou moins considérables : ainsi une fusée, dite du calibre de 32, fut armée avec 8, 12 ou 18 livres de matière incendiaire, ou avec quelques autres artifices en quantités non moins différentes. Nous croyons néanmoins que la grandeur du cartouche resta parfois la même, malgré l'augmentation du pot, d'où résulta, comme on l'observe sur le tableau suivant, une diminution très sensible de portées.

Au lieu de placer toujours des matières incendiaires dans

le pot, ce qui convient au plus pour un siége, le général Congrève y plaça un obus, une grenade, ou de la poudre et de la mitraille, différents procédés indiqués, comme nous l'avons vu, par Collado, Hanzelet et Furtembach ; mais la méthode de loger à la fois de la poudre et de la mitraille dans toute espèce de projectile creux, enseignée primitivement par ces auteurs et par plusieurs autres, avait été perfectionnée, pour les obus, par le colonel Shrapnell, et elle fut adoptée, pour les fusées, par le général Congrève. Ce perfectionnement consiste à faire éclater le projectile en l'air, avant qu'il arrive au but. Il se forme une gerbe de mitraille, semblable à la gerbe d'étoiles de marrons ou de serpentaux que jettent devant elles les fusées volantes ordinaires, à l'instant où elles éclatent. On obtient sans difficulté un pareil résultat avec celles-ci, parce qu'on les lance sous une direction très élevée, et que peu importe le point précis où se fait l'explosion. Il n'en est pas ainsi des projectiles tirés contre des troupes : ils doivent éclater, par exemple, à environ 250 toises, si l'ennemi se trouve à 300. Mais si l'espolette (1) a une longueur et une durée fixes, calculées pour de plus grandes portées, il faut, en tirant contre un but plus rapproché, élever singulièrement le coup, et cela n'est pas sans inconvénient. Il faut d'ailleurs que l'espolette ait exactement la durée sur laquelle on compte, pour qu'on ne soit pas trompé dans toutes les autres combinaisons.

(1) Terme d'artificier qui sert à désigner l'artificier nommé par les artilleurs *fusée* de bombe, d'obus ou de grenade. (*Eléments de pyrotechnie* par C. F. Ruggieri, page 229, 3e édit.). Nous employons de préférence le mot *espolette* pour éviter ici toute confusion d'objets.

On pourrait, il est vrai, faire disparaître l'obligation d'accroître démésurément l'angle de projection, en ayant des espolettes de plusieurs longueurs pour deux ou trois distances principales; l'on n'aurait plus qu'à élever modérément le pointage pour les distances intermédiaires; mais on tomberait dans l'inconvénient de multiplier les espèces de projectiles, ou dans l'inconvénient non moins grave d'être forcé à n'ajuster les espolettes qu'à l'instant du tir (1).

Le général Congrève, outre les différentes fusées déjà décrites, en fabrique dont le pot contient seulement de la poudre à canon et produit l'effet d'un obus ordinaire. Ces dernières fusées nous paraissent préférables à celles dont le pot renferme un obus ou une grenade. Nous admettons au surplus qu'on donne aux parois du pot une épaisseur suffisante, et qu'on employe une quantité de poudre bien proportionnée.

Chaque espèce différente de fusées a été subdivisée en trois classes, suivant la grandeur des dimensions. La classe supérieure comprend toutes les fusées au-dessus du calibre de 42; la classe moyenne toutes celles entre les calibres de 42 et de 24; la dernière classe est composée des calibres de 18 et de 12.

Les plus grosses fusées fabriquées jusqu'ici par le général

(1) Des expériences faites récemment en France sur des obus contenant à la fois de la poudre et de la mitraille, ont été très défavorables à ce système (*Aide mém. des offic. d'artill.*, t. 2, 5e édit. — *Traite élément d'artill.*, par E. Decker, trad. franç., p. 154; Paris, 1825). Mais elles sont moins décisives que les expériences beaucoup plus nombreuses, par suite desquelles on a adopté, en Angleterre, le procédé du colonel Shrapnell.

Congrève, paraissent n'avoir pas eu plus de 8 pouces de diamètre, et n'avoir pas pesé plus de 300 livres ; il y en a d'intermédiaires entre celles-ci et les fusées de 42 : leur pot renferme depuis 25 jusqu'à 50 livres de poudre à canon, ou des quantités égales de matières incendiaires ; leurs portées qu'on ne s'est pas appliqué à rendre fort grandes, ont été de 2000 à 2500 yards. L'inventeur se proposait d'en construire du poids de 500 à 2000 livres, qui auraient eu une forte enveloppe de fer fondu ; il pensait qu'en les employant dans un siége, à la distance de 30 ou 40 toises, elles s'enfonceraient dans le revêtement des remparts les plus solides ; et que leur choc, suivi de leur explosion, produirait une brèche praticable en très peu de coups et sans le secours du canon. Nous doutons que l'essai de pareilles fusées ait eu lieu.

Les fusées du plus gros calibre employées à la guerre par le général Congrève, ont été du calibre réel ou fictif de 42 : elles ont servi dans plusieurs bombardements, conjointement avec celles de 32. Ces dernières ont servi aussi en campagne, mais moins souvent que les fusées de 24, 18 et 12. Le tableau suivant fait connaître la nature et les portées de celles qui ont été du service le plus commun dans ces diverses occasions.

Fusées de	ARMÉES AVEC		Plus grandes portées.	ANGLES DU TIR.
			yards.	
42 liv.	un pot conten.	18 l. de mat. incend. / 12 livres *id.*		
	un obus......	ovoïde ayant une capac. égale à l'obus sphérique de 24. . / sphérique de 12.	3500	60° et pl.
32 liv.	un pot conten.	18 l. de mat. incend.	2000	60°
		12 liv. *id.* ou autant qu'une carc. sphér. de 13 pouces....	2500	60 à 55°
		8 liv. *id.* ou autant qu'une carc. sphér. de 10 pouces.....	3000	55°
32 liv.	un pot cont. de la poudre et	200 balles de carab.	200	55°
		100 balles *id.* . .	3000	50°
Id.	un obus sphérique du calibre de 9.		3000	50°
	un pot en fer éclatant comme un obus et contenant de 5 livres à 12 livres de poudre.		de 2500 à 3000	55°
12 à b. à mit.	un pot cont. de la poudre et	72 balles de carab.	2000	45°
		48 balles *id* . .	2500	45

Nous croyons qu'il y a erreur dans ce tableau à l'égard de la portée des fusées de 42 : il n'est pas probable que celles dont le pot pesait le plus aient eu la même portée que celles dont le pot pesait beaucoup moins. On voit que cela n'a pas eu lieu pour les fusées des calibres de 32 et de 12. Toutefois il n'y avait pas impossibilité d'obtenir des portées égales, en augmentant considérablement la longueur des cartouches, comme nous l'avons déjà donné à entendre. Dans cette dernière hypothèse, certaines fusées dites de 42, auraient été très pesantes; car, en supposant aux plus petites un rapport exact de proportion avec les fusées de 32 dont les dimensions nous sont connues, elles auraient pesé environ 60 livres y compris la baguette. Quant au poids de la fusée de 32, nous l'avons trouvé de 45 livres, en donnant 8 livres pour la matière incendiaire, 21 livres pour la matière fusante, 7 livres pour toute l'enveloppe de tôle, et 9 livres pour la baguette. Ainsi cette fusée, en tombant sur le sol après l'entière consommation de la matière fusante, eût pesé 24 livres; et c'est effectivement le poids que les auteurs anglais lui donnent à l'instant de sa chute.

D'après ces considérations, les fusées tout équipées seraient beaucoup plus lourdes que les boulets au calibre desquels on les compare. Mais, si nous en croyons les mêmes auteurs, la fusée de 12, tout équipée, ne pèse que 8 livres. Nous sommes hors d'état d'expliquer ces anomalies, d'autant que différentes fusées fabriquées en 1819 avaient des dimensions d'après lesquelles nous leur supposons un poids moindre que celui des boulets de leur diamètre. Mais avant de parler de ces dernières fusées, nous avons encore à décrire quelques inventions et dispositions relatives à ce qui avait été fait avant 1814.

Fusées d'éclairage à parachute.

Lorsque la matière fusante est entièrement consumée, et que la fusée atteint le point le plus élevé de sa trajectoire, une légère explosion en détache une balle à feu, qui se trouve suspendue par une chaîne à un petit parachute. Cette balle répand une vive lumière pendant l'espace d'environ cinq minutes; on peut de la sorte observer pendant la nuit certains mouvements et travaux de l'ennemi, qu'on apercevrait difficilement si la balle à feu tombait rapidement et ne portait pas sa clarté dans une direction élevée. Ce procédé est principalement utile à la mer où les balles à feu ordinaires disparaissent, dans le fluide, à l'instant même de leur chute. Les auteurs anglais recommandent surtout l'emploi de ces fusées, à bord des navires, pendant une chasse et pour faire des signaux. Elles ont été fort utiles, dans une circonstance différente, au vaisseau le *Plantagenet*, qui, mouillé dans la Chesapeake au mois de juillet 1814, reconnut avec leur secours, pendant plusieurs nuits de suite, la position d'un canot à torpilles (1).

Fusée incendiaire à parachute.

La construction est la même que dans l'exemple précédent, à l'exception que le projectile incendiaire est plus volumineux et ne commence à s'enflammer vivement que 5 ou six minutes après sa séparation de la fusée. Nous croyons qu'on n'a jamais fait usage de cette dernière invention : elle exige, pour produire de très grandes portées, par l'effet du parachute, que le vent ait de la force et porte précisément vers le but.

Batteries de fusées.

Elles consistent simplement en un talus de terre, ayant plus ou moins d'élévation, suivant l'éloignement de l'objet.

(1) *Naval Temple*, p. 152 : Boston, 1816.

On peut placer aisément cent fusées sur un talus ayant seulement 200 pieds de long. Une traînée de poudre, ou de longues étoupilles placées bout à bout, enflammeraient toutes ces fusées en mettant le feu à une des extrémités de la traînée. Cette disposition est proposée, soit pour défendre un poste, soit pour accabler un ennemi qui s'engage dans un défilé, soit pour bombarder une place.

Navires à fusées.

Le général Congrève a proposé d'installer de semblables rangées de fusées sur chaque côté d'un navire quelconque, mais particulièrement sur les sloops, petits navires de peu de valeur, qui ont un seul mât et un gréement très léger. Il suffit pour cela de pratiquer des entailles dans les bordages, de manière à y faire passer les fusées et à donner à celles-ci l'inclinaison convenable.

Une précaution très utile en pareil cas, serait de placer d'abord des tubes en métal dans les entailles, et de garnir de tôle tous les endroits directement exposés au jet de la matière fusante. L'espace d'une fusée à l'autre a été réglé à 18 pouces : on a la faculté de faire partir ces projectiles, soit l'un après l'autre, comme les bouches à feu ordinaires, soit tous ensemble, au moyen d'une traînée.

Emploi des fusées à bord des brûlots.

Lorsque les brûlots ordinaires sont dirigés contre une escadre, où l'on conserve quelque ordre, ils sont détournés par les embarcations, et causent peu de dommages, même à l'instant de leur explosion. On les rendrait plus dangereux, en hérissant toute leur surface de fusées, qui se répandraient ensuite dans une vaste circonférence.

Ces diverses méthodes d'employer les fusées en grande quantité à la fois, et sans chevalet, n'ont pu être pratiquées jusqu'ici, attendu que les armées de terre et de mer n'en ont jamais été très abondamment pourvues (1). Il est naturel, du reste, qu'on hésite à dépenser tant de munitions, sans être parfaitement certain d'obtenir un résultat définitif.

Outre les deux espèces de chevalets dont nous avons parlé et que nous n'avons fait connaître que par des relations très vagues, les Anglais en ont eu qui ressemblaient davantage aux affûts ordinaires; c'étaient les mêmes roues, le même avant-train, et la principale différence consistait dans les flasques. Sur chacun de ces affûts, que nous ferons connaître un peu plus loin, on installe parallèlement plusieurs tubes de métal propre à recevoir les fusées. Ces mêmes tubes isolés servent parfois à la main, du moins pour les fusées de petit calibre. On a enfin lancé des fusées à l'aide d'une espèce de gouttière ou auge découverte, posée sur un trépied, comme un graphomètre ou un théodolite.

Ce fut seulement le 1er janvier 1814 qu'on cessa d'employer les fusées d'une manière provisoire. On adjoint au corps royal d'artillerie une compagnie de fuséens qui, outre l'équipage de fusées, a quelques canons fort légers.

(1) Excepté peut-être à l'attaque de Copenhague, où l'on dit que les Anglais ont lancé près de 48 mille fusées dans 24 heures. (*Traité élémentaire d'artillerie*; par E. Decker; trad. par MM. Ravichio et Nancy, page 158). Ce nombre semble très exagéré.

Troisième série des travaux du général Congrève.

Cette série se compose de changements peu nombreux, mais dignes de remarque. Nous en devons principalement la connaissance aux écrits et aux communications verbales du baron Charles Dupin.

Les tableaux suivants sont relatifs à des fusées qui furent envoyées en 1819 à Ceylan. On les regardait comme les plus parfaites qui eussent été fabriquées.

FUSÉES INCENDIAIRES.

Dimensions extérieures.	Diamètre.	6 pouces.	7 pouces.	8 pouces.
	long. totale.	20	22	25
Compositions du cartouche.	Chlorate de potasse.	14 parties.	16 parties.	8 parties.
	Salpêtre . .	7	8	20
	Soufre. . .	1	1	1
	Charbon. .	1	1	1

FUSÉES ARMÉES D'UN BOULET.

		Calibres des boulets exprimés en livres.	1 à 2	3	6	12	18 à 24	32	42
Dimensions extérieures des fusées.	Diam	exprimés en pouces.	2à2 $^1/_4$	2 $^3/_4$	3 $^1/_2$	4 $^1/_2$	5 5 $^1/_2$	6	6 $^1/_2$
	Long.		7	8	9	10 $^1/_2$	1213 $^1/_2$	16	18
Composition du cartouche.	Chlorate-potasse.		4 part.	5 p.	6 p.	7 $^1/_2$ P	9 p.	10 p.	12 p.
	Salpêtre........		2	2 $^1/_2$	3	3 $^3/_4$	4 $^1/_2$	5	6
	Soufre.........		1	1	1	1	1	1	1
	Charbon.......		1	1	1	1	1	1	1

Les compositions de ces fusées sont fort différentes, comme on le voit, de celle analysée par M. D'Arcet. Le général Congrève semble avoir voulu obtenir, par l'excès de salpêtre et de chlorate de potasse, l'effet qu'on obtient ordinairement par l'excès de soufre et de charbon. Le baron Ch. Dupin avertit, au reste, qu'il y a peut-être de grandes erreurs dans les quantités indiquées. Il est fort important néanmoins, de savoir que le général Congrève emploie du chlorate, n'importe à quelle dose, dans la composition fusante : l'expérience lui a fait probablement trouver de la sorte un moyen de produire, dans une capacité donnée, une plus grande quantité de gaz, et d'obtenir, avec des jets de flamme plus énergiques, des vitesses et des portées plus considérables.

Un officier arrivé récemment d'Angleterre (1) nous a rapporté, au surplus, que la confection des fusées n'est pas exempte d'accidents. On a déposé dans le musée d'artillerie de Wolwich, une poutre d'environ 9 pouces d'équarrissage, complétement traversée par une fusée à boulet, qui s'est enflammée durant le travail de la fabrication.

Les deux tableaux précédents donnent lieu à quelques autres remarques essentielles : la longueur des fusées a successivement diminué par rapport au calibre ; ainsi la fusée décrite par M. d'Arcet, avait en longueur 12 fois son propre diamètre; celle dont M. Burney a donné les dimensions *fig.* 1, n'avait qu'environ 8 fois son diamètre; les dernières sont encore beaucoup plus courtes; car les fusées armées de matière incendiaire, *fig.* 5, n'ont de longueur qu'un peu plus de 3 diamètres, et les fusées armées de boulets, *fig.* 4, ont même un peu moins. Cependant, d'après une figure donnée par M. Dupin, les fusées incendiaires auraient environ 6 diamètres de longueur totale. Toutes ces anomalies proviennent sans doute, en partie, des nombreux changements que le général Congrève a fait subir à ses fusées, dans le dessein de les perfectionner. La diminution de leur longueur offre de grands avantages : l'enveloppe a moins de surface à volume égal ; les baguettes sont plus courtes et plus légères ; le transport devient plus facile ; et, en outre, on doit pouvoir supprimer l'ame du cartouche, ou le vide laissé dans les anciennes fusées, au milieu de la matière fusante, car

(1) M. *Robert*, capitaine d'artillerie et ancien élève de l'école polytechnique.

les couches successives de cette matière présentent dans les nouvelles fusées une grande surface à la flamme, et produisent chacune une abondante quantité de gaz.

Quant à la conception des fusées à boulet, elle ne nous paraît pas heureuse. Cette petite masse de métal ne saurait produire autant d'effet qu'un pot en fer d'un poids égal, y compris une certaine quantité de poudre propre à le faire éclater. Il est facile de lui donner assez d'épaisseur vers son extrémité pour qu'il s'enfonce dans la charpente, la terre ou la maçonnerie, comme le font déjà les fusées incendiaires. Le général Congrève a probablement été séduit par l'idée de lancer, à l'aide de ses fusées, toutes les espèces de projectiles en usage, et de le faire avec autant et plus de justesse qu'avec les bouches à feu actuelles Néanmoins pour établir une position exacte entre les deux genres de tir, il eût fallu observer l'effet des projectiles dans le but, varier la distance de celui-ci, essayer si l'on peut obtenir des ricochets avec les fusées, constater l'état de l'atmosphère, etc., etc. Or, dans l'absence de ces diverses données, il est prudent de ne pas prononcer encore sur l'utilité générale des fusées, et de ne leur attribuer de grands avantages sur l'artillerie ordinaire, que dans les cas particuliers dont nous avons fait mention.

L'addition du chlorate de potasse dans les matières fusantes est loin, surtout au premier abord, de présenter aucune économie; et, quoique les dimensions des cartouches et des baguettes aient été beaucoup réduites, ces objets sont encore deux à trois fois plus volumineux, plus lourds et plus dispendieux que le sachet à poudre, capable de lancer les mêmes projectiles avec autant et plus de vitesse, à l'aide des canons, des obusiers et des mortiers.

La baguette des fusées fabriquées depuis 1819, au lieu

d'être placée sur les parois du cartouche, est fixée dans l'axe du projectile, *fig.* 5; elle porte une douille à vis B, qui entre dans un support A forgé, avec le culot. Il y a des trous *a a* autour de ce support, pour laisser passer les gaz produits par la matière fusante. Des étoupilles introduites d'avance dans les trous servent à mettre le feu, après qu'on a enlevé une toile peinte ou goudronnée qui les recouvre.

Quatrième série.

Nous voici à la série qui comprend les derniers travaux du général Congrève, ou du moins ceux qui nous sont connus. Le secret, à cet égard, est d'autant plus difficile à pénétrer, qu'il est plus récent. Le baron de Makau (1), qui a passé l'été dernier en Angleterre, nous a rapporté, comme un fait certain, que l'inventeur venait d'ajouter de très grands perfectionnements à ces fusées, mais qu'il n'en laissait entrevoir qu'une très petite partie, ayant l'intention de surprendre et d'accabler les ennemis que son pays pourrait avoir à combattre. Indépendamment de son grand atelier à Woolwich, où ne pénètre qu'un certain nombre de personnes affidées, il a, dit-on, un autre atelier dont les officiers mêmes de l'artillerie anglaise ignorent jusqu'au lieu d'établissement.

Un voyageur instruit, disent les rédacteurs d'un excellent recueil périodique (1), assista aux expériences suivantes faites à Woolwich, le 12 juin 1821.

(1) L'un des capitaines les plus habiles de notre marine.

(2) *Bibliothèque universelle des sciences*, etc., T. XIX, p. 70 à 73; janvier 1822. Genève.

On lança des fusées destinées à faire des signaux et à reconnaître la position de l'ennemi. Après s'être élevées à une grande hauteur, elles détonnaient légèrement et déployaient un parachute, sous lequel s'allumait un feu de Bengale, qui répandait pendant cinq minutes une lumière éclatante.

On avait amarré dans la Tamise, à environ 1600 yards du rivage, un navire d'où on lança sur terre une *fusée à ancre*. Une chaîne était attachée à celle-ci, et à l'extrémité de la chaîne il y avait une poulie dans laquelle passait un cordage double, dont les bouts restaient à bord du navire. Plusieurs hommes tirèrent sur ce cordage et essayèrent en vain d'arracher la fusée à ancre, tant elle s'était enfoncée dans le sol. Deux marins s'embarquèrent dans un canot, et, à l'aide du même cordage, ils se rendirent promptement à terre.

On fit ensuite usage d'une espèce d'affût de campagne portant plusieurs tubes en fer, longs d'à peu près 12 pieds ; on tira des fusées de 6 à 8 livres contre une cible éloignée de 1200 yards (564 toises). Le chapiteau conique de ces fusées contenait une petite grenade, et leur baguette était concentrique ; leur direction presque horizontale eut une précision très remarquable.

On rangea ensuite à terre un nombre de ces fusées parallèlement entre elles, et couchées dans la direction supposée d'un corps de cavalerie ennemie ; elles étaient à peu de distance l'une de l'autre, et formaient comme une première ligne de défense ; en arrière et à la distance convenable était disposée de même une seconde ligne de fusées ; puis une troisième un peu plus loin ; les fusées, dans chaque ligne, communiquaient entre elles par une étoupille commune. Aussitôt que la cavalerie fut censée paraître, à la distance d'environ 500 toises, un soldat mit le feu à l'étoupille de la première ligne : les fusées partirent successivement avec une impétuosité extrême, formant comme un feu de file, d'où sortaient de grandes flammes, et des grenades qui éclataient tour à tour. Le soldat, après avoir mis le feu à la première ligne, alluma la seconde, puis la troisième. L'effet de cette suite de décharges parut si prodigieux, que les spectateurs demeurèrent convaincus qu'il ne serait guère possible à une cavalerie quelconque de se maintenir en bon ordre, ni d'avancer sous un pareil feu.

Enfin on tira de grosses fusées sous les angles de 45°; elles eurent des portées de 3000 yards (1410 toises).

Cette narration, que nous avons abrégée sans altérer les faits, contient des réflexions d'après lesquelles on est en droit de croire que l'observateur est étranger à l'artillerie et à la marine; aussi a-t-il négligé de rapporter des détails très importants pour les gens du métier : tels que l'état de l'atmosphère; le rapport entre le nombre des fusées tirées et le nombre de celles qui ont frappé le but; l'effet de ces fusées, lorsqu'elles éclatent, soit dans le bois, soit dans la terre; la nature de leurs bonds, lorsqu'elles avaient touché le sol sous un angle peu ouvert; le temps qu'elles mettaient à parcourir diverses distances; le nombre d'hommes employés pour le service de chaque espèce de fusées; le plus ou le moins de célérité de chacun de ces services, etc., etc.

Dans le mois de septembre dernier, M. le comte de Loewenhielm vit répéter à Woolwich des expériences semblables à celles qui viennent d'être décrites, à l'exception qu'on ne tira pas des rangées entières de fusées. Il fut surtout frappé de la justesse du tir et de la célérité du service des fusées de campagne, lancées par des tubes. Il porta aussi son attention sur les fusées à parachute, dont la lumière lui parut durer environ dix minutes. La nuit commençait à tomber, et la clarté, répandue sur un certain espace, n'était pas moins vive que celle d'un beau clair de lune.

Enfin, un officier distingué de notre artillerie a visité récemment la Grande-Bretagne, pour se procurer des renseignements sur tout ce qui concerne son arme; mais il a trouvé la fabrication des fusées toujours entourée de beaucoup de mystères. Il croit, comme le baron Dupin, qu'on fait entrer du chlorate de potasse dans les compositions fusantes, mais en moins grande quantité que ne l'indiquent les tableaux précédents. Il est parvenu seulement à prendre un croquis des attirails et des modèles, déposés dans plusieurs magasins et dans le musée d'artillerie.

Les chevalets de bombardement ressemblent, comme il a déjà été dit, à l'échelle double des peintres et des jardiniers, à cela près que les deux pieds de devant sont plus courts que ceux de derrière. Ces chevalets ne sont pas garnis de tubes; ils portent quelques pièces de fer propres à soutenir à la fois deux fusées.

Les affûts, pour les fusées de campagne, sont composés d'un affût proprement dit, et d'un avant-train qui porte deux coffrets (*fig.* 7 et 8). Sur la boîte ou caisse A B, destinée à renfermer les baguettes, est fixé à charnières un système de tubes en cuivre E H, au nombre de huit, qui reçoivent l'inclinaison convenable pour le tir, à l'aide de l'appui C et de la crémaillère D. L'orifice postérieur de ces tubes est fermé habituellement par une planche à charnière E E, garnie de tôle. On donne une position horizontale à cette planche, lorsqu'on charge. Il y a une gouttière, pratiquée dans son épaisseur, qui reçoit une traînée de poudre, ou une longue étoupille, pour faire partir à la fois les huit fusées; une platine, placée vers l'une des extrémités de la gouttière, met le feu à cette traînée ou à cette étoupille.

On suspend sous l'affût des tubes de rechange, qui servent aussi à allonger les autres tubes, lorsqu'on veut accroître l'étendue et la justesse du tir des fusées. Enfin, sur les côtés de la boite aux baguettes, se trouvent deux petits coffrets F F, pour les menus ustensiles et munitions.

L'affût se réunit à l'avant-train par une cheville ouvrière O, et par un système de verroux P Q. Chaque coffret R S, est divisé en compartiments verticaux propres à recevoir chacun une fusée, et il est fermé par un couvercle, qui sert de siége aux fuséens. Les deux coffrets portent chacun un homme.

Les caissons, qui renferment le reste des approvisionnements, sont pareils à ceux de toutes les bouches à feu anglaises.

Les boulets placés à la tête des fusées (*fig.* 4), ont une forme oblongue, dont le petit bout B, qui est ovoïde, saille en avant, tandis que le gros bout, qui est cylindrique, entre dans le cartouche, où il est assujetti à l'aide de gros fil de fer qui traverse le tout. La partie postérieure du cartouche est en partie fermée par une demi zône de fer A, au centre de laquelle on visse la baguette *c*. La flamme jaillit au travers de deux segments de cercle laissés vides *a*, *a*. Cette installation est moins parfaite, et probablement moins récente que le culot percé de trous et surmonté d'un support, décrit par le baron Dupin.

Passons maintenant à quelques essais tentés par d'autres personnes en différents pays.

Fusées de M. Garnerin.

Un comité de savants et d'artilleurs fut formé à Paris en 1813 (1). Les dangers qui menaçaient le gouvernement lui firent appeler toutes les capacités individuelles à concourir au perfectionnement de l'artillerie ; mesure qui aurait une utilité prodigieuse, si elle était permanente et appliquée à toutes les branches du service public. L'aéronaute Garnerin présenta au comité une fusée incendiaire (*fig.* 2), à laquelle un poids suspendu par un cordage devait procurer, selon cet artiste, une direction parabolique et l'immense amplitude de 4500 toises. L'expérience n'en fut pas faite, et la théorie démontre que ce poids couché contre la fusée, en vertu du mouvement de translation, aurait continuellement tendu à abaisser la tête du projectile, et que cette circonstance eût contribué, ainsi que la masse additionnelle du poids, à diminuer les portées au lieu de les augmenter.

Le même artiste présenta aussi une fusée appelée *courre-à-terre*, parce qu'elle était destinée à glisser sur la surface du sol. Il pensait que deux règles de bois *a a*, fixées obliquement près du chapiteau (*fig.* 3), forceraient la fusée à sauter par-dessus les pierres, les mottes de terre et autres obstacles peu élevés qui se trouveraient sur le passage ; en sorte que le projectile pourrait frapper les hommes et les chevaux vers le milieu du corps. Nous pensons que cette fusée, au lieu de glisser long-temps dans une direction

(1) Le comité eut à s'occuper, entre autres innovations importantes, des armes à vapeur de M. Girard (*Annales des faits et des sciences militaires*, 15e cahier, p. 580 ; Paris, 1819).

horizontale, culbuterait très promptement et reviendrait quelquefois vers ceux qui la lanceraient (1). L'auteur avait attaché en dessous du pot une flèche ordinaire, qui serait moins solide, moins redoutable, et plus encombrante que la pointe de fer barbelée, qui forme la tête des anciennes fusées dont parle Furtembach, ou des premières fusées fabriquées en Angleterre et en France. Mais ce qu'on doit louer dans les deux fusées de M. Garnerin, c'est qu'elles sont plus courtes et plus grosses que toutes les fusées en usage jusqu'alors, système dont les Anglais ont maintenant reconnu l'utilité par de nombreuses expériences.

Fusées danoises (Raketen).

Copenhague ayant été en partie consumée par des fusées, les Danois ont nécessairement reconnu, après un pareil désastre, l'importance de ces projectiles. La mission d'en fabriquer fut confiée, dès l'année 1811, à M. Schumacher, capitaine aide-de-camp divisionnaire de S. M. danoise (2).

(1) A Vincennes, en 1811, une fusée, après avoir touché le sol, rencontra un obstacle qui la fit revenir dans un sens opposé à sa première direction. Elle alla se ficher dans les flasques d'un des affûts du parc de l'ex-garde. Cet accident fit craindre un instant pour le reste du parc; mais il n'y eut que cet affût d'endommagé (Renseignements donnés par M. de Brulard, chef d'escadron d'artillerie).

(2) Cet officier, qui est mort il y a deux ans, jouissait d'une haute considération auprès du souverain et du public. Il réunissait à des connaissances variées et profondes les talents d'artilleur

On établit un atelier dans la citadelle d'une petite île du Catégat. Une partie des ouvriers étaient des forçats retenus au secret, auxquels on adjoignit aussi quelques ouvriers libres. Le capitaine Schumacher ne confia d'ailleurs en entier à aucun d'eux les procédés qu'il avait imaginés. Il distribua à chacun des fonctions, qui ne se rapportaient qu'à une partie de la fabrication, et il faisait lui-même les dosages. Il s'était gravé dans la mémoire des règles très simples pour ces dosages, ainsi que pour le diamètre et la longueur des différentes espèces de fusées, et il évitait de la sorte de rien écrire qui pût tomber entre les mains d'autrui : aussi les papiers publics n'ont fait connaître ses travaux que de la manière la plus vague. Nous devons toutes les informations, recueillies dans cet article, à M. de Brulard, ancien élève de l'école polytechnique, qui était, en 1813, capitaine à l'état-major de l'artillerie, de notre armée d'observation sur l'Elbe. Cet officier, en vertu d'une convention faite par notre chargé d'affaires à Copenhague, fut envoyé auprès du capitaine Schumacher, pour prendre communication des procédés relatifs à la confection et au service des fusées.

Le capitaine Schumacher commandait alors une flotille qui, en attendant un convoi, observait les Belts et la côte de l'île de Sélande. M. de Brulard fut conduit à son bord où il resta pendant plusieurs jours et reçut de vive voix tous les renseignements possibles; mais le ministère ne consentit pas

et d'ingénieur de terre et de mer. Ses compatriotes lui doivent, outre de nombreux travaux sur les fusées, un système très commode de signaux maritimes, de grandes améliorations dans la membrure des navires, dans la forme des canonnières et le gréement des lougres.

à ce qu'il fût conduit à l'atelier de fabrication des fusées. Il obtint seulement qu'on lui en remettrait des modèles et qu'on ferait quelques épreuves devant lui. Celles-ci eurent lieu sur la côte de Sélande, dans les environs de Korsor.

On employa uniquement à cette épreuve quatre hommes détachés d'une embarcation, emportant avec eux quelques fusées de 3 pouces et demi, et un chevalet de terre propre à les lancer. Les angles de projection furent de 54 degrés pour les fusées incendiaires, de 22° pour les fusées à obus, de 24° pour les fusées à sachets de grenades, et de 28° pour les fusées à boîtes de mitraille. Ces dernières, tirées contre un jeune bois de sapin, eurent un effet très facile à observer. La justesse du tir de toutes les fusées remplit d'étonnement M. de Brulard ; car, malgré la haute estime que lui avait inpiré l'inventeur (1), il croyait peu à la puissance et à la régularité des effets de pareilles armes.

Sur chacun des lougres de la division du capitaine Schumacher, il y avait un officier et quelques hommes, spécialement chargés du service des fusées. Ils avaient tous été instruits, au grand établissement, dans la manière d'en faire usage, mais nullement dans celle de les fabriquer.

L'affût dont on se servit à bord de ces lougres, se réduisait à une poutrelle, longue d'environ 25 pieds, qu'on pla-

(1) En Danemarck, le capitaine Schumacher passe pour avoir inventé les fusées, qu'on appelle vulgairement *Brand-Raketen*. Cette opinion est fondée jusqu'à un certain point, puisque les brand-raketen ne sont pas une imitation servile des fusées à la Congrève, et que les procédés de leur fabrication ont été l'objet d'un grand nombre de recherches et de tentatives, qui ont exigé beaucoup de talent, de travail et de dépenses.

çait parallèlement à la quille, en dehors du bord. On l'inclinait plus ou moins, au moyen d'un palan. Son extrémité antérieure était garnie de deux morceaux de tôle, relevés sur les bords et propres à soutenir chacun l'obus ou tout autre projectile, mis devant le cartouche des fusées. Un double rouleau, fixé à l'extrémité postérieure de la poutrelle, supportait les baguettes. Cet affût paraîtra sans doute très grossier et très incommode; mais tel est l'état ordinaire des inventions et des machines nouvellement conçues.

Pendant que le capitaine de Brulard était à bord de la flotille danoise, il apprit la malheureuse affaire de Leipzig, et s'empressa de partir, emportant quelques croquis, quelques notes et cinq fusées de différentes espèces.

Indépendamment des lougres armés de fusées, la côte de Sélande était défendue par de l'artillerie légère, qui joignait à ses canons et à ses obusiers des équipages de fusées. En décrivant les travaux particuliers dont M. de Brulard fut chargé, par suite de sa mission, nous ferons connaître en partie les procédés imaginés pour la terre, par le capitaine Schumacher. Les fusées destinées à la marine ne différaient essentiellement des autres que par de plus grandes dimensions.

A peine de retour à Hambourg, M. de Brulard reçut l'ordre de faire exécuter trois fusées, pareilles à l'un des modèles apportés, afin qu'on pût s'assurer, en tirant ces quatre fusées, des effets de ces nouvelles armes, et des moyens d'en reproduire.

Le 10 janvier 1814, elles furent essayées en présence du maréchal Davoust et de tout son état-major. Des officiers supérieurs firent pointer la première trop bas, malgré les observations réitérées du capitaine de Brulard. Elle se plongea dans un bras de l'Elbe, fila entre deux eaux, et ne sortit que vers l'autre rive où elle fit plusieurs culbutes fort singulières. Les quatre autres eurent des directions assez heureuses et des portées d'environ 950 toises. Le maréchal Davoust reconnut l'importance de ces nouvelles armes et ordonna que tout fût disposé au plus vite pour en fabriquer. Ce travail fut naturellement confié à M. de Brulard.

Fusées de Hambourg.

Cet officier organisa deux ateliers : l'un à l'arsenal, composé de serruriers et de chaudronniers qui fournirent bientôt trente cartouches de fusées par jour ; l'autre plus isolée, au Teerhoff (1), où les cartouches étaient chargés et préparés par des artilleurs d'élite. Le service du mouton se faisait par des hommes de corvée, et il y avait entre eux et cet instrument un mur épais, de sorte que les artificiers étaient seuls exposés à une explosion accidentelle.

(1) C'est le nom d'une des demi-lunes de la place dans laquelle, outre l'hôtel des monnaies, il y avait un bâtiment dont M. de Brulard eut l'entière disposition.

TABLEAUX

des dimensions, du poids et de la nature des fusées fabriquées par M. de Brulard, sur le modèle des fusées du capitaine Schumacher, fig. 1, 2, 3, 4 et 5.

CARTOUCHE.			PROJECTILES ajoutés aux cartouches.		Baguettes.
Diamètre.	Longueur	Poids.	Poids.	Espèces.	Longueurs.
$3^1/_2$ p°.	$6^1/_4$ cal.	12 $^1/_2$ l.	13 $^1/_2$ l.	boulet creux du cal. de 16. Sachet ou chapit. pl. de grenad.	13 p. 3 p°.
3 pouc.	7 $^1/_4$..	......	8 $^1/_3$..	cône en fer fondu chargé de composit. incend^{re}	12
	6 $^1/_4$..	....	6 $^3/_4$..	boulet creux du calibre de 12, ou grenades.	11
	5 $^1/_2$..	....	5 $^2/_3$..	boîte de tôle cylindr. pleine de balles de fusil.	10

Toute soudure était supprimée dans la fabrication des cartouches. Les deux bords de la tôle (*fig.* 9) étaient unis ensemble par deux lignes de rivets *o o*, disposés en quinconce. Le culot en fer forgé (*fig.* 9 et 10), était fixé par d'autres rivets à des languettes *a a*, reployées extérieurement, et formées par des découpures faites à l'extrémité postérieure du cartouche. Celui-ci contenait trois grandes couches A B, B C, C D, de matière fusante, dosées comme il suit :

	Salpêtre.	Soufre.	Charbon.
Couche n° 1,	48	5	12 1/2
n° 2,	48	5	13 1/3
n° 3,	48	5	14 1/5

La plus vive touchait le culot, et la moins vive était à l'autre extrémité du cartouche ; on mettait par-dessus une rondelle de carton *b d* et une couche d'argile fortement battue *d e*. On pratiquait au travers de ce tamponnage, à l'aide d'un foret, une lumière *f g*, qui portait le feu du cartouche aux étoupilles et espolettes des projectiles formant la garniture ou le chapiteau (*fig.* 11). Au même instant, les projectiles se détachaient du cartouche et le devançaient en raison de leur forme, de leur densité et de la nouvelle impulsion qu'ils venaient de recevoir. Pour rendre cet effet plus sensible et la mitraille plus meurtrière, il y avait une petite charge de poudre à canon, entre le tampon et la boîte à balles.

M. de Brulard ajouta une charge de poudre pareille aux fusées armées d'un obus, ou d'un sachet à grenades. Il jugea d'ailleurs commode de fixer l'obus au cartouche, ainsi que les autres projectiles, ce que ne faisait pas le capitaine Schumacher qui, après avoir placé sur l'affût le cartouche garni de la baguette seulement, mettait l'obus par-dessus : le mouvement de translation laissait subsister cette union jusqu'à l'inflammation de l'espolette. Les ligatures de M. de Brulard consistaient, pour les obus, dans une simple ficelle, placée en croix sur ce projectile, et attachée à quatre trous pratiqués dans l'extrémité antérieure des parois du cartouche : il suivit du reste le système de ligature adopté par le capitaine Schumacher pour les autres garnitures.— Sur la carcasse incendiaire de forme sphérique (*fig.* 12), on plaçait une forte toile, et l'on fixait les bords de celle-ci au cartouche par une surliûre de ficelle enduite de colle-forte.—La carcasse incendiaire en fer fondu de forme cylindroconique (*fig.* 13), était d'un plus grand diamètre que le cartouche, et les deux corps s'enchâssaient l'un dans l'autre.—Quant à la boîte à balles (*fig.* 14), sa partie postérieure, découpée par quelques coups de ciseaux, s'appliquait, en formant ressort, sur la tête du cartouche; de plus, on consolidait cette jonction par une surliûre semblable à celle des carcasses. On faisait de même pour les sachets de grenades (*fig.* 15).

Les espolettes et autres parties des carcasses incendiaires n'étaient pas disposées de manière à séparer, en l'air, ces carcasses de leur cartouche. Mais on cherchait à obtenir toujours cette séparation pour les autres projectiles; c'est pourquoi, lorsqu'on tirait sur un but peu éloigné, on accroissait la longueur de l'ame à l'aide d'un foret. On diminuait en conséquence le massif de la composition, le feu se communiquait plus vite aux étoupilles et espolettes, et la séparation avait lieu plus tôt : alors les obus, les grenades, ou les balles de fusil, achevaient leur trajet dans l'air, d'après les mêmes lois que les projectiles lancés par les bouches à feu, et ils fournissaient plusieurs ricochets sur le sol, si l'angle d'incidence n'était pas trop ouvert.

Les sachets de grenades du capitaine Schumacher avaient la figure d'une grappe de raisin et offraient beaucoup de résistance à l'air.

M. de Brulard imagina de les couvrir d'un chapiteau en tôle (*fig.* 11). Il n'eut pas l'occasion de tirer des fusées de cette espèce : mais ayant logé un petit pétard dans un de ces chapiteaux, contenant 13 grenades, l'explosion jeta celles-ci à 25 ou 30 pas; toutes éclatèrent successivement, ainsi que l'inégale longueur des espolettes l'avait fait espérer, et les éclats s'écartèrent à 40, 50 et 55 pas du centre de chaque explosion particulière. On compte qu'il y eut en tout 101 éclats, qui parcoururent dans tous les sens un cercle d'environ 140 pas de diamètre.

Nous ne décrirons pas le mode de transport et de service, adopté pour les fusées qui venaient d'être fabriquées à Hambourg, parce que ces détails nous mèneraient trop loin. Nous dirons sommairement qu'il fallait neuf hommes pour servir deux affûts, et qu'en raison des localités, c'est-à-dire des marais et des digues qui entouraient la place, on s'était proposé de transporter tour à tour les fusées à bras d'hommes, ou dans des paniers placés sur des chevaux de bât, ou sur un léger caisson autrichien. L'équipement de la baguette s'effectuait à l'instant du tir, au moyen d'un petit clou et de deux attaches de tôle, fixées d'avance sur le cartouche. Pour la conservation des fusées, on les avait enduites extérieurement d'une peinture blanche à l'huile, sur laquelle on inscrivait des numéros propres à faire connaître l'espèce et l'époque de la fabrication de chaque fusée.

L'affût de campagne, employé par le capitaine Schumacher (*fig* 16), était formé d'une longue poutrelle A B, soutenue par deux montants C D, disposés en croix. Il y avait à l'extrémité de cette poutrelle une semelle E F, destinée à recevoir deux fusées à la fois, entre des plaques de tôle G H; un porte-queue L soutenait les baguettes. On pointait à l'aide d'un quart de cercle I, et d'une coulisse K M, serrée dans un étrier N.

M. de Brulard a simplifié cet affût et l'a rendu susceptible de se monter et de se démonter facilement, de sorte que trois hommes suffisent pour le transporter dans toute espèce de localité. La poutrelle principale A B (*fig.* 17), est raccourcie, et porte, d'une part sur un pied de fer à douille A C, et de l'autre sur une pièce de fer coudée *a c b*, qui la réunit aux montants E F, et dont on voit le plan dans la *fig.* 18. E et F représentent les têtes des montants inclinés, dont l'écartement est limité par la longueur de la partie droite *e f*. Celle-ci traverse librement le support *c*, qui est surmonté d'une cheville ouvrière; disposition qui permet de donner à la poutrelle B toutes sortes de mouvements, soit dans le sens horizontal, soit dans le sens vertical, pour exécuter les pointages. A l'extrémité B de la poutrelle (*fig.* 17), est posé un plateau ou semelle B G, propre à recevoir deux fusées, dont le départ est aidé par des rouleaux de frottement *o*, en forme de deux cônes opposés au sommet. Enfin, une tige B H, formant le prolongement de la semelle, est garnie d'un porte-baguette à rouleaux N et s'incline plus ou moins, à l'aide de la crémaillère H M.

La Restauration et les autres événements politiques firent suspendre le siége de Hambourg, à l'instant où l'on allait se servir de ces nouvelles armes. On avait mis un affût en batterie à la dernière, ou avant-dernière attaque; mais, après avoir lancé deux fusées à la fois, il fut enlevé, ainsi que deux chevaux de bât, par un boulet ennemi.

Bientôt après, la remise de la place entre les mains des alliés ayant été arrêtée, on s'empressa de consommer la plupart des fusées en épreuves, dans l'île de Wilhelmsburg. Entre autres essais, on munit les fusées d'une baguette très courte; elles bondissaient alors en tout sens, et on jugea qu'elles seraient très propres à défendre le passage d'un fossé. M. de Brulard se proposait de faire beaucoup d'autres expériences, dans le cas où il aurait été chargé en France du même genre de service. Mais cet officier, aussi modeste que zélé, n'a pas cherché à se mettre de lui-même en évidence ; et, à son retour, il a repris les occupations ordinaires des artilleurs. Il avait rapporté quelques fusées pour servir de modèles, et entre autres quatre fusées danoises. Ces objets, par suite des événements de 1815, furent dirigés sur La Rochelle, puis sur Toulouse, où ils ont été consommés dans une expérience insignifiante, attendu qu'on n'avait pris aucun renseignement sur la nature de leur fabrication et de leur emploi.

Tels furent les résultats des tentatives faites à Hambourg, en vertu des ordres d'un de nos plus sages et plus habiles généraux, qui avait dès-lors apprécié l'importance d'une arme, admise aujourd'hui dans les principales artilleries de l'Europe, à l'exception de l'artillerie française.

Le capitaine Schumacher, toujours soutenu par son gouvernement, ne cessa pas de s'occuper, jusqu'à l'instant de sa mort, de perfectionner la fabrication de ses fusées ou *raketen*. Les journaux danois annoncèrent, en 1819, qu'il avait tiré des fusées de signaux sur la petite île de Hielm, dans le Categat, et que son frère (1) les avait aperçues, à l'aide d'un télescope, dans l'observatoire de Copenhague, c'est-à-dire à 30 lieues de distance.

(1) Professeur d'astronomie et de mathématiques très estimé, et que le capitaine Schumacher avait chargé, vers 1812, de dresser des tables pour le tir des fusées. Mais ce savant trouva, comme nous, qu'on manquait de certaines données pour exécuter ces tables, dont le calcul présentait d'ailleurs en lui-même des longueurs effrayantes.

Fusées autrichiennes (*Raketen*).

Dès l'année 1815, les Autrichiens avaient adopté les fusées de guerre; ils en avaient une batterie au siége de Huningue, mais ils n'en firent pas usage (1). Nous croyons que ces fusées leur avaient été fournies par les Anglais. Mais bientôt après, le colonel Augustin fut chargé, par le gouvernement autrichien, d'établir une fabrication de fusées. Les Danois prétendent que tout ce qui a été fait par cet officier n'est qu'une imitation des procédés dont le capitaine Schumacher lui fit part, à l'époque du congrès de Vienne (2). Les Autrichiens regardent, au contraire, le colonel Augustin comme le véritable inventeur des fusées. Nous sommes à même d'apprécier ces différentes prétentions : aucun de nos contemporains, sans en excepter le général Congrève, n'a le moindre droit à l'invention primitive des fusées de guerre, puisque, depuis plusieurs siècles, elles sont connues en Europe et d'un usage habituel en Asie; mais chacun des officiers distingués, qui a été chargé d'en fabriquer, a dû nécessairement imaginer des améliorations, ou du moins des changements, qui sont réellement sa propriété; et il est à présumer que les derniers venus sont allés plus loin que leurs prédécesseurs, en admettant qu'ils soient partis du même point où ceux-ci étaient arrivés.

(1) *Zeitschrist für Kunst Wissenschaft und Geschichte des Krieges*, 1er cah., 1825, p. 98; Berlin und Posen.

(2) Renseignement donné par un officier danois d'un rang supérieur, qui connaissait particulièrement le capitaine Schumacher.

Les journaux allemands ont annoncé, en 1820, que le colonel Augustin avait tiré, devant la cour de Vienne, à Raketendorf, des fusées de guerre singulièrement perfectionnées; l'année suivante, ils annoncèrent que des fusées de signaux, inventées par cet officier, avaient été aperçues à la distance énorme de 40 lieues. L'armée autrichienne, dans sa campagne de 1821 contre les Napolitains, avait 15 affûts à fusées, dont ils se servirent avec succès à Antrodocco, Monte-Casino et San-Germano (1), c'est-à-dire que, dans ces trois affaires, ils mirent subitement en fuite leurs ennemis; mais, comme ils obtinrent le même résultat partout ailleurs, dès qu'on les apercevait, il n'est pas certain que les fusées aient augmenté une épouvante qui était à son comble. Toutes les personnes qui se trouvaient alors en Italie savent, du reste, que les Autrichiens comptaient beaucoup sur leurs nouvelles armes : cependant le soin avec lequel ils les cachaient empêcha le public de les examiner et de s'en faire une juste idée. M. Gautier de Rigny, capitaine de vaisseau, commandant notre station du Levant en 1825, apprit, en visitant une frégate autrichienne armée à Trieste, qu'elle avait à bord des fusées qu'on pouvait installer sur les canons. Des ordres particuliers empêchèrent qu'on ne lui en dît davantage. Mais, d'après les renseignements recueillis par M. Duchemin, ancien élève de l'école polytechnique et chef d'escadron d'artillerie, il paraîtrait que les fusées ont des affûts, ou des chevalets isolés, qu'on place seulement, sur le tillac, dans les endroits où il n'y a d'ordinaire aucune pièce d'artillerie. On prétend d'ailleurs, qu'un capitaine autrichien

(1) *Zeitschrift*, etc., *ibid.* — *Bulletin universel des sciences*, 8e section; avril 1825, p. 181.

a fait un rapport officiel dans lequel il annonce s'être servi, avec un plein succès, des nouveaux projectiles, dans les eaux de la Grèce.

Le gouvernement fait toujours poursuivre, avec un intérêt particulier, la fabrication de ces projectiles. Un des derniers perfectionnements consiste à placer, derrière le culot, une boîte cylindrique de plomb contenant une charge de poudre à canon. Dès qu'on enflamme cette charge, la fusée reçoit une forte impulsion, à laquelle se joint bientôt l'action de la matière fusante. Il n'y a plus d'hésitation dans le départ du mobile; la trajectoire a moins de courbure : on pointe sous les angles peu ouverts, et le tir acquiert plus de justesse, toutes choses égales d'ailleurs.

Nous ignorons si l'usage des tubes est combiné avec l'addition des charges de poudre ; M. Duchemin a ouï parler d'un fait, qui, sans prouver que les Autrichiens n'emploient pas de tubes, indique du moins que ces tubes sont ouverts par la culasse comme ceux des Anglais. Les premières boîtes de plomb, renfermant la poudre, n'avaient pas d'abord les parois latérales assez fortes, et il est arrivé que leurs éclats ont volé à droite et à gauche, jusqu'au milieu des spectateurs. Maintenant, on fait le fond des boîtes beaucoup plus mince que les parois cylindriques, et c'est la seule partie que brise l'explosion.

On vient de publier, en Prusse et à Paris, les renseignements suivants sur la composition de fusées autrichiennes fabriquées depuis 1820 (1).

(1) *Zeitschrist für Kunst Wissens, und Gesch. des Krieges*, 1er cahier, p. 101 ; Berlin und Posen, 1825.

Calibre de la fusée.	2 1/2 pouces.
Longueur du cartouche.	4 calibres.
Longueur de l'ame	3 *id.*
Longueur du massif.	1 calibre.
Diamètre inférieur de l'ame. . . .	1/4 *id*
Diamètre de la grenade qui remplace le pot.	1 1/4 *id.* (1)
Longueur totale de la fusée armée.	5 2/5 *id.* (1)
Longueur de la baguette.	32 *id.*

Charge du cartouche.

Salpêtre.	68
Soufre.	15
Charbon.	17

L'établissement de Raketendorf a été formé près de Neustadt, à 6 milles de Vienne. On a sévèrement interdit au public l'entrée des ateliers où se confectionnent les fusées, et du vaste champ clos où s'exercent 4 compagnies d'artificiers, créées pour ce nouveau service.

Les Autrichiens paraissent attacher une grande importance aux fusées, et ils croient avoir surpassé tous ceux qui en fabriquent. Nous avons déjà vu que la même réserve et les mêmes prétentions existent en Danemarck et dans la Grande-Bretagne. Nous verrons qu'elles existent aussi

(1) On voit que ces fusées ressemblent à celles de Danemarck, en ce que l'obus est d'un calibre plus fort que celui du cartouche, et qu'il doit être posé sur un culot qui forme le prolongement de ce dernier ; en sorte que les longueurs totales dépassent la somme des longueurs du cartouche et du projectile.

chez les employés de la compagnie anglaise des Indes orientales, chez les Saxons, les Russes, les Polonais; et nous pouvons conclure qu'elles se reproduiront presque partout où l'on fabriquera des fusées. Cette prévention en faveur des pratiques adoptées dans leur arme, est commune à beaucoup d'artilleurs, ainsi qu'aux autres militaires, et chacun, tout en s'attribuant l'avantage, ignore ou ne sait que d'une manière très incomplète ce qui se fait dans les armées étrangères. Cette confiance aveugle en soi-même augmente, dit-on, l'énergie de l'officier et du soldat. Mais une étude impartiale de ses propres ressources et de celles de l'ennemi, jointe à une application continuelle pour se rendre réellement supérieur, aurait peut-être encore de meilleurs résultats.

Fusées saxonnes (Raketen).

Depuis 1816, les Saxons qui avaient pu juger, à Leipzig et dans d'autres places de leur territoire, de l'effet des fusées, se sont livrés à la fabrication de ces projectiles; on peut croire qu'ils estiment particulièrement leurs travaux, car ils en font un aussi grand mystère que dans les pays où l'on a le plus de prétentions à ce sujet. On nous a dit qu'un officier saxon dirige les essais, qu'on vient d'entreprendre en Prusse, pour construire enfin des fusées. Peut-être cet officier a-t-il été autorisé à faire connaître aux alliés de son souverain ce nouveau secret d'état, comme le fut à différentes époques le capitaine Schumacher.

Fusées prussiennes (Raketen).

Dans un ouvrage imprimé à Dresde, en 1718 (1), le colonel saxon Geissler décrit des fusées qu'il avait vues à Berlin en 1688; elles pesaient 50 et 120 livres, y compris une grosse grenade; les enveloppes étaient en bois et entourées de toile. Elles contenaient un mélange de 9 parties de salpêtre, 4 de soufre, et 3 de charbon. Le même officier proposa plus tard des fusées armées d'un dard à leur extrémité (*fig.* 6), et destinées à incendier des édifices à une petite distance. On croit démêler, dans sa description confuse, que la composition renfermée dans le pot était à la fois explosive et incendiaire. Ces deux projets, inférieurs à ce qui avait été déjà pratiqué à la guerre, tombèrent bientôt dans l'oubli. On les cite cependant pour réclamer aujourd'hui, en faveur des Prussiens et du colonel Geissler, la priorité d'invention. Dans l'un des ouvrages périodiques où ces prétentions sont manifestées, on a traduit en même temps une partie de la notice, dans laquelle nous avons montré, pour la première fois, l'antiquité et la véritable origine des fusées de guerre; et la même erreur est reproduite, sans aucune observation, dans le *Bulletin universel des sciences* (avril 1825) où cette notice a été publiée. Il y a moins à s'étonner d'une autre réclamation faite en faveur du colonel Geissler, parce qu'elle est antérieure aux derniers écrits qui viennent d'être cités.

M. Decker, capitaine d'état-major, et professeur très dis-

(1) Neue curieuse und Volkommene artillerie, page 173, fig. 73.

tingué à l'école d'artillerie et du génie à Berlin, nous apprend que, dans la campagne de 1813, « l'armée prussienne avait « avec elle quelques batteries de fusées à la Congrève, dont « on se servit entre autres occasions contre Wittemberg et « Leipzig. Mais, ajoute M. Decker, des officiers intelli- « gents, témoins oculaires de l'effet de ces projectiles, les « trouvèrent beaucoup au-dessous de ce qu'on en avait « attendu. »

Cette dernière assertion s'accorde peu avec les narrations déjà citées et avec plusieurs autres. Si nous en croyons l'une d'elles, « à Leipzig, une batterie de fusées, dirigée par des « Anglais, força une colonne de 4 bataillons à se rendre dès « la première décharge. Ce fait a été affirmé au major anglais « Hamilton Smith, par feu le général Bulow, qui prétendait « avoir galopé en avant de ses troupes, presque seul, pour « recevoir la soumission des ennemis. » On soupçonnera peut-être qu'il y a de l'exagération dans ce dernier récit ; mais en voici un autre qui confirme du moins le puissant effet des fusées à la Congrève.

S. E. M. le comte de Loewenhielm, qui assista aux affaires de Wittemberg et de Leipzig, nous a dit que la première ville fut incendiée à la fois par des obus et des fusées à la Congrève, et qu'il avait vu, en parcourant les champs de Leipzig, le lendemain de la bataille, des tas de morts horriblement mutilés, sur les places où étaient tombées les fusées à la Congrève. S. E., sans révoquer en doute l'action particulière du général Bulow, affirme que c'était dans les rangs de l'armée suédoise, et non dans ceux de l'armée prussienne que se trouvaient les batteries des fusées à la Congrève, dont l'effet fut si terrible. Presque tous les rapports sont d'accord sur ce point. Quoi qu'il en soit, les Prussiens ont établi depuis peu, à Spandau, un atelier d'épreuves, qui, comme nous l'avons vu, est dirigé par un officier saxon. Jusqu'à présent le secret a été si bien gardé, que plusieurs artilleurs, fort habiles, ont en vain cherché, sur les lieux mêmes, à se procurer quelques renseignements précis sur les procédés adoptés et sur les résultats obtenus.

Fusées suédoises (Raketen).

La fabrication et le perfectionnement de ces projectiles ont été confiés au colonel Schroderstierna; cet habile officier s'applique surtout à leur procurer une grande justesse de tir, mais récemment encore il n'avait pas réussi au gré de ses désirs. M. le comte de Loewenhielm a bien voulu écrire à Stockholm, pour nous procurer à ce sujet des renseignements plus circonstanciés. Nous regrettons que le temps de les recevoir ne soit pas encore arrivé. Cette libéralité de communication, si digne d'éloges, serait probablement taxée d'imprudence dans les pays routiniers et stationnaires; mais il n'en résulte aucun inconvénient pour un état où l'on s'occupe sans cesse d'améliorer, parce qu'à l'instant où certains faits deviennent publics, ils sont déjà en arrière des connaissances nouvellement acquises. Il y a d'ailleurs un avantage inhérent à cette conduite; car en éclairant les autres, on trouve ordinairement le moyen de s'éclairer soi-même; et finalement, les hommes de sens les plus communicatifs savent, quand il le faut, conserver un secret.

Fusées russes et polonaises (Raketi Race).

La Russie et la Pologne ayant le même prince, tout ce qui se fait dans l'artillerie d'un de ces deux états, semble devoir bientôt être adopté dans l'autre ; c'est pourquoi nous réunissons dans le même article le petit nombre de notions qui nous sont parvenues, sur les fusées russes et polonaises, qui paraissent jusqu'ici très inférieures aux nouvelles fusées des Danois, des Autrichiens, des Saxons, et surtout des Anglais, mais dont cependant on ne manque pas sur les lieux de faire un très grand mystère.

Plusieurs témoins oculaires du désastre de Moscou ont rapporté, comme on sait, que les satellites du comte de Rostopchin avaient employé des fusées incendiaires, pour mettre le feu à cette superbe cité. « Dans un procès-verbal, « dressé par les ordres de Napoléon, on inséra une note « détaillée de tous les matériaux qu'on avait trouvés dans « une maison de campagne, où l'on supposait qu'avaient été « fabriquées les fusées à la Congrève et autres machines « infernales (1). »

M. Bem a donné la table suivante pour des fusées fabriquées en Pologne. On paraît s'y occuper de quelques nouveaux essais, ou de reproduire ce qu'on a fait ailleurs.

Dimensions.	Calibre.		2 1/2 pouces.
	Longueur	du cartouche.	7 calibres.
	———	du pot.	4 1/4 *id.*
	———	des deux réunis.	10 *id.*
	———	de la baguette.	40 *id.*
	Epaisseur	de la tôle.	1/2 ligne.
	Longueur	du massif.	1 calibre.
	———	de l'ame.	5 *id.*
	Diamètre	supérieur de l'ame.	1/10 *id.*
	———	inférieur.	3/10 *id.*

(1) *Moscou avant et après l'incendie*, par G. L. D. L., témoin oculaire, p. 118 ; Paris, 1814.

Charge du cartouche.	Salpêtre.	62 parties.
	Soufre.	19 *id.*
	Charbon.	19 *id.*

Comme il y a beaucoup d'officiers russes et polonais très-instruits, qui explorent sans cesse l'Europe savante, ou qui suppléent aux voyages par l'étude, ces officiers, ainsi que leur gouvernement, seront bien vite informés de tout ce qui est relatif aux fusées. Mais la construction et l'emploi de ces armes, tendant à protéger les peuples industrieux contre les grandes masses de soldats, ce n'est pas aux armées du Czar que cette nouvelle artillerie semble devoir être plus favorable.

Fusées anglo-indiennes (Rifle-Rokets).

Le major Parlby, qui a cherché depuis long-temps à perfectionner les fusées indiennes, est parvenu à leur procurer, à l'aide d'une certaine construction intérieure, un mouvement de rotation autour de leur axe, qu'il compare au mouvement des balles d'une carabine rayée en spirale. Le résultat est une grande justesse de tir. Il présenta ces fusées au gouverneur du Bengale, en 1815, et avant que celles du général Congrève fussent parvenues dans l'Inde. L'épreuve toutefois n'en a été faite qu'en décembre 1823, devant le commandant en chef de l'artillerie de la compagnie des Indes. Les portées eurent en général une grande précision, aux distances de 282, 376, 470 et 827 toises. Quelques-unes manquèrent leur effet, parce que, dit-on, l'inventeur fut obligé de faire ses préparatifs à la hâte. Il se servit d'un tube pour en lancer quelques autres, contre une cible éloignée de plus d'un mille.

Celle-ci fut frappée une fois à cette grande distance, et deux autres fusées qui passèrent un peu au-dessus, après avoir marché parallèlement, allèrent tomber, l'une à 1080, l'autre à 1130 toises.

Dans le même mois de décembre 1823, le major Parlby a publié les détails suivants :

Longueur du tube de projection, 16 pieds;

Angle d'élévation, 18 degrés;

Longueur de la portée, 692 toises;

Pénétration dans le sol, 5 pieds;

Calibre de la fusée égal à celui d'une balle de plomb pesant 1 $^1/_2$ livres;

Poids de la fusée équipée, c'est-à-dire, garnie de sa composition, du pot et de la baguette, 5 livres 8 onces.

D'après la force de pénétration de la fusée, à la distance de 692 toises, l'auteur conclut que si on l'eût tirée sous un angle plus élevé, on aurait obtenu une portée de plus d'un mille, et il compte obtenir, avec les fusées de gros calibre, des portées de 14 à 1500 toises. Cette dernière assertion ferait penser que cet officier ignore ce qu'on a fait en Europe, puisqu'il annonce, comme simplement probables, des résultats qui ont été déjà dépassés.

Fusées américaines (*Rockets*).

Il n'est peut-être pas un pays où l'usage des fusées ait dû paraître si peu important qu'aux États-Unis d'Amérique, attendu que les Anglais, dans leur dernière guerre avec cette république, n'employèrent, outre les fusées de signaux, que des fusées incendiaires qui furent tirées en trop petit nombre et dans des circonstances défavorables. Néanmoins, le gouvernement de l'Union, après la paix de 1815, s'occupa de faire fabriquer des fusées; mais, au lieu d'imiter servilement les fusées de l'ennemi, on s'occupa de les perfectionner et surtout de les débarrasser de la baguette, qui offre tant d'inconvénients. On imagina de percer dans le culot, au lieu de l'orifice ordinaire, des trous en hélice, qui forçant la matière fusante à jaillir obliquement, procurent à la fusée un mouvement de rotation autour de son axe, et rectifient en partie les causes de déviation, d'autant qu'on lance ces fusées à l'aide d'un tube (1). Plus tard, en 1823, M. Joshua Blair, de la Nouvelle-Orléans, soumit au jugement d'un comité nommé par le gouvernement, divers plans relatifs à des armes qu'il appelle *american torpedoes*. Il semble, d'après ce qui a été dit dans les journaux, que ces armes ne sont autre chose que des fusées d'une grande dimension, lancées entre deux eaux et propres à défoncer, par une explosion, la carène des vaisseaux.

Le comité chargé de les examiner affirma qu'un seul navire, armé d'une batterie d'*american torpedoes*, braverait sans danger, en pleine mer, toutes les forces navales du globe. Nous ferons connaître, dans le chapitre suivant, un moyen très commode et très expéditif pour lancer des fusées sous-marines.

(1) Renseignements acquis sur les lieux en 1820.

APPLICATION DES FUSÉES A LA PÊCHE DE LA BALEINE ET AUTRES CÉTACÉS.

Vers la fin de 1821, le vaisseau baleinier le *Fane*, capitaine Scoresby, est rentré à Hull, rapportant les produits de neuf baleines. Elles avaient été facilement saisies, n'ayant pas plongé au-delà de trois à quatre brasses, après avoir été frappées par des fusées. Six sont mortes en moins d'un quart d'heure, et cinq d'entre elles n'ont point obligé à filer le cordage fixé aux fusées; une seule a survécu deux heures, et une autre a filé plus d'une ligne à travers les glaces où les chaloupes n'auraient pu la suivre.

Une fusée a aussi arrêté subitement et livré aux pêcheurs un très grand *poisson à écailles*, espèce qu'on n'attaque point avec le harpon ordinaire et qu'on prend très rarement dans les mers arctiques.

Indépendamment de la légèreté de l'appareil et de la commodité du service, les fusées ont un autre avantage qui leur est particulier : elles accélèrent la mort de l'animal par la flamme qu'elles vomissent dans son corps, et rendent même quelquefois sa destruction presque instantanée; c'est ce qui est arrivé pour un de ces énormes cétacées qui n'avait pas moins de 100 pieds de longueur, et qui fut atteint sous l'eau, à une profondeur de plus de 20 pieds.

On peut prévoir que l'emploi de ce procédé fera abandonner celui du harpon ordinaire, qui offre des difficultés et des dangers, parce qu'on ne peut l'exécuter sans approcher très près de l'animal. On voit en outre que le nouveau moyen étendra le champ de la pêche, en donnant prise sur les poissons à écailles, dont jusqu'ici on s'emparait si rarement.

Renseignements additionnels.

MM. Orlando et Luriotis, envoyés des Grecs à Londres, songeaient depuis long-temps à se procurer des fusées à la Congrève. Ils viennent d'en acheter qui ont été de suite embarquées pour la Grèce (1). Nous devons rappeler qu'elles avaient déjà été employées dans l'Albanie par le fameux Ali-Pacha, et que lord Cochrane les a portées jusque dans la mer du sud, lorsqu'il combattait pour la république de Buenos-Ayres. On peut présumer qu'il les introduira aussi dans l'empire du Brésil. La Colombie, le Mexique et les autres républiques nouvelles de l'Amérique, qui livrent leur industrie et l'entreprise de leur armement sur terre et sur mer, à des compagnies Anglaises, en recevront inévitablement des fusées de guerre. Le Portugal, retombé sous la protection du gouvernement britannique, doit avoir des compagnies de fuséens, parmi les troupes étrangères qui soutiennent ses destinées chancelantes. L'Italie apprend, de la même manière, à connaître la nouvelle artillerie. Quant aux petits états d'Allemagne, leurs relations multipliées avec l'Autriche, la Prusse et la Saxe leur ont fait sentir depuis long-temps le besoin de se procurer des fusées; ils attendent seulement, pour en fabriquer, qu'elles soient mieux connues, craignant

(1) Renseignement donné par M. Maxime Raybaud, si avantageusement connu comme défenseur et historien des Hellènes.

d'avoir à faire des essais dispendieux (1). Enfin, dans le royaume des Pays-Bas, l'utilité de ces projectiles n'est plus mise en doute; l'adoption paraît en être résolue (2); et, comme ce qu'on fait dans ce pays est toujours l'objet d'un soin particulier, on y possédera peut-être bientôt les meilleures fusées de guerre. Telles sont les dispositions de presque tous les états civilisés. Il n'y a plus que les gouvernements de France, d'Espagne et de Turquie qui semblent méconnaître encore l'importance de cette grande innovation. L'existence de l'empire Ottoman et celle du royaume des Espagnes et des Indes ne seront peut-être pas d'assez longue durée, pour que les fusées parviennent jusque dans leurs armées, mais la même chose ne saurait avoir lieu pour notre pays; et aussitôt que les fusées seront introduites dans l'artillerie française, il est probable qu'elle saura les perfectionner avec la même habileté qu'elle a montrée pour tant d'autres inventions et pratiques militaires, dans lesquelles les étrangers eux-mêmes ont vanté sa supériorité.

Lorsqu'on voudra définitivement avoir des fusées en France, on cherchera sans doute à profiter de ce qui a été fait ailleurs. Mais les modèles diffèrent essentiellement les uns des autres; ce qui, joint aux tentatives journalières de leurs auteurs pour les améliorer, prouve assez que l'art n'est pas arrivé à sa perfection : or il conviendrait, avant de rien construire, d'examiner chaque système sous un grand nombre de faces, afin d'en connaître tous les avantages et tous les inconvénients. Cet examen empêcherait de répéter inu-

(1) Renseignements donnés par M. Duchemin.

(2) Renseignement donné par M. de Crèvecœur, chef d'escadron de l'artillerie, qui a voyagé récemment dans les Pays-Bas.

tilement des expériences dispendieuses; permettrait de mieux apprécier d'avance les résultats de celles qu'on se déciderait à exécuter ; indiquerait *à priori* des améliorations de détail; et conduirait peut-être à la découverte de perfectionnement d'une plus haute importance.

Il y aura dans le chapitre suivant de nombreux aperçus sur ces matières. Quiconque cherche à perfectionner une invention, trouve utile d'avoir sous les yeux un grand nombre d'objets du même genre ; c'est pourquoi nous n'avons pas hésité à faire imprimer, à mesure qu'elles ont été conçues, des spéculations nécessairement très hasardées. Ceux qui feront mieux rempliront le vœu de l'auteur. Ceux qui se borneraient à relever les défauts d'un pareil travail, oublieraient les motifs qui le font publier.

P. S. Cet article était terminé, quand nous avons appris qu'un Français venant de Russie et tombé malade en Allemagne, avait envoyé à Metz des fusées de guerre de son invention. Le nouveau corps d'artificiers a été chargé de les éprouver. Leur effet, comparé à celui des fusées fabriquées en France, n'a offert aucun avantage; et cette expérience n'a pas paru devoir être poursuivie.

CHAPITRE VI.

FUSÉES DE GUERRE APPELÉES ROCHETTES.

Avant de parler d'aucune innovation matérielle, rendons aux artifices qui nous occupent leur ancien nom latin et italien de *rochetta*, ou rochette en le francisant. Ce nom a été conservé par tous les étrangers, quoique plus ou moins altéré, selon la diversité des langues. Nous éviterons d'ailleurs, à l'aide de cette dénomination, de les confondre avec les fusées employées pour les signaux et dans les feux de joie, avec les fusées de bombes, d'obus, de grenades, et avec plusieurs autres objets portant le nom de fusées.

Matière fusante.

Il est essentiel que cette composition à volume et à poids égal produise la plus grande quantité possible de gaz : on peut alors obtenir la même force de projection, en diminuant les dimensions des cartouches, ou des forces de projection plus grandes, en conservant aux cartouches leurs dimensions accoutumées. Examinons, en conséquence, comment les mêmes matériaux, en commençant par le salpêtre, le charbon et le soufre, forment, suivant le dosage, des compositions fusantes plus ou moins abondantes en gaz.

Le salpêtre ou nitrate de potasse ne s'enflamme pas quand il est seul; mais une grande chaleur le liquéfie, le décompose et le fait fuser sans détoner. Ajoutez-y une petite portion de soufre et de charbon, un 30e, par exemple, de l'un et de l'autre, et le mélange devient susceptible de s'enflammer, il fuse avec violence dans l'état d'ignition, mais ne détonne pas encore.

Une pareille composition ressemble donc, quant à l'effet, à celle qui remplit le cartouche des fusées ordinaires, et qui contient environ un 6e de soufre et un 6e de charbon (1). On penserait même, au premier abord, que cette nouvelle composition devrait procurer une plus grande force de projection, puisqu'elle contient plus de salpêtre ou plus de matière propre à se réduire en gaz par elle-même. Mais cet avantage peut se trouver plus que balancé, si la nouvelle composition s'enflamme moins vivement et moins complétement que les anciennes; et cela est probable, parce que les dosages de celles-ci sont le résultat de nombreuses expériences, où l'on recherchait les plus grands effets possibles.

Le général Congrève aura su remédier à la lenteur de l'inflammation des compositions contenant très peu de charbon et de soufre, par l'addition du chlorate de potasse; la base de ce sel se trouve combinée avec l'oxigène et le chlore, deux

(1) Ce dosage est un terme moyen; il varie selon la qualité des matériaux, et surtout suivant la grandeur des cartouches.

gaz éminemment comburents, tandis que le nitrate de potasse renferme beaucoup d'azote qui nuit au lieu de servir à la combustion.

Il faudra, en conséquence, dès qu'on s'occupera sérieusement de la fabrication des fusées de guerre, partir du point où est arrivé le général Congrève, et, de plus, varier encore dans les expériences, les dosages de soufre, de charbon, de salpêtre, et de chlorate de potasse; supprimer tour à tour une de ces substances, et en essayer quelques autres dont la déflagration fournisse une grande quantité de vapeurs et de fluides aériformes.

Dans les amorces fulminantes, employées avec certaines armes de chasse (1), on remplace généralement le chlorate de potasse par le cyanate de mercure (mercure fulminant); ce dernier sel oxide et crasse moins les platines que le premier; mais ces avantages sont nuls à l'égard d'un pro-

(1) Ces amorces commencent à être employées aussi avec les armes de guerre. Dès l'année 1811, M. Regnier a imaginé ses étoupilles muriatiques. En 1816, l'auteur de ce traité a recommandé l'adoption de plusieurs nouvelles espèces de platines et d'amorces pour les canons et carronades de marine (*Règles de pointage*, etc., page 214). Son ami le capitaine C. de Venancourt s'est occupé très vivement, en 1820, 1821 et 1822, de faire adopter des amorces fulminantes et des platines perfectionnées. M. le lieutenant-général Thirion a fait améliorer de nouveau ce procédé, qui deviendra bientôt général à bord des vaisseaux. Enfin, depuis deux ou trois ans, M. Vergnaud, capitaine d'artillerie légère, s'efforce de faire agréer, par le ministre de la guerre, une platine à percussion, pour toutes les armes portatives, et son projet semble ne devoir plus éprouver de longues entraves.

jectile tel que les rochettes : l'essentiel est de les charger avec la substance qui produit le plus grand volume possible de gaz. Examinons les principes constituants de ces deux sels.

Chlorate de potasse (1).

Acide chlorique	Chlore.	28,9
	Oxigène. . . }	39,1
Potasse.	Oxigène. . . }	
	Potassium.	32,0
		100,0

Ce sel donne, en se décomposant par la chaleur,

	en poids.		en volume.
Oxigène.	39,1	. . . .	35,5
Chlorure de potassium. .	60,9	. . . .	» »
	100,0		35,5

Cyanate de mercure (2)

Acide cyanique	Cyanogène.	16,0
	Oxigène. . . }	24,4
Oxide de mercure	Oxigène. . . }	
	Mercure.	59,6
		100,0

(1) *Théorie des proport. chim.*, par Berzelius, p. 7 et 66.

(2) *Annales de chimie et de physique*, t. 24, p. 313.

Ce sel donne en se décomposant par la chaleur ou par le choc,

	en poids.		en volume.
Acide carbonique.	33,4	. . . .	22,1
Azote.	8,0	. . . .	8,3
Mercure.	59,6	. . . .	» »
	100,0		30,4

On voit que le cyanate de mercure produit, en se décomposant, une moindre quantité de gaz que le chlorate de potasse. L'analyse d'autres cyanates a donné un résultat semblable (1). Cependant la production de ces gaz étant plus rapide et accompagnée d'un plus grand développement de calorique, leur force expansive est très supérieure à celle du gaz produit par le chlorate de potasse; mais, par plusieurs raisons qui seront déduites dans l'article suivant, nous ne désignerons spécialement que le chlorate de potasse pour aviver les artifices dont on charge les fusées ou rochettes, quoique nous soyons persuadés qu'on découvrira d'autres moyens de surpasser les effets obtenus jusqu'ici.

Déjà un mécanicien très renommé a proposé de donner pour moteur aux rochettes le gaz aqueux, porté à une haute température. Nous avons fait ailleurs contre cette proposition des objections qu'il est inutile de reproduire ici (2). Mais si, au lieu de remplir le cartouche avec de l'eau, on le remplissait avec un gaz inflammable rendu liquide par la compres-

(1) *Annales de chim. et de phys.*, t. 25, p. 295; Paris, 1824.

(2) *Mémoire sur les armes à vapeur : Revue encyclopédique*, septembre 1824.

sion (1); et si, après avoir bouché l'orifice avec un métal fusible à une température déterminée, on plaçait le projectile ainsi chargé dans un conduit où il acquerrait cette température, ce gaz inflammable, comprimé d'avance, semblerait devoir produire une force plus grande que celle de l'eau, puisque son élasticité, déjà supérieure, serait augmentée par la combustion. Mais de pareils moyens sont trop nouveaux et trop peu élaborés, pour être présentés autrement que comme un nouveau champ d'expériences.

Revenons aux artifices ordinaires, et observons à leur sujet que la propriété de fuser, et celle de fournir une grande quantité de gaz, sans détoner, ne dépend pas seulement de la dose et de la nature des ingrédients. Le même mélange détonnera, si on le granule comme de la poudre à canon, et fusera seulement, si on le tient à l'état d'une poussière très fine et très comprimée. La flamme ne peut se propager subitement entre des molécules fortement et intimement rapprochées les unes des autres; celles-ci se réduisent successivement en gaz, ou ne font que fuser; tandis que, si l'on ménage un grand nombre d'interstices, au moyen du grainage et d'une faible compression, la flamme s'étend avec une vitesse dont nos sens ne peuvent apprécier la courte durée; la réduction en gaz est subite l'air est frappé brusquement, et il y a détonation.

La compression des matières renfermées dans la cartouche d'une fusée ou rochette a donc deux effets favorables à la force de projection : elle permet d'employer des compositions éminemment gazéifiables qui détonneraient, si

(1) *Transformations de différents gaz en liquides*, par M. Faraday : *Annal. de chim. et de physiq.*, t. 24, p. 403 et suiv.

elles n'étaient pressées fortement ; de plus, elle fait qu'il entre une plus grande quantité de ces mêmes compositions dans une capacité déterminée. Mais cette même composition, opérée jusqu'ici par le battage, est à la fois très-fatigante, très-longue et très-dangereuse. Voici des procédés pour la trituration des ingrédients et pour le chargement du cartouche qui semblent préférables.

Dans des tonneaux rotatifs, dont les parois intérieures sont garnies de côtes et de diamètres en bois, et qui contiennent de petites boules de métal (1), pulvérisez à part le chlorate de potasse (2), le salpêtre, le soufre et le charbon. Lorsque toutes ces matières seront réduites en poudre de la finesse convenable, mettez-en les quantités prescrites pour le dosage adopté dans un autre tonneau garni intérieurement de palettes (3). On regarde comme tout-à-fait exempte de risque, cette manière de mélanger les substances qui composent la poudre à canon ordinaire; mais, à cause de l'addition du chlorate de potasse, et par surcroît de précaution, il faudra toujours produire le mouvement rotatif à l'aide d'un moteur inanimé, tel qu'un cours d'eau, ou une

(1) *Aide-mémoire*, etc., t. 2, p. 668, 5e édit.

(2) Même en se servant d'un pilon pour pulvériser le chlorate, on n'éprouve jamais d'accidents ; les parties froissées avec le plus de force décrépitent légèrement ; mais cette espèce de déflagration est locale, et ne se communique pas aux parties environnantes. Rien n'empêcherait, d'ailleurs, de prendre, pour la pulvérisation de ce sel, ou de toute autre substance jugée dangereuse à pulvériser, les mêmes précautions qui vont être indiquées pour le mélange.

(3) *Aide-mémoire*, etc., t. 2, p. 669.

machine à vapeur, et ne s'approcher du tonneau qu'après avoir arrêté le mouvement. Il faudra aussi disposer une place, pour le tonneau, dans laquelle une explosion spontanée ne blesserait personne, et ne causerait que de faibles dégâts matériels.

Quant à la durée de la pulvérisation des matières, ainsi qu'à la durée de leur mélange, vous les déterminerez d'après votre propre expérience, quoique les règles posées pour la fabrication de la poudre *Champy* puissent déjà servir de bases (1); mais on doit peut-être avoir présent à l'esprit plus qu'on ne paraît l'avoir fait encore, qu'il vaut mieux rester un peu en-deçà de ce qui est nécessaire, que d'aller au-delà : dans toutes circonstances, l'économie des procédés de fabrication est fort importante, il y a un motif particulier de réduire autant que possible la durée des opérations qui offrent des chances dangereuses.

Après avoir retiré la composition du mélangeoir, chargez-en vos cartouches, en pressant très-fortement chaque couche, au moyen d'une presse hydraulique; et, afin que les parois des cartouches n'éclatent pas sous une pareille pression, placez-les dans des moules qui, s'ouvrant en deux parties, après la compression, laissent librement sortir les cartouches, et permettent de les serrer comme dans un étau, avant de faire agir la presse.

(1) *Aide-mémoire*, etc., p. 668 et suiv. — *Encyclopédie méthodique : Diction. d'artill.*, par le général H. Cotti, p. 365 et suiv.

Compositions détonnantes.

C'est surtout pour former ces compositions qu'il convient d'employer le chlorate de potasse. On a trouvé, dans de premières expériences, que la poudre dans laquelle ce sel remplacerait en partie le salpêtre, avait trois à quatre fois plus de force que la poudre à canon ordinaire (1).

Le procédé indiqué ci-dessus, pour former les nouvelles compositions fusantes, servirait aussi à former la nouvelle poudre. On obtient des grains de la grosseur qu'on désire, en faisant passer les matières, au sortir du *mélangeoir*, dans un autre tonneau nommé *granuloir* (2).

Il est probable qu'on accroîtrait facilement la force de la poudre contenant du chlorate de potasse, au-delà de celle qu'on lui a procurée dans l'enfance de l'art. Mais, loin de nous prévaloir de cette supposition, nous admettons que cette poudre a déjà toute la puissance dont elle est susceptible : il en résulte toutefois qu'en l'employant pour charger le pot de nos rochettes, ou les obus et les grenades placés à l'extrémité de nos cartouches, *nous obtiendrons*, *sous un volume trois à quatre fois plus petit*, *des explosions égales*, *ou, à égalité de volume, des explosions trois à quatre fois plus considérables*.

(1) *Bibliothèque physico-économique*, 8e année, t. 2, p. 83.— *Traité de l'art de fabriquer la poudre à canon*, par Bottée et Riffaut, p. 331 ; Paris, 1811.—etc.

(2) *Aide-mémoire*, etc., t. 2, p. 669 et 670.

D'après une théorie ingénieuse et nouvelle (1), il semblerait que les différents cyanates, soit purs, soit mêlés au soufre, au charbon, etc., sont peu propres, malgré leur brusque détonation, à produire de grands effets dans un vase clos, tel que le pot d'une rochette, ou tel que les obus et les grenades. La comparaison des analyses du chlorate de potasse et du cyanate de mercure, favorise, jusqu'à un certain point, la même opinion, puisque ce dernier sel ne contient pas une aussi grande quantité de gaz que le premier, ni même que le sel le plus ordinairement employé dans les poudres détonnantes, c'est-à-dire que le salpêtre ou nitrate de potasse. Mais voici des faits d'où il résulte que l'extrême rapidité avec laquelle se décompose le cyanate de mercure, par exemple, le rendrait très-propre à faire éclater les vases qui le renferment.

Pour augmenter la force de certaines poudres de chasse anglaises déjà livrées au commerce, on leur ajoute une petite quantité de mercure fulminant (2).

Howard, après avoir découvert ce composé, essaya de le substituer à la poudre à canon ordinaire; mais, quoiqu'il employât des charges très-réduites, les canons furent toujours brisés, et volèrent en éclats (3).

M. Gill rapporte des essais semblables, dans lesquels les

(1) *Mémoire sur les réactions foudroyantes*, par M. Brianchon, capitaine d'artillerie; Paris, 1825.

(2) *Essai sur les poudres fulminantes*, par A. D. Vergnaud, p. 21; Paris, 1824.

(3) *Traité de chimie de Berzelius*, trad. allem. de Blode et Palmstedt, deuxième part., p. 377. — *Bulletin universel des sciences*, 8e section, p. 182; avril 1825.

tubes furent brisés ; ou bien, lorsqu'ils étaient assez forts pour résister, les balles furent mises en pièces (1).

Il résulte de ces expériences que l'explosion du cyanate de mercure exerce, contre les obstacles qui l'environnent, une pression bien plus forte que l'explosion de poudre ordinaire ; et qu'en remplissant avec ce cyanate le pot d'une rochette ou tout autre projectile creux, il éclaterait avec une plus grande violence que s'il était chargé de poudre. On doit croire que l'explosion serait encore plus violente, si, au lieu du cyanate de mercure, on employait le cyanate d'argent, dont les effets ont toujours paru plus violents : mais nous ne pensons pas qu'on doive remplacer le nitrate ni le chlorate de potasse par les cyanates, parce que ceux-ci sont plus dangereux à préparer, et sont d'un prix élevé. Le mercure fulminant, regardé comme le moins redoutable, a récemment encore produit un très-grave accident. Un chimiste, en frottant légèrement un morceau de papier sur lequel du cyanate de mercure avait été mis à sécher, provoqua une explosion qui lui emporta une main, dont les os allèrent blesser l'autre, et frappèrent aussi un ouvrier qui se trouvait à quelque distance du malheureux chimiste (2).

Ce fait paraît être en contradiction avec la prédilection que les fabricants d'amorces fulminantes accordent aujourd'hui au cyanate de mercure ; mais sans doute celui qu'ils emploient n'a pas toute la force dont il est susceptible. On voit, en effet, par les expériences très-estimées du docteur

(1) *The technical repository*, v. IV, p. 316 ; London, 1823.

(2) *Journal für chemie und physik*, von doct. Schweigger, t. 13, cah. 1, p. 121 ; Halle, 1825.

Liebig, auxquelles M. Gay-Lussac a pris part, que le cyanate de mercure bien pur est, à peu près, aussi puissant et aussi dangereux que le cyanate d'argent (1). M. Wright a avancé que le mercure fulminant est moins dangereux que la poudre de chlorate de potasse; mais il ne cite aucun fait à l'appui de son opinion (2), tandis que M. Schmidt, qui a fait des expériences comparatives, a prouvé le contraire (3).

Quel que soit le mixte fulminant qu'on incorpore aux ingrédients ordinaires de la poudre à canon, il faudra n'en pas forcer la dose au point que la nouvelle poudre détonne par un simple frottement, ni même par un léger choc. Il faudra qu'elle soit comme les amorces fulminantes, qui n'éclatent que sous le choc violent de l'acier contre l'acier, choc qu'elles ne sont nullement exposées à recevoir accidentellement, une fois placées dans le pot, ou dans les projectiles dont il est question.

Artifices incendiaires et d'éclairage.

Il a été déjà parlé plusieurs fois du peu d'importance des fusées armées seulement de compositions incendiaires : rarement proposerons-nous d'employer des rochettes de cette espèce, d'autant que les rochettes destinées à

(1) *Annales de chimie et de physique*, tome 25, p. 285; mars 1824.

(2) *The technical repository*, by Th. Gill, t. 4, p. 313; London, 1823.

(3) *Neues journal für chemie und physik*, t. 11, cah. 1, p. 66, 79; Halle, 1824.

éclairer les mouvements de l'ennemi, qui ont une utilité spéciale, peuvent servir aussi à produire des incendies. Il en est de même des rochettes explosives, surtout si on mêle à leur charge quelques mèches fortement imprégnées de matières incendiaires. Du reste, pour former de semblables artifices, il semble convenable de substituer le chlorate de potasse, en tout ou en partie, au salpêtre, puisque ce sel a des propriétés inflammables plus prononcées que le dernier (1).

Il y a plusieurs autres substances nouvellement découvertes, que la pyrotechnie ne s'appropriera peut-être qu'avec difficulté, mais qui sont éminemment propres à produire des incendies, surtout dans quelques cas particuliers : tels sont le chlorure de soufre, le pyrophore de M. Sérullas et l'hydrogène phosphoré, qui s'enflamment par le contact de l'air; tels sont le potassium et le sodium, qui s'enflamment par le contact de l'eau. De nouveaux procédés de fabrication remédieront peut-être à la cherté de ces produits chimiques, comme il est arrivé, par exemple, pour l'acide sulfurique, qui coûtait naguère 8 fr. la livre, et qui ne coûte plus que 3 sous. Le phosphore est aussi une des substances dont le prix actuel empêche de recommander l'emploi, mais qui est un des plus puissants incendiaires. Voici enfin un artifice que nous avons éprouvé, et qu'on ne saurait éteindre par aucun moyen en usage, surtout quand sa quantité dépasse plusieurs livres : Imbibez complétement

(1) Cette proposition a déjà été faite par un habile chimiste américain, notre ami le docteur James Cutbush (*The american journal of sciences and arts*, by B. Silliman, t. 6, p. 313, n° 2; mai 1823).

du coton avec du naphte, ou de l'essence de térébenthine, dans laquelle vous aurez trituré de la poudre contenant du chlorate de potasse, ou de la poudre à canon ordinaire, de façon à former une pâte solide et presque desséchée. Remplissez avec cet artifice le pot des rochettes incendiaires, en ménageant au centre et sur les côtés des lumières pleines d'étoupilles; ou bien formez avec ce même artifice des mèches plus ou moins grosses et longues, que vous mêlerez parmi les charges détonnantes. Si, au lieu d'exciter un incendie, vous voulez seulement produire une grande clarté, employez une des compositions suivantes : la première fournit une lumière plus dorée, la seconde en donne une plus argentée :

Première composition.

Salpêtre	50 parties.
Soufre.	16
Antimoine.	5
Deuto-sulfure d'arsenic.	8

Deuxième composition.

Salpêtre	48 parties.
Soufre.	17
Antimoine.	7

Hélices pratiquées sur les rochettes.

Les baguettes et les ailes sont fort incommodes, et ne sauraient remplir complétement l'attente de ceux qui les emploient : nous indiquerons quelques autres moyens de direction. L'un d'eux consiste à couvrir d'hélices saillantes la surface extérieure des rochettes, (*Pl.* 15, *fig.* 1). L'air, en glissant entre ces hélices, fera tourner chaque rochette sur son axe, comme une vis d'Archimède, lorsqu'elle est exposée à l'action d'un cours d'eau; ou comme les ailes d'un moulin, lorsqu'elles sont frappées par le vent; ou enfin comme les balles de plomb qui s'élancent dans l'air au sortir d'une carabine rayée en spirale. On peut objecter à l'égard de ces dernières qu'avant de quitter la carabine elles ont acquis, outre le mouvement de translation, un mouvement gyratoire que l'air ne leur procurerait peut-être pas, à cause de leur pesanteur et de la petitesse des rayures imprimées sur leur surface. Il a été démontré mathématiquement (1), et des expériences ont prouvé en dernier lieu, que des projectiles d'un poids et d'un métal quelconques recouverts d'hélices acquièrent une justesse de tir remarquable (2).

De la portée.

Pour assurer la justesse du tir, nous ne nous contenterons pas du moyen précédent. Nous ferons toujours jaillir la flamme en spirale, comme font les Américains et le

(1) *Sclopetaria, or considerations on the nature and use of rifled barrel-guns*, etc., p. 62, 2e édit. — *A new and enlarged military dictionary*, by Ch. James, art. Projectiles *and* rifled gun-piece-brarels.

(2) *The Edinburgh Current, sept.* 27, *and nov.*, 13, 1823. — *The Courrier, oct.* 3, id. — *The Sun, nov.* 20, id. — *The Star, nov* 20, id.

capitaine Parlby. Nous nous servirons de plus d'un tube, comme Collado et Furtembach le recommandaient jadis, et comme l'a fait depuis le général Congrève et plusieurs autres. Enfin, nous augmenterons les vitesses à l'aide de très-petites quantités de poudre à canon, à l'exemple des Autrichiens. Du reste, ne comptant pas sur la possibilité d'obtenir une direction parfaite à de très-grandes distances, nous ne chercherons à procurer le plus souvent aux rochettes que des portées médiocrement étendues; mais avec des vitesses et sous des trajectoires peu différentes de celles des obus et des boulets; ou, en d'autres termes, avec plus de vitesse et sous des trajectoires plus rasantes que toutes les fusées fabriquées jusqu'à ce jour.

Idée générale de la fabrication des rochettes.

Lorsqu'on emploie une baguette de direction, il est fort important d'accroître la grosseur et de diminuer la longueur des fusées ou rochettes, afin de pouvoir raccourcir tout le système, et particulièrement la baguette, dont les proportions primitives étaient fort incommodes; mais, comme nous croyons pouvoir supprimer la baguette, les rapports entre le diamètre et la longueur des rochettes seront calculés de manière que ces projectiles fournissent les portées les plus avantageuses possibles, avec une force de projection donnée. En même temps, il convient d'avoir égard à la facilité de la construction, ainsi qu'à la nature du service; et, dans toutes ces recherches, l'expérience est le seul guide certain. En thèse générale, cependant, nous regarderons la longueur de 3 à 4 diamètres comme la plus avantageuse. Cette longueur étant moindre que celle des anciennes fusées, et la composition dont nous voulons nous servir étant plus vive que de coutume, admettons que la force des parois de la cartouche sera augmentée ; admettons en outre que, si l'on adopte en grand les nouvelles armes, on substituera, autant que possible, l'emploi des machines aux simples procédés manuels. Il semble superflu d'ajouter qu'on prendra toutes les précautions déjà en usage, pour éviter les explosions accidentelles, et pour maintenir les munitions dans un état parfait de conservation, soit dans les magasins et ateliers, soit dans les parcs d'artillerie et à bord des navires.

Fabrication du Pot.

Lorsqu'on tire sur des forts, des villes, des villages, ou sur des vaisseaux, il est convenable que le pot ou le projectile qui en tient lieu, ne se détache pas de la cartouche : le coup est plus intense, et pénètre plus avant. Mais il vaut mieux, au contraire, que le pot ou le projectile se sépare de la cartouche, si l'on tire sur des troupes en rase campagne; de la sorte on peut obtenir des ricochets, et l'on n'est point exposé à ce que la rochette, toute armée, retourne vers ceux qui l'ont lancée, comme cela est arrivé à Vincennes, et a dû arriver en plusieurs autres endroits.

Nous allons nous occuper d'abord des rochettes dont le pot est solidement fixé, et nous décrirons plus tard celles dont le projectile est destiné à quitter la cartouche, vers le sommet de la trajectoire.

En général, le pot des rochettes (*fig* 1, 2, 3, *et* 4), sera en fer coulé et destiné à éclater comme un obus. La tête A sera renforcée de métal pour résister aux chocs les plus violents.

La forme extérieure sera ellipso-cylindrique, et la surface recouverte d'hélices saillantes. Il y aura vers l'arête de la base, *fig.* 3 *et* 4, un rétrécissement *ab*, propre à recevoir l'extrémité antérieure de la cartouche ; de plus, la réunion s'opérera au moyen de gros fil de fer passant dans des trous percés dans l'épaisseur du métal, ou à l'aide de vis à tête plate et fraisée.

Fabrication du cartouche.

On roulera d'abord une feuille de tôle sur un mandrin; ensuite, prenant quatre à cinq fils de fer carré, on les appliquera à une des extrémités du cartouche, bien exactement à côté l'un de l'autre, et on les roulera jusqu'à l'autre extrémité du cartouche, de manière à former une seconde enveloppe très unie (1) ; puis, revenant vers les premières extrémités, on fera un second tour avec les fils de fer, mais on les séparera les uns des autres de manière à former des hélices saillantes.

Nous ne parlerons pas encore ici des culots, parce qu'il y en aura de plusieurs formes, qui seront ajustés d'une manière différente; mais, supposant le culot mis en place, on remplira l'intérieur du cartouche avec de la terre bien battue, et on plongera le tout dans un bain de soudure parfaitement liquéfié. La tôle, les fils de fer et le culot se trouvant soudés,

(1) On voit que nous avons adopté en partie les procédés de fabrication des fusils rubanés de Julien Leroy. Ces tubes résistent à de très fortes pressions intérieures, et se déchirent, lorsqu'ils sont poussés à bout, sans former d'éclats dangereux.

après quelques instants d'immersion, on retirera le cartouche, et, après l'avoir laissé refroidir, on enlèvera avec la lime ou le tour les agglomérations de soudure et les autres aspérités de métal.

Cette construction se rapporte aux rochettes de grande et de moyenne dimensions. La tôle des rochettes de petit calibre sera seulement recouverte avec un tour d'hélices saillantes.

De l'ame des cartouches, et de sa suppression.

Au moyen du vide laissé dans la charge des cartouches, une grande quantité de matière s'enflamme à la fois, et produit une grande abondance de gaz; la pression s'accroît dans le cartouche, en raison de la quantité de fluide produit et de la petitesse de l'ouverture, et les gaz sortant avec plus de violence que si l'ame n'existait pas, ou que si elle offrait moins de surface : en sorte que la vitesse de la fusée s'accroît rapidement dès les premiers instants. Mais l'emploi de compositions plus vives, de cartouches d'un plus grand diamètre, et de petites charges de poudre à canon, brûlées dans de longs tubes directeurs, nous fera obtenir des vitesses initiales plus grandes que de coutume, tout en supprimant les ames, ou du moins en les faisant très petites. Nous les remplirons entièrement d'une composition d'étoupille, c'est-à-dire, d'une pâte formée de poudre à canon délayée dans de l'alcool rectifié.

Rochettes explosives.

Le feu sera quelquefois mis à la charge du pot, par une espolette ordinaire, ou par un des deux mécanismes à percussion qui vont être décrits, ou par ces mécanismes réunis, ou par l'un d'eux et par l'espolette ; tout dépendra de l'effet qu'on voudra obtenir, et de l'expérience acquise par des essais préliminaires.

Pour installer le premier mécanisme à percussion (*Pl.* 15, *fig.* 4), on ménagera, dans le moulage du pot, à son extrémité antérieure, une petite cavité cylindrique *u*, communiquant par une lumière avec l'intérieur I ; on placera dans cette cavité, au moment du tir, une boule de poudre fulminante ; et par-dessus une cheville ou piston d'acier *h*, s'ajustant très exactement dans la cavité. Tout sera calculé de façon à ce que le piston ne puisse sortir de place, par les premières secousses du tir, et à ce qu'il faille un choc des plus violents pour que l'amorce s'enflamme. On craindra peut-être que les rochettes ne frappent pas toujours de la manière convenable pour faire jouer le piston? Voici un autre mécanisme qui fera enflammer l'amorce de quelque façon qu'ait lieu un choc violent.

Soit (*fig.* 5) un cylindre de fer M N P Q, d'un ou deux pouces de diamètre et de hauteur, surmonté d'un hémisphère P O Q, percé de petits trous ; la base R S du cylindre pourra se visser et se dévisser à volonté ; elle servira de couvercle à une cavité représentant une sphère légèrement aplatie vers un de ses pôles. On couvrira d'abord les trous de l'hémisphère d'un morceau de toile mince de coton enduite d'une composition d'étoupille. On placera par-dessus de la poudre fulminante non grenée; puis une balle de fer d'un pouce environ de diamètre, puis une quantité de poudre fulminante, qui achèvera de remplir la cavité, de manière que la balle se trouve fortement enchâssée. On fermera ensuite le cylindre en vissant la base R S; après quoi on vissera celui-ci dans l'œil du pot (*fig.* 4). Enfin, on calculera les choses de façon qu'il faille une secousse très violente, comme celle du choc de la rochette contre un corps solide, pour que la balle enflamme la poudre qui l'entoure.

Rochette sans queue.

Le cartouche, suivant qu'on voudra avoir de grandes ou de petites portées, aura deux ou trois calibres de longueur, plus 1/2 ou 1/3 de calibre réservé pour l'emboîtement du pot; celui-ci aura environ 1 1/2 calibre de long, et l'assemblage de ces deux parties de la rochette sera formé au moyen de vis, ou de fil de fer, comme on l'a déjà expliqué. Le culot, *c d*, au lieu de n'avoir qu'un seul orifice, en aura plusieurs, *e e*, pratiqués en hélice dans l'épaisseur du métal (*fig.* 4). La flamme, en jaillissant au travers de ces ouvertures, favorisera le mouvement gyratoire imprimé à la rochette par les hélices saillantes de la surface extérieure, *fig.* 2; de plus, on lancera toujours les rochettes sans queue à l'aide d'un tube, et elles porteront par-dessous le culot une petite charge de poudre à canon très faible, recouverte d'une toile de coton. Cette charge s'enflammera par une amorce, comme celle des bouches à feu ordinaires, et elle accroîtra la vitesse primitive que les rochettes pourraient avoir par l'action de la matière fusante. Cette même charge enflammera, d'une manière certaine, la composition d'étoupille contenue dans les orifices et dans les petites ames contiguës, pratiquées au milieu de la matière fusante. On fixera la toile de coton sur le cartouche au moyen d'une surliure; et, pour préserver cette toile, dans le cours du service, on placera, par-dessus, un couvercle L, qui se vissera ou au moins s'emboîtera solidement sur l'extrémité postérieure du cartouche; on n'enlèvera ce couvercle qu'à l'instant de placer la rochette dans son tube.

Rochette à queue.

Il est probable que l'espèce de rochette décrite ci-dessus aurait un tir plus juste qu'aucune fusée fabriquée jusqu'à ce jour; mais, dans le cas où il serait nécessaire d'ajouter encore à la précision du tir, et de ne pas supprimer positivement la baguette, voici une forme qui offrirait tous les avantages des fusées concentriques, sans avoir les inconvénients résultant du poids et du volume additionnel des baguettes ordinaires. En outre, cette construction permettrait d'obtenir certains résultats qui paraissent tout-à-fait nouveaux.

Le cartouche *a b* B (*fig.* 3) aura deux diamètres différents: sa partie antérieure *a b c d*, sera formée d'un tube de tôle, ouvert des deux bouts, et à peu près aussi large que long. Sa partie postérieure B *i k* consistera en un autre tube de tôle, d'un tiers moins large que le premier, mais six à huit fois plus long. Un des bouts *g h* de ce tube sera fermé. On repliera les bords de l'autre sur un anneau en fer carré *e i k f*, qu'on introduira dans le grand tube, dont les bords *c d* seront aussi rabattus sur cet anneau, mais dans le sens opposé. Ensuite, on commencera à couvrir le bout fermé du petit tube avec du fil de fer qu'on tournera jusqu'à l'extrémité supérieure du grand tube. Quelquefois, on recouvrira toute cette nouvelle surface avec des hélices saillantes; quelquefois on recouvrira seulement le petit tube ou la queue; quelquefois, enfin, on se dispensera totalement de ces dernières opérations; et, dans tous les cas, après avoir ajusté les différentes parties du cartouche, on remplira de terre celui-ci, et on le plongera dans un bain de soudure.

Des orifices *e i f k*, pratiqués d'avance dans l'anneau, seront prolongés au travers des enveloppes de tôle et du fil de fer, au moyen du poinçon et de la lime; puis, on plongera une seconde fois le cartouche dans le bain de soudure, pour unir entre elles les diverses pièces traversées par les orifices.

Dans le fond du petit tube on placera d'ordinaire un pétard Z, ou une grenade. La matière fusante dont on chargera ce tube devra être plus vive que celle dont on chargera le grand, précisément à cause de la différence des diamètres. Nous avons déjà dit que l'expérience avait fait accroître la vivacité des compositions, à proportion que les fusées étaient moins grosses. Quant à la réunion du cartouche avec le pot A, elle s'opérera comme dans l'exemple précédent; il en sera de même du chargement des ames; et, quant à l'addition de la petite charge de poudre à canon en arrière des orifices, on commencera par percer, dans le centre, la toile destinée à la recevoir; puis, on portera cette enveloppe contre le culot *e f*, et on l'arrêtera à cette place par une première ligature; puis, on la remplira de poudre, et on achèvera de la fixer par une autre ligature sur le grand tube *c d*. Le couvercle de ces rochettes à queue devra nécessairement avoir un trou à son centre, pour pouvoir être mis en place.

Rochettes à obus, à grenades, à mitraille et à boulet détaché.

Soit une des rochettes déjà décrites, ou une autre rochette à baguette métallique dont il sera parlé ci-après. On chargera d'abord le cartouche, en observant de laisser vide environ un demi-calibre en hauteur. On placera, par-dessus la matière fusante, une rondelle de carton, puis une rondelle en tôle à rebords, représentant un couvercle de tabatière renversé. Ses rebords auront la même hauteur que l'excédant des parois du cartouche, et on les joindra à celles-ci à l'aide de vis, ou de rivets. Il y aura au centre de la rondelle de tôle un trou qui laissera passer la flamme, dont le jet provoquera la séparation du cartouche et du projectile, lorsque la matière fusante, arrivée à sa dernière couche, aura brûlé et crevé la rondelle de carton.

Les rochettes devant être lancées habituellement à l'aide d'un tube, le projectile qu'on leur ajoutera ne pourra être d'un plus grand calibre que le cartouche; mais, quand les rochettes seront lancées sur des chevalets ou des talus, le projectile pourra être beaucoup plus gros. Observons seulement que cette augmentation de volume n'aura lieu qu'aux dépens de la portée.

Pour fixer momentanément à son point un obus, une boîte à grenades, une boîte à balles, ou un boulet, on présentera un de ces projectiles devant le cartouche; puis, on l'assujettira par-dessus avec quatre bouts de ficelle, attachés d'avance autour de la tranche du cartouche.

Si on arme les rochettes avec un obus, on placera l'œil de celui-ci devant le trou de la rondelle, afin que le feu se communique infailliblement à la charge de l'obus.

Si le projectile ajouté est une boîte à balles ou à grenades, on aura la même précaution, afin d'enflammer une petite charge de poudre placée dans une petite boîte particulière, qui est contenue elle-même dans la boîte à balles ou à grenades, et qui sert à la déchirer, à séparer les petits projectiles les uns des autres; et lorsque ceux-ci sont des grenades, à mettre le feu à leurs espolettes. La quantité de poudre composant cette charge ne pourra être déterminée exactement que par l'expérience. On formera l'enveloppe totale avec un cylindre de fer-blanc, dont un bout sera terminé par un hémisphère, et dont l'autre bout conservera la figure cylindrique, mais sera assez rétréci pour entrer dans le cartouche.

L'armement des rochettes avec un boulet plein ordinaire n'exigera d'autres précautions que de choisir un boulet d'un calibre plutôt inférieur que supérieur à celui du cartouche; sans quoi la pesanteur de cette espèce de projectile rendrait la portée fort petite. Peut-être croira-t-on remarquer une contradiction en nous voyant parler ici du boulet avec les rochettes, emploi que nous avons condamné, en décrivant les travaux du général Congrève; mais il faut tenir compte de la différence des dispositions préliminaires : le boulet ovoïde de cet officier est fixé à demeure au cartouche, et n'est nullement propre à fournir des ricochets. Le boulet rond, dont il est parlé maintenant, se détacherait, au contraire, du cartouche, en arrivant au sommet de la trajectoire; et, de là, comme s'il eût été lancé par un canon ordinaire, il fournirait de nombreux ricochets. Nous sommes d'autant plus autorisés à compter sur ce résultat, qu'au moyen de nos tubes, de nos charges de poudre additionnelles, de nos compositions fusantes très vives, et de nos cartouches très courts, nous pourrons tirer sous des angles moins ouverts qu'on ne l'a encore fait. Nous regardons, au surplus, la manière d'employer ainsi le boulet, dans un combat en rase campagne, comme très inférieure à l'usage d'un obus, qui, toutes choses égales d'ailleurs, ricoche mieux qu'un boulet, et qui, outre son premier choc et ses bonds successifs, cause surtout de grands ravages par son explosion. Un des emplois les moins mauvais qu'on pourrait faire des rochettes à boulet détaché serait dans les siéges, pour enfiler et ricocher les différentes branches des ouvrages attaqués; encore, dans ce cas, vaudrait-il mieux se servir d'obus d'un gros calibre.

Un avantage bien marquant, particulier à toutes les rochettes à projectile détaché, est que le même cartouche sert indifféremment à lancer différents projectiles, et fournit des portées plus ou moins longues, suivant le poids de ceux-ci. Ces mêmes rochettes peuvent acquérir, en outre, une partie des propriétés des rochettes dont le pot est solidement fixé. Il suffit, pour cela, d'employer au lieu de ficelle, du fil très fort en métal. Mais, comme les projectiles ajoutés n'ont pas des hélices saillantes qui correspondent à celle du cartouche, les portées doivent avoir un peu moins de justesse.

Rochettes en papier, en étoffe, en peau, en bois.

Supposons que, dans une place en état de siége, ou dans un pays dont les communications sont interrompues, on soit privé de la tôle, du fil de fer et de plusieurs objets nécessaires à la fabrication des deux espèces de rochettes qui viennent d'être décrites; il faudra employer du papier, comme on le fait pour les fusées volantes ordinaires; et, à défaut de papier, quelque étoffe à la fois forte et légère; ou de la peau roulée aussi sur elle-même et recouverte entièrement de tours de ficelle; ou des morceaux de bois formant comme des douves de barrique, recouverts de la même manière. Pour mieux consolider ces différentes sortes de cartouches, on enduira toutes leurs parties de gélatine ou de colle-forte; et, pour les empêcher d'être trop promptement attaquées par le feu, on les enduira de plus d'une forte dissolution d'alun et de sel ammoniac. Enfin, on garnira les parois intérieures d'une feuille de fer-blanc, si l'on peut s'en procurer, et si les rochettes sont de grandes dimensions. Autant que possible, on fera les culots en métal, et on les rendra propres à porter une baguette concentrique. Les bois très compactes, tels que le buis, pourraient également former des culots : on les fera bouillir dans la dissolution ignifuge indiquée, avant de les ajuster au cartouche. Ils auront une rainure circulaire dans laquelle s'enfonceront les enveloppes de papier, d'étoffes ou de cuir, à l'aide d'une ligature extérieure; et, si l'enveloppe est en bois, elle sera maintenue à son point par des clous, ou des vis.

Nous n'avons parlé que de ficelles pour exécuter les surliures; mais, lorsqu'on aura du fil de laiton ou quelque autre fil métallique, il remplacera avantageusement la ficelle, ayant plus de force et moins de volume à poids égal, et étant d'ailleurs plus propre à résister au feu.

Quant à la construction générale de ces rochettes, si elles sont destinées à porter des projectiles détachés, on fermera les cartouches, après les avoir chargés, avec une seconde pièce de métal ou de bois à peu près pareille à celle qui forme le culot; et, si elles doivent avoir un pot faisant corps avec le cartouche, on les formera d'un seul cylindre de quatre à cinq diamètres de longueur, dont un bout sera entièrement ouvert, et dont l'autre bout se terminera en cône. On logera d'abord dans celui-ci un artifice incendiaire, ou un obus, ou des grenades; puis, on mettra par-dessus une rondelle de carton ou de papier, puis la matière fusante, puis le culot. Les petites ames formant le prolongement des orifices seront pratiquées à l'aide d'un disque surmonté de pointes coniques. Ce disque interposé entre la dernière couche de composition et la presse produira naturellement ces petites ames. Il sera facile aussi de les former à l'aide d'un foret de bronze, après avoir ajusté le culot.

Lorsqu'on voudra que la tête de la rochette puisse pénétrer dans les corps durs, on la garnira d'un petit capuchon conique en métal. Cela sera surtout nécessaire pour les rochettes incendiaires; mais celles-ci, nous le répétons, doivent être regardées comme la dernière de toutes les espèces de projectiles.

Baguettes métalliques.

Il y a telle circonstance où l'on serait privé des objets nécessaires pour fabriquer les rochettes métalliques à queue et sans queue, et où l'on ne manquerait pas cependant de barres et de lames de fer propres à fabriquer des baguettes ou queues, façonnées comme il suit. Ce serait quatre triangles de fer très allongés, *pl.* 15, *fig.* 9, réunis autour d'un même axe et contournés en spirale. Ils ne recevraient toutefois cette dernière forme qu'à une certaine distance du culot, afin de ne pas gêner le jet de la matière fusante. Ces spirales procureraient un vif mouvement de rotation aux rochettes, comme cela avait lieu, en vertu des pennons d'airain contournés de la même manière, dans une vieille espèce de dard nommée *vireton* (1). Le culot destiné à porter ces baguettes serait fait comme les culots concentriques du général Congrève.

Voici une autre construction plus simple, mais qui ne procurerait pas autant de justesse dans le tir. Trois lames de fer, *fig.* 8, seraient réunies dans toute leur longueur autour du même axe. On les visserait sur trois bandes de fer formant le culot; les pas de vis seraient disposés de façon que chacune des lames se trouvât avoir la même direction qu'une de ces bandes. En conséquence, le feu jaillirait, sans obstacle, au travers de trois secteurs ou orifices laissés vides par celles-ci.

Il semble, au premier abord, que les baguettes droites seraient beaucoup plus faciles à fabriquer que les baguettes à hélices; mais, pour remplir parfaitement leur destination, il faudrait que celles-ci fussent parfaitement dressées et polies, ce qui exigerait un travail très soigné et très dispendieux; tandis que les imperfections de construction des baguettes à hélices seraient corrigées par le mouvement giratoire, qui annullerait à la fois les causes de déviation dues aux défauts de symétrie et de poli des rochettes. L'avantage le plus apparent des baguettes droites serait que, dans le cas où le mobile viendrait à toucher le sol, avant de frapper le but, elles causeraient une moindre déviation latérale que les baguettes à hélices qui, en raison de leur mouvement de rotation contrarié dans un seul sens, se détourneraient avec violence vers le sens opposé. Mais les rochettes en

(1) *Histoire de la milice française*, par Daniel, t. 1, p. 418, Paris, 1721. — *Dict. de la langue romane*; Paris, 1768. — *Panoplie*, par Carré, t. 1, p. 185, 259 et 260. — *Aide-mémoire*, p. clj. — etc.

général ne sont nullement destinées à fournir des ricochets avant d'arriver au but ; car même les rochettes à baguettes droites peuvent, en pareil cas, retourner sur ceux qui les ont lancées, comme il est arrivé à Vincennes. Ainsi donc les désavantages présentés par les baguettes à hélices sont plus apparents que réels.

M. Duchemin a eu également l'idée de substituer une baguette de métal aux baguettes de bois. Son intention était de la former de quatre bandes de tôle, *a, b, c, d, fig.* 7, dont une extrémité serait fixée sur le culot. Ces bandes laisseraient entre elles un vide intérieur *o*, pour le passage de la matière fusante, et elles seraient maintenues à l'autre extrémité par un anneau de fer *e f*. Le tir de ces fusées ne pourrait avoir lieu sur les chevalets ordinaires, et l'on serait obligé d'avoir des gouttières faites exprès, dans lesquelles on aurait creusé une ou plusieurs rainures pour recevoir et guider les bandes de tôle.

Le même officier propose de placer une espèce de pétard dans la lumière, afin de faire partir la fusée tout d'un coup et sans hésitation. La charge de poudre *g*, destinée à faire explosion, serait placée immédiatement après la matière fusante, et l'on frapperait par-dessus un bourrage solide *h i*, dans lequel on ménagerait une lumière pour mettre le feu à la poudre.

Au demeurant, quel que soit le genre de baguettes métalliques qu'on emploie, elles seront moins longues, moins embarrassantes, moins sujettes à se déformer que les baguettes en bois; elles offriront plus de surface, et dirigeront mieux les rochettes ; et elles pourront n'être pas plus lourdes que les baguettes en bois, si on a le soin de porter très en arrière leur centre de gravité, afin d'établir l'équilibre sous le moindre poids possible.

Tubes à lancer les rochettes, fig. 11, 12, 13.

Ces instruments auront à supporter une pression plus forte que le cartouche des rochettes, attendu que c'est dans leur ame qu'éclatera la charge de poudre additionnelle. En conséquence, tout en adoptant pour eux le même système de fabrication, il conviendra de leur donner plus d'épaisseur, et, au lieu de les couvrir extérieurement, dans toute leur longueur, d'hélices saillantes, nous les pourvoirons de trois renforts.

Le premier T, *fig.* 12 *et* 13, sera pratiqué immédiatement après la tranche de la bouche, au moyen d'une surliure en fil de fer brasé.

Le second S, placé un peu en avant du centre de gravité du tube, sera formé de deux pièces de fer forgé, portant chacune un tourillon, et s'appliquant exactement sur le tube. Deux surliures de fil de fer, faites en avant et en arrière de ces pièces, serviront à les maintenir provisoirement en place ; le brasage achèvera de les consolider.

Pour former le troisième renfort R, on soudera, *fig.* 11, des hélices saillantes, immédiatement après la tranche de la culasse XV, qui serviront de pas de vis pour fixer un cylindre TR, en cuivre ou en fer fondu, et si l'expérience le fait juger nécessaire, on consolidera cet assemblage par des clous à vis qui le traversent, sans entrer toutefois dans l'ame du tube. Quant au cylindre, il doit offrir, outre l'écrou propre à s'ajuster sur les hélices saillantes, un trou U, formant le prolongement de l'ame du tube. Dans le même trou il y aura une rainure circulaire *i*, et quatre mortaises longitudinales. Ces rainures sont destinées à recevoir les tenons d'une rondelle *r l*, avec laquelle on ferme la culasse, et dont la circonférence porte quatre tenons *l m n p*, à angles droits. Ceux-ci sont introduits d'abord dans les quatre mortaises, et ensuite dans la rainure circulaire, au moyen d'un léger mouvement de conversion qu'on exécute avec une double poignée *r v*, qui sert alternativement à placer ou ôter la rondelle, suivant qu'on veut fermer ou ouvrir la culasse. Un ressort à bouton saisira un des côtés de la poignée, dès que la culasse sera rendue à son poste.

La longueur des tubes ne devra pas être moindre que 5 à 6 pieds pour les plus petites rochettes, ni dépasser 14 pieds pour les plus grandes.

On réglera les dimensions et le poids de ces tubes, de manière que ceux de petits calibres soient environ quatre fois, et ceux de grands calibres environ deux fois plus pesants que les rochettes correspondantes.

Pour charger chaque tube, un des servants enlèvera la rondelle, tandis qu'un autre, après avoir décoiffé la rochette, l'enfoncera dans le tube de manière que le culot doive toucher la rondelle quand on la remettra à son poste. On pourra amorcer la lumière du tube avec une étoupille ordinaire, et faire partir le coup à l'aide d'une lance à feu, ou d'un boute-feu ; mais au lieu de tous ces anciens attirails, il conviendrait d'adopter une platine (*fig.* 14), formée des pièces suivantes :

1° Un petit entonnoir A, fixé au-dessus de la lumière, contenant dix amorces de poudre fulminante, et fermé par un couvercle très léger qui, facilement soulevé, n'entraînerait pas la rupture de l'entonnoir, dans le cas où les dix amorces s'enflammeraient à la fois, circonstance qui serait très rare, si l'exécution de toutes les pièces était convenablement soignée.

2° Une lame droite d'acier B B formant ressort, et portant sur son extrémité mobile un piston C, également d'acier, et un obturateur D D qui, dans la position ordinaire, bouche parfaitement le trou de l'entonnoir, et, à l'aide d'une ouverture, laisse tomber une amorce devant le piston, lorsqu'on écarte le ressort de la position du repos.

3° Une gâchette de détente E, faite en tourniquet, et manœuvrée par une ficelle F. Lorsqu'on tire la ficelle, le bouton E pousse le bord saillant du ressort B B, et la gâchette prend la position indiquée par les traits ponctués. Aussitôt qu'on lâche la ficelle, le piston frappe l'amorce, le ressort pousse le bouton F, et ramène la gâchette dans sa position primitive G F, où elle est maintenue par son propre poids.

Le *tube des rochettes à queue*, *fig.* 11, ne différera du premier que par la rondelle ou culasse mobile, dans laquelle on pratiquera une ouverture *o*, afin de laisser passer en dehors du tube la queue de la rochette, dont les hélices se logeront dans une échancrure faite exprès pour les recevoir, si cette rochette est à hélices; mais nous croyons que toutes les rochettes à queue auraient une justesse de tir satisfaisante, quoique leur surface fût parfaitement unie. Nous pensons d'ailleurs que les rochettes sans queue suffiraient aux principaux besoins du service, et que l'autre espèce de rochette serait d'un usage peu fréquent. Dans le cas où l'expérience démentirait cette double supposition, on s'appliquerait à perfectionner les rochettes à queue et toutes leurs dépendances. Les rochettes à baguettes métalliques sont dans la même catégorie.

Les tubes seront placés ordinairement sur des affûts ou des chevalets; mais, comme on aura des tubes de rechange, attendu leur légèreté, on les emploiera quelquefois, en les logeant dans la terre, ou au travers d'un arbre, d'un mur, etc., ou bien on leur donnera la direction convenable, à l'aide d'un talus, d'une charette, de piquets, ou de tout autre objet pouvant remplacer un chevalet.

Chevalets ou trépieds.

Le simple support d'un théodolite ou d'un graphomètre suffit pour lancer des rochettes, si on lui fait porter une poutrelle à rouleaux de frottement, ou une gouttière, ou un tube ouvert par les deux bouts; mais tout support de cette espèce serait renversé par le recul des nouveaux tubes. Voici un chevalet qui résisterait à ce recul, et qui servirait avec nos tubes dans les lieux d'un accès difficile, bien que les affûts décrits ci-après soient susceptibles de voyager dans presque tous les pays où l'on fait ordinairement la guerre.

Ce chevalet (*fig.* 12 *et* 13) n'a par devant qu'un seul pied A B C plus court que ceux de derrière, et composé de deux parties A B, B C, que réunit une charnière. On ploie ce pied pour tirer sous des angles peu élevés, et on le redresse dans le cas contraire. Sa hauteur au-dessus du terrain n'est que d'environ 20 pouces, quand il est ployé.

L'axe du tube est dans le même plan que les axes des pieds de derrière. Il est fixé dans deux colliers S, dont l'un sert aussi de lien à la partie supérieure de ces pieds, et dont l'autre est placé sur le milieu d'une barre de fer, qui sert de traverse ou d'épart; il y a, outre la charnière qui unit les trois pieds, une chaîne de fer E F fixée d'un bout vers le bas du pied de devant quand il est ployé. On accroche cette chaîne à l'épart, de manière à faire varier, suivant le besoin, l'angle que les pieds font entre eux, et par suite l'angle de projection ; et, pour faciliter l'action du pointeur, quand tout ce système se trouve peu élevé au-dessus du sol, il y a sur le tube deux hautes pinnules, R M, N T, réunies par un fil M N. On les enlève à volonté. Les pointages à droite et à gauche s'obtiennent en faisant pivoter le chevalet sur son pied de devant. Les deux pieds de derrière sont munis de pointes de fer D, qui pénètrent dans le sol, et s'opposent au recul.

Affût-caisson.

Dans les pays accessibles à l'artillerie et aux voitures ordinaires, on emploiera un affût-caisson, *fig.* 15 *et* 16, pour toutes les rochettes, à l'exception de celles d'un énorme calibre.

Le caisson E F est en tôle, consolidée en plusieurs endroits par des bandes de fer, notamment vers la partie présentée à l'ennemi, où sa forme et sa force doivent être telles qu'un boulet ricoche en la frappant, et ne puisse pénétrer dans l'intérieur. On aura, en outre, le soin de présenter, vers cette partie, la tête des rochettes, qui, étant fort épaisse de métal, résisterait au boulet, déjà fort amorti, après qu'il aurait traversé le premier obstacle, si cela arrivait, malgré les précautions indiquées.

On installera deux rangées de tubes G H, composées chacune de cinq de ces tubes, sur un coussinet en fer I, qui reposera sur la partie supérieure du caisson, et tournera librement autour d'une cheville ouvrière.

Le tube du milieu, de la rangée inférieure, sera le seul

dont on fermera la culasse à l'instant du tir, et le seul qui aura de fortes parois. C'est avec ce tube qu'on tirera toujours sur un but placé à de grandes distances, contre lequel il vaut mieux pointer avec soin que de s'empresser de consommer ses munitions. La décharge complète des dix tubes ne se fera que sur des objets modérément éloignés. Sans doute alors la vitesse initiale des projectiles sera moindre que si les culasses étaient fermées; mais on fera ce sacrifice, pour éviter un recul trop considérable. Il y a, au surplus, des localités et des circonstances où il serait possible de lancer à la fois dix rochettes dans des tubes fermés, surtout si ces rochettes étaient de petites dimensions.

Le caisson aura deux couvercles latéraux M N en talus, établis dans le sens de la longueur, et ayant leurs charnières placées contre la partie supérieure ou plate-forme; enfin, une vis de pointage L E sera placée en avant du caisson.

On construira des affûts-caissons de deux grandeurs différentes, pesant, tout chargés et équipés, l'un 2,000 livres pour les rochettes de petit et de moyen calibre; l'autre 3,000 livres pour les rochettes du grand calibre. Chaque affût-caisson aura son avant-train muni de ses coffrets. Nous ne donnons pas les proportions de chacun de ces affûts-caissons, ni le plan de leurs dispositions intérieures : ces objets ne peuvent être fixés qu'après avoir déterminé définitivement le poids et la forme des rochettes. Nous ajouterons seulement que, dans la partie inférieure du caisson tournée vers l'avant-train, il y aura un tiroir d'une longueur égale à l'avancement de la partie opposée du caisson. Ce tiroir sera destiné à loger de menus ustensiles.

Affût portatif.

On placera un très fort madrier M N, *fig.* 18, garni de ferrures convenables, sur une paire de roues, et on lui ajoutera un avant-train comme aux affûts-caissons. Sur ce madrier on installera un tube O P, qu'on pointera à l'aide d'un pignon à manivelle *a*, engrénant dans un demi-cercle denté *b c*, fixé sous le tube; ou bien à l'aide d'un appui ou de tout autre mécanisme.

Il y aura sous le madrier des adents *l*, *l*, propres à recevoir des leviers, avec lesquels on pourra transporter l'affût à bras, après avoir retiré les roues. En dessous du madrier, des têtes de clous carrées et saillantes rendront le recul presque nul, quand elles pénétreront dans le sol. Remarquons d'ailleurs qu'on peut, dans une infinité de circonstances, rendre à peu près immobiles les chevalets et affûts des rochettes, parce que le recul causé par celles-ci, même lorsqu'on fermera la culasse des tubes, sera beaucoup moins brusque et moins fort que celui des pièces d'artillerie ordinaire.

Rochettes farcies.

Dans le pot d'une rochette à queue, ou sans queue, introduisons des grenades rangées comme les balles d'une grappe de mitraille; versons sur chaque couche assez de poudre à canon pour remplir les interstices; puis, foulons modérément cette poudre, afin que les grenades, se trouvant comme enchâssées, ne puissent prendre aucun jeu.

Celles-ci pourront être beaucoup plus petites que de coutume, et cependant produire d'aussi grands effets, pourvu qu'elles soient chargées de poudre chloratée. Tout sera calculé de manière que l'explosion ait lieu à l'instant où la matière fusante sera entièrement consumée ; alors les grenades seront projetées dans l'air sous la forme d'une gerbe, qui couvrira un espace d'autant plus vaste que la rochette sera de plus grande dimension, et qu'elle contiendra un plus grand nombre de grenades qui, éclatant à leur tour dans cet espace, le sillonneront dans tous les sens, et étendront leurs ravages assez loin au delà.

Lorsqu'au lieu de mettre des hommes hors de combat, il s'agira principalement d'incendier des édifices, nous remplacerons les grenades, en tout ou en partie, par des balles à feu, ou des mèches incendiaires ; et, dans ce cas, il sera souvent convenable de donner assez de longueur à l'espolette, pour que l'explosion n'ait lieu qu'après la chute de la rochette ; ou bien, si l'on préfère que celle-ci éclate à l'endroit du choc, on remplacera l'espolette par un ou deux mécanismes à percussion.

Rochettes semantes.

La forme extérieure sera celle d'une rochette à queue, *fig.* 6. Le chapiteau Z sera construit en tôle et en fil de fer, ainsi que la queue V U, dont l'extrémité postérieure restera ouverte. C'est par cette ouverture qu'on introduira la matière fusante dans le chapiteau. On emploiera, si l'expérience le permet, une matière propre à se couler ; sinon il faudra, pour opérer la compression, un instrument dont la description est trop longue pour être placée au milieu des simples esquisses que nous voulons tracer. Ensuite on chargera la queue avec, 1° un pétard cylindrique T V, servant de séparation entre les deux parties de la rochette; 2° une mince couche de matière fusante; une rangée de petites grenades, et ainsi de suite jusqu'à l'extrémité postérieure du tube, qui sera garni d'une étoupille et d'un couvercle par-dessus le tout. Il est entendu que le culot aura aussi son couvercle, pour mettre à l'abri sa petite charge de poudre à canon. Il y aura enfin un petit tube *r s*, de fer-blanc ou de zinc accolé à la queue. On le remplira d'une composition d'étoupille, et il communiquera de l'intérieur du chapiteau jusqu'à une lumière pratiquée devant la couche de matière fusante la plus voisine de l'orifice de la queue. Cet artifice, dont l'effet sera réglé par des essais préliminaires, n'ira mettre le feu à la couche postérieure de matière fusante que lorsque la rochette sera déjà assez éloignée pour ne pas jeter des grenades sur les tireurs. Cette rochette sera d'ailleurs lancée à l'aide d'un tube, avec les précautions ci-dessus indiquées. On sent que chaque rangée de grenades sera successivement chassée hors de la queue, lorsque la couche supérieure de matière fusante viendra à s'enflammer. Quant à la dernière couche, tout en chassant la dernière rangée de grenades, elle mettra le feu au pétard cylindrique qui, en éclatant, rompra l'enveloppe de la rochette, et en jettera les débris au loin.

Les rochettes semantes devront toujours avoir de grandes dimensions : leur destination particulière sera de couvrir de grenades un défilé, une route, une rue, ou un fossé dans lequel des troupes et surtout de la cavalerie et des charrois se trouveraient réunis en grand nombre.

Rochettes d'éclairage et d'incendie.

Le chapiteau sera rempli de matière fusante, comme dans l'exemple précédent. La queue sera formée d'une légère carcasse toute à jour, qu'on chargera d'une composition propre à donner la plus grande clarté possible.

On introduira cette composition dans la carcasse, couche par couche, et on interposera entre chacune un ou plusieurs canons de pistolet très courts, et chargés d'un peu de poudre et d'une balle forcée. La lumière de ces petits canons sera garnie d'avance d'une étoupille. Il conviendra d'introduire aussi, comme dans le cas précédent, un pétard cylindrique dans le fond de la queue.

Celle-ci sera recouverte d'une toile de coton soufrée, à laquelle les jets de matière fusante mettront promptement le feu, et le communiqueront de la sorte à toute la surface de la composition d'éclairage. Les petits canons lanceront les balles, dès que leur étoupille s'enflammera, et ils empêcheront que l'ennemi n'approche des rochettes pour les éteindre ou pour les déplacer.

Il conviendra de lancer ces rochettes sous des angles très ouverts, afin que le chapiteau s'enfonce presque verticalement dans le sol. Ces mêmes rochettes pourront être employées, non-seulement pour éclairer la campagne, mais pour incendier un objet quelconque.

Rochettes à deux, à trois, à quatre, à cinq, à six portées.

Garnissons les orifices d'une rochette sans queue, d'une composition lente, comme celle de la fusée ou espolette d'une bombe; remplaçons par cette rochette, le projectile ordinaire d'un canon, ou d'une autre bouche à feu, et nous obtiendrons deux portées : la première sera due à l'explosion de la poudre contenue dans l'arme; la seconde à la nouvelle force de projection que la rochette acquerra par l'inflammation de la matière fusante.

Il conviendrait assez de choisir des rochettes du même calibre que l'ame des bouches à feu; mais cela n'est pas indispensable : on peut envelopper les rochettes de planches contournées, et revêtues d'une surliure, si leur calibre est beaucoup plus petit que celui de l'arme; et s'il n'est qu'un peu plus faible, on les garnira seulement avec du chanvre ou de la vieille étoupe. On aura soin, en outre, de diminuer la charge de l'arme, de peur d'exposer cette dernière à crever, si les rochettes sont d'un poids beaucoup plus fort que les projectiles ordinaires de la pièce.

Pour obtenir une triple portée, laissons ouverte l'extrémité antérieure du pot, et courbons-en les bords de manière à retenir légèrement un obus qui sera placé dans cette partie. Remplissons ensuite le pot d'une charge de poudre à canon, à laquelle le feu sera mis par le moyen d'une fusée à bombes. Calculons toutes choses de manière que la rochette soit d'abord emportée, comme dans l'exemple précédent, par l'explosion de l'arme, puis par la déflagration de la matière fusante; et qu'ensuite la poudre contenue dans le pot, venant à s'enflammer, chasse devant elle l'obus, qui fait obstacle à son expansion.

Pour obtenir une quadruple portée, conservons la construction précédente, en substituant à l'obus un boulet qui aura au centre une petite capacité sphérique, à laquelle aboutiront, comme des rayons, de petits conduits cylindriques, dont l'extrémité antérieure sera bouchée par une balle forcée. Remplissons de poudre toutes les parties vides, et communiquons-y le feu par une fusée de bombe qui remplira une des cavités cylindriques.

Pour obtenir une rochette à cinq ou six portées, il suffit d'ajouter, au lieu d'un obus, à l'extrémité d'une rochette de grande dimension lancée par une bouche à feu, une rochette plus petite, qui lance à son tour quelqu'un des projectiles déjà désignés.

La portée extrême de ces rochettes à trois, quatre, cinq, six portées, etc., serait nécessairement sujette à de grandes déviations, et il est douteux qu'on se serve jamais très-utilement de ces inventions, si ce n'est pour des signaux. Il n'en est pas de même des rochettes à double portée, auxquelles il est possible de donner une direction plus juste qu'aux fusées ordinaires lancées sur un chevalet ou même dans un tube.

Jetons un coup d'œil sur quelques-uns des avantages présentés par les rochettes de cette dernière espèce.

Au siége de Cadix, en 1811, nous fûmes obligés de fondre des obusiers à la Villantroys, pièces nouvelles, très-massives, très dispendieuses et très-embarrassantes, qui, toutefois, ne remplirent qu'imparfaitement leur destination. Les bombes, presque remplies de plomb, et éclatant à peine, n'atteignirent que le quartier le plus voisin des assiégeants. On eût désolé toutes les parties de cette ville en lançant des rochettes avec les canons ordinaires de siége, ou avec des mortiers de 10 ou 12 pouces à grandes portées.

Non-seulement on obtiendrait par ce dernier moyen des portées de 3,000 toises, comme avec les obusiers à la Villantroys, mais même des portées de 3,500, de 4,000, et peut-être de 5,000 toises. Prenons pour exemple un mortier de 12 pouces à grande portée, qui lance à 2 000 toises, avec une charge de poudre de 30 livres, une bombe pesant 159 livres, y compris 11 livres 10 onces de poudre. Nous ferons une rochette de 12 pouces de diamètre, longue de 3 pieds, pesant environ 200, et ayant un pot qui contiendra 30 livres de poudre chloratée. On pointera le mortier sous l'angle de 50 à 55 degrés, ce qui semble devoir réduire sa portée à environ 1,800 toises; mais il faut observer que, la rochette étant plus lourde que la bombe ordinaire, il en devra résulter un accroissement de force dans l'explosion de la poudre, qui agit avec d'autant plus d'énergie, qu'elle trouve d'obstacles à son expansion. En outre, plus les projectiles sont lourds, et moins leur vitesse initiale s'affaiblit par la résistance de l'air. Il se peut donc que la portée du mortier, sans compter l'effet propre de la rochette, soit toujours d'environ 2,000 toises. Quant à la portée particulière d'une rochette de 12 pouces, elle doit facilement atteindre 2,000 à 2,500 toises.

Un canon de 24, dont la portée à toute volée est de 2,500 toises, serait susceptible de lancer une rochette pesant 60 livres, et ayant une portée particulière de 1,800 à 2,000 toises.

Enfin, un obusier à la Villantroys lancerait jusqu'à plus de 3,000 toises une rochette de 11 pouces de diamètre pesant 200 livres, qui pourrait avoir par elle-même une amplitude presque aussi considérable. Mais, pour avoir la portée totale de ces différents systèmes, on ne doit pas prendre exactement la somme des amplitudes respectives de la bouche à feu et de la rochette, parce qu'il serait difficile de trouver un angle de projection également favorable à toutes les deux. Admettant, à ce sujet, une diminution très-sensible dans la portée totale, il y a encore lieu de penser qu'il n'est pas impossible d'atteindre jusqu'à 5000 toises.

Au reste, on étonnerait l'ennemi dans bien des circonstances, avec des portées de 3,000 toises seulement, et on peut les obtenir avec des bouches à feu et des rochettes de moyen calibre. Il est à remarquer aussi que le pot des rochettes est susceptible de contenir une beaucoup plus grande quantité d'artifices que la cavité des projectiles sphériques, bombes, obus et grenades du même calibre; et finalement, que si l'on substitue dans le chargement de ces pots la poudre chloratée à la poudre ordinaire, les explosions seront beaucoup plus fortes, même sous un volume égal.

Des rochettes farcies de grenades et à deux portées permettraient aux défenseurs d'une ville assiégée d'attaquer eux-mêmes le camp de leurs ennemis : car la distance où ceux-ci s'établissent ne dépasse guère la portée des bouches à feu ordinaires, c'est-à-dire, 1,500 à 2,000 toises. Or, on aurait des portées beaucoup plus étendues avec des rochettes lancées par la plupart des bouches à feu de place; et si, pendant la nuit, on couvrait tout à coup l'assiégeant de rochettes farcies, on le jetterait dans une telle confusion, qu'à l'aide d'une vive sortie, on aurait une occasion favorable de faire lever le siége, surtout si cette manœuvre était combinée avec des secours venant du dehors.

Parmi les avantages que présentent les rochettes à deux portées, comptons aussi que, sur les batteries de côte, elles intimideraient de fort loin les navires ennemis.

En dernier lieu, on se servirait très-utilement, pour les signaux, de ces rochettes et de celles à trois, à quatre, à cinq et à six portées, dans lesquelles on substituerait les artifices d'éclairage aux projectiles meurtriers. Ces rochettes s'élèveraient à une très-grande hauteur, si on les tirait verticalement; chacune de leurs portées laisserait une trace différente dans l'obscurité de la nuit, et fournirait, par conséquent, de nombreux moyens de reconnaissance.

Rochettes à lumière flottante.

Formons d'abord des balles à feu, dans la composition desquelles nous ferons entrer beaucoup de matières plus légères que l'eau, et brûlant à sa surface, telles que le pétrole, le camphre et le coton ; farcissons avec ces balles à feu le pot d'une rochette, et disposons-le de façon qu'il éclate, lorsque la matière fusante sera épuisée. Tirons cette rochette sous un angle très-ouvert, pour que l'explosion ait lieu à une grande hauteur. Les balles à feu commenceront par briller dans l'atmosphère, et continueront à répandre de la lumière à l'horizon, même après être tombées à la mer, ou dans tout autre endroit recouvert d'eau, puisque étant plus légères que ce fluide, elles auront la propriété de flotter à sa surface.

Rochettes à parachute.

Parmi les personnes qui ont parlé des fusées à parachute du général Congrève, aucune n'a décrit le mécanisme employé par cet officier ; elles nous ont appris seulement que c'est par une petite explosion que la balle à feu, munie de son parachute, se sépare de la fusée aussitôt que celle-ci atteint le sommet de sa trajectoire. Voici un moyen qui produirait le même effet sans explosion, et qui permettrait d'employer un parachute ordinaire en étoffe, sans risquer de le brûler. On placera une balle à feu sur la tête du cartouche, et on l'y retiendra par quelques fils passant à travers cette partie de la rochette; les fils seront brûlés en même temps que la dernière couche de la matière fusante; la balle à feu se dégagera bientôt du cartouche, et fera déployer, par son mouvement descendant, le parachute, qui sera plié avec soin sur sa surface. Les fils très-déliés du parachute seront en laiton; ils se réuniront tous en un point où se trouvera une petite chaîne qui les fixera à la balle à feu, et celle-ci sera préparée de façon à s'embraser d'abord par-dessous, afin que sa flamme ne gagne pas le parachute avant qu'il se soit suffisamment éloigné et déployé. On trempera d'ailleurs l'étoffe dans une préparation ignifuge. Une feuille de papier, trempée dans la même préparation, couvrira la partie supérieure de la balle à feu; ce qui retardera convenablement son inflammation.

Rochette de signaux.

Toutes les rochettes peuvent servir à faire des signaux; cependant, on doit donner la préférence à celles qui sont le moins dispendieuses, qui s'élèvent le plus haut, et qui répandent les feux les plus variés et les plus brillants. Il faut, en conséquence, placer en première ligne les rochettes d'éclairage, celles à lumière flottante et à parachute lancées par une bouche à feu (1). Il convient, au reste, d'emprunter à la pyrotechnie récréative ses fusées à pluie d'or,

(1) Pour peu qu'une rochette fût longue, sa tête se trouverait en dehors de l'ame d'un mortier ou d'un obusier, et les parachutes ne seraient pas endommagés. Plusieurs espèces de *ceiffes*

à globes lumineux, à serpenteaux, ainsi que ses feux verts, bleus, blancs, jaunes, etc., pour établir un télégraphe nocturne susceptible de produire un vocabulaire très-étendu. Observons toutefois que les diverses portées d'une même rochette et la variété des couleurs de ses feux, pouvant être mal distinguées à de grandes distances, il faudra se réduire à un petit nombre d'artifices et à un petit nombre d'expressions, quand on voudra correspondre jusqu'à la distance de 30 à 40 lieues.

Observons, en outre, que l'enveloppe métallique des rochettes est de nature à causer des accidents fâcheux à l'instant où elle retombe; en conséquence, on construira, autant que possible, cette enveloppe avec du papier ou avec quelque étoffe. Ce ne sera que dans le cas où il deviendrait nécessaire de lancer les rochettes à une très-grande hauteur, au moyen d'une bouche à feu, qu'il faudra les faire en métal, et alors ceux qui feront les signaux auront à prendre toutes les précautions que leur suggéreront la prudence et la connaissance des localités.

Rochettes à grappin.

Lorsque l'auteur de ce traité s'occupa pour la première fois des rochettes à grappin, il ignorait que le général Congrève eût déjà fabriqué des rochettes à ancre (1). Les détails

garantiraient, d'ailleurs, ces parachutes, si on le jugeait nécessaire.

(1) Quoique la destination de l'ancre soit, en général, la même que celle du grappin, la forme en est très-différente, et les di-

de construction de celles-ci lui sont encore inconnus, et il est disposé à croire que les idées d'un grand maître, déjà soumises à l'expérience, sont préférables aux dispositions suivantes, qui semblent pourtant remplir toutes les conditions du problème.

Soit une rochette à queue de grand calibre, uniquement chargée de matière fusante : pratiquez de fortes barbes sur la tête du pot, et appliquez à l'extrémité inférieure du cartouche une petite chaîne formant le prolongement d'une longue corde. Celle-ci sera pliée de façon à suivre le projectile avec la plus grande facilité, et, pour qu'elle soit moins exposée à se briser, on pourra dégarnir la rochette de la charge additionnelle de poudre à canon, et la lancer avec un chevalet à simple gouttière. Ces précautions, cependant, ne sont pas indispensables : car on a souvent lancé des projectiles portant un cordage avec les bouches à feu ordinaires (1). Il y a de bons renseignements, sur les dispositions nécessaires en pareil cas, dans un des ouvrages de Fulton (2), bien que la manière de plier le cordage soit susceptible d'amélioration. Ainsi, au lieu de tourner ce cordage sur lui-même dans un petit cercle, il vaut mieux le plier en hélices ou en lignes serpentées, et l'étendre sur un grand

mensions en sont ordinairement beaucoup plus considérables. Peut-être l'ancre dont certaines fusées à la Congrève sont censées pourvues n'est-elle qu'un simple grappin.

(1) Voyez un *Mémoire sur les moyens de sauver les naufragés*, etc., par l'auteur de ce traité, *Bulletin universel des sciences*, 5e sect., août 1824.

(2) *Torpedo war*, etc., ou de la traduction par Nunez de Taboada, p. 23, pl. 4, fig. 1.

espace. Voici à quoi l'on doit employer principalement les rochettes à grappin :

1° Pour lancer un cordage sur la côte, lorsqu'un navire fait naufrage; ou bien pour le lancer de la côte à bord de ce navire, ou au-delà, afin d'établir un *va-et-vient*;

2° Pour mouiller une ou plusieurs rochettes, en guise d'ancre, lorsqu'il sera nécessaire de porter une amarre loin du navire, et lorsque le manque de chaloupe ou le mauvais temps s'opposera à l'exécution de cette manœuvre par les moyens ordinaires;

3° Pour planter un ou plusieurs grappins ou harpons dans les flancs d'un bâtiment qu'on veut prendre à l'abordage;

4° Pour jeter des échelles en chaînes de fer et des tuyaux de pompe pendant les incendies;

5° Pour jeter aussi des échelles en chaîne ou en corde, sur des remparts, ou sur quelque hauteur escarpée qu'on veut escalader; opération nécessaire non-seulement à la guerre, mais encore pour franchir et explorer certaines montagnes;

6° Pour établir des ponts en corde, ou en chaîne, au-dessus des rivières, des torrents, des précipices ou des vallées escarpées, qu'on ne pourrait traverser autrement;

7° Pour harponner les baleines et autres cétacées. Il serait facile de placer en arrière de la pointe barbelée, un pétard assez puissant pour tuer subitement l'animal.

Rochette-bouée.

Cette rochette sera formée extérieurement comme la rochette à queue. Mais, pour obtenir beaucoup de légèreté, on ne couvrira d'hélices ni le pot, ni le cartouche, qui seront chargés l'un et l'autre de matière fusante. En dehors des orifices du culot, il y aura de petites soupapes à ressort, qui fermeront ces orifices tant qu'une force supérieure à celle de leur ressort ne les en empêchera pas; et, pour enflammer la matière fusante, on les tiendra entr'ouvertes, au moyen de mèches de coton enduites d'une composition d'étoupille. Une chaîne formant le prolongement d'un cordage sera fixée à l'extrémité de la queue : on se servira d'un tube ouvert par les deux bouts pour lancer cette rochette.

Les soupapes, qui resteront ouvertes, tant que la matière fusante fournira un fluide très-puissant, se fermeront aussitôt que l'artifice sera épuisé. Alors, si la rochette tombe dans l'eau, elle flottera pareillement en raison de sa légèreté et de l'imperméabilité conditionnelle des soupapes.

Les rochettes-bouées serviront à sauver des hommes tombés à la mer, lorsqu'on n'aura pas d'embarcation, ou lorsque le temps sera trop mauvais pour en faire usage. La nuit, on gardera extérieurement le pot d'une petite balle à feu, ou même d'un fanal d'une espèce particulière, afin que les naufragés puissent l'apercevoir au milieu des flots. Nous passons sur la description de ces accessoires, parce qu'elle est facile à imaginer, et parce que nous avons à décrire beaucoup d'autres objets plus importants.

Rochettes de brèche.

Soit une rochette du diamètre de dix pouces, longue d'environ six pieds, ayant toutes ses parties en fer fondu, et pesant mille livres, y compris deux cents livres de poudre chloratée, et cent livres de matière fusante la plus vive possible; soit aussi un tube destiné à lancer cette rochette, pesant deux mille livres avec son affût dégarni de roues, *fig.* 18.

Sous chaque côté de l'affût, les adents, *l*, *l*, recevront huit leviers, qui seront manœuvrés chacun par deux soldats : ces trente-deux hommes soulèveront facilement un poids de trois mille livres; et, l'enlevant de dessus ses roues à quelque distance de la place ennemie, viendront le déposer à cinquante ou soixante toises du rempart où l'on voudra faire brèche.

Supposons que la rochette, à l'instant du choc, soit animée d'une vitesse de quatre cents pieds par seconde : son effet sera à celui d'un boulet de 24 animé d'une vitesse de quinze cents pieds comme 3 est à 1. Nous savons, d'ailleurs, que l'enfoncement de ce dernier projectile est de trois pieds dans la maçonnerie, et que le revêtement d'une escarpe a cinq pieds d'épaisseur au sommet, et huit pieds à la base. Or, notre rochette de mille livres, dont le choc sera triple de celui du boulet de 24, devra traverser entièrement le revêtement, même vers la base, pourvu qu'elle ne frappe pas précisément devant un contre-fort. Au demeurant, l'explosion de deux cents livres de poudre chloratée égalant, par la supposition, celle de six à huit cents livres de poudre de mine, nous obtiendrons une brèche dont la largeur sera de trente à quarante pieds ; brèche qui ne saurait être ouverte qu'à l'aide de plusieurs centaines de coups de canon, tirés ordinairement par huit, dix, douze, quatorze, et même par un plus grand nombre de pièces de 24 ou de 16. Cependant les premières de ces pièces pèsent chacune cinq mille six cents livres sans leur affût, et les secondes quatre mille deux cents ; et il faut les conduire à l'aide de nombreux attelages dans des batteries construites sous le feu de l'ennemi. Il n'en serait pas de même d'une ou plusieurs rochettes, qui, pendant la nuit, seraient déposées, sans aucun préparatif et sans un grand danger, à cinquante ou soixante toises des murs d'une place.

Il serait possible, en outre, au moyen d'une machine à vapeur, de faire marcher un fort chariot en fer, dont la partie antérieure serait à l'épreuve du boulet, et d'où l'on ferait partir des rochettes pesant mille livres et au-delà. Cet armement permettrait d'attaquer et de renverser d'emblée la plupart des fortifications actuelles.

Peut-être s'en faut-il de beaucoup que les dimensions ci-dessus indiquées pour les rochettes de brèche soient les plus convenables, mais c'est ce que des essais auraient bientôt appris, si l'on venait à adopter le fond du système.

Rochettes à plastron.

Cette rochette est particulièrement destinée aux cuirassiers, ou à des troupes auxquelles on ferait porter un simple plastron en acier ou en cuir, pour remplacer la cuirasse.

Sur le côté droit de ce plastron, et vers la moitié de sa hauteur, on fixerait une petite boîte de fer, façonnée en entonnoir, et seulement assez grande pour contenir six à huit amorces de poudre fulminante de la grosseur d'un fort grain de chénevis.

La partie supérieure de cette boîte serait fermée par un léger couvercle de fer-blanc; le col de l'entonnoir serait fermé par un ressort muni d'un piston, et tellement disposé, qu'en l'écartant de sa position naturelle, il laisserait tomber une amorce dans une petite chambre, et qu'en le laissant revenir sur lui-même, il ferait partir cette amorce, après avoir fermé toute communication avec la boîte.

On aurait un tube long de cinq pieds, propre à recevoir une petite rochette sans queue, de trois à quatre livres, qui glisserait au fond du tube par son propre poids. La culasse de celui-ci serait terminée par un petit tuyau ou porte-feu, façonné de manière à se placer dans la chambre à amorce, et à faire agir le ressort du réservoir. Il y aurait, en outre, une portion de cercle qui permettrait de donner au tube l'inclinaison nécessaire pour lancer la rochette aux différentes distances indiquées sur le limbe de l'instrument, dont le pied s'appuierait solidement sur le plastron. Ces distances s'étendraient jusqu'à sept ou huit cents toises, ce qui dépasse de beaucoup la portée des armes portatives en usage, telles que les fusils, les carabines, etc.

Arquebuses à rochettes.

On montera un tube long de six pieds sur une crosse, et on lui appliquera une platine ressemblant à celle que nous avons d'abord destinée aux tubes des rochettes de grand calibre. Ces espèces d'arquebuses seront d'un calibre à lancer une rochette sans queue de six à huit livres, contenant environ une livre de poudre chloratée; on les montera sur une espèce de fourche, comme les mousquets et les arquebuses des premiers temps. La portée extrême sera de mille à douze cents toises. A cette distance, il n'y a aucune bouche à feu qui puisse tirer avec succès contre des hommes isolés; ainsi, des tirailleurs armés d'arquebuses à rochettes, inquiéteraient aisément un carré de troupe, un convoi engagé dans une rue ou un défilé, un camp retranché ou une place forte; et, lorsque ces tirailleurs auraient à combattre des gens armés de fusil seulement, ils pourraient s'en approcher jusqu'à deux ou trois cents toises, puisqu'à cette distance les coups de fusils ne frappent presque jamais un but déterminé.

On pourra aussi se servir de ces arquebuses pour détruire avec des rochettes détonnantes ou incendiaires tout poste, bourg, village ou ville occupés par l'ennemi. Il sera facile de s'en approcher de très-près, la nuit et même le jour, en se couvrant par des arbres, des maisons, ou quelque accident de terrain. Ces arquebuses à rochettes, ainsi que les rochettes à plastron, rendraient de nombreux services dans les pays inaccessibles à toute espèce de charrois.

Rochettes navales.

Ayons des rochettes sans queue ou à queue, du poids de soixante livres et de trois cents livres. Les tubes destinés à lancer les premières seront placés sur des chandeliers, comme les pierriers et espingoles de marine. Les tubes destinés à lancer les secondes occuperont quelques sabords, à la place des canons, ou des carronades. On pourra surtout les placer dans les sabords de chasse, de retraite, et dans plusieurs autres qui ne portent pas d'artillerie à demeure. Car le poids de ces tubes avec leurs affûts sera au plus de mille livres, même en leur donnant des proportions plus fortes qu'aux appareils semblables destinés au service de terre.

L'expérience a prouvé que les combats de mer ne sont jamais meurtriers au-delà de trois cents toises, et que, rarement, ils sont promptement décisifs à plus de cent toises (1). Il ne sera donc pas nécessaire de donner beaucoup de longueur au cartouche des rochettes navales. Il suffira de le remplir avec une matière très-vive pour produire une grande vitesse; mais cette dernière condition n'est pas indispensable.

Supposons, en effet, qu'une rochette de soixante livres, ayant cinq pouces et demi de diamètre, soit animée d'une vitesse de trois cents pieds par seconde, elle s'enfoncera de plus de vingt-deux pouces dans un massif de bois de chêne (2); car, c'est de cette quantité que pénètre un boulet de 24, animé d'une vitesse d'environ quatre cents pieds (3).

(1) *Règles de pointage à bord des vaisseaux*, etc., p. 99 et suiv., p. 240 et suiv.; à Paris, 1816.

(2) Cet enfoncement, calculé d'après la formule

$$E = \frac{50 \times 300^2}{24 \times 400^2} + 22.$$

serait exactement de 25,8 pouces.

(3) *Nouveaux principes d'artillerie*, par B. Robins, traduction de Dupuy, p. 306.

La muraille d'un vaisseau de ligne, en beaucoup d'endroits, n'a pas vingt-deux pouces d'épaisseur, et la membrure, au lieu d'être pleine, présente un grand nombre de mailles ou espaces vides. Ainsi donc, une rochette de soixante livres, animée d'une vitesse assez faible, la traverserait parfois entièrement, et irait éclater dans le navire; mais, comme il est préférable qu'elle éclate dans la muraille à l'instant du choc, on la munira d'un ou deux mécanismes à percussion. Le pot contiendra douze livres de poudre chloratée, dont l'explosion équivaudra à celle d'une quarantaine de livres de poudre à canon ordinaire, et doit produire une ouverture de douze à quinze pieds de diamètre dans le flanc des vaisseaux les plus solidement construits.

Quelques coups semblables dans les parties hautes d'un navire quelconque, le forceraient à se rendre; et, si un seul de ces coups frappait vers la flottaison, il le ferait couler.

Quant aux rochettes de trois cents livres, elles peuvent contenir une quantité de poudre chloratée dont l'explosion équivale à celle de deux cents livres de poudre à canon, et suffise pour rompre en plusieurs pièces un vaisseau du premier rang.

Il n'y a pas de bâtiment de guerre, ou même de commerce, si petit qu'il ne puisse embarquer un ou plusieurs tubes pesant mille livres, et lançant des rochettes de trois cents. Ces tubes, qu'on pointerait autour d'une cheville ouvrière, et qui n'auraient aucun recul, seraient d'un service extrêmement avantageux, non-seulement à bord des navires, mais aussi dans les casemates et les blockhaus.

Rochettes sous-marines.

Depuis plusieurs siècles on a coutume, dans certains feux d'artifices, de tirer des fusées sous l'eau (1), et vers 1730, le docteur Désaugiers reconnut que le pétard de très petites fusées fait couler une chaloupe, en éclatant sous sa carène (2).

On essaya sur le bassin de la Villette, en 1811, de lancer un pétard flottant à l'aide d'une fusée; mais, comme celle-ci était trop faible, le pétard ne parcourut que soixante-dix toises, et il n'aurait pas eu assez de vitesse pour pénétrer dans les flancs d'un navire à la manière d'un projectile. Son explosion d'ailleurs, s'opérant librement dans l'air, n'eût pas produit autant d'effet que celle d'une charge égale de poudre, placée dans une torpille. En effet, cette dernière machine éclate sous l'eau, et la poudre, trouvant dans le fluide même une grande résistance, réagit avec assez de force pour défoncer la carène des vaisseaux les plus solides. C'est d'ailleurs, dans cette partie, qu'il est essentiel de produire une fougasse, puisqu'il en résulte une sub-

(1) *Voyage de Monconys*, tom. 1er, pag 285, seconde édition. — *Traité des feux artificiels*, etc., par de Malthe, p. 98 et suiv.; Paris, 1629. — *Récréations mathématiques et physiques* d'Ozanam, tom. 2, p. 101 et suiv.; Paris, 1694. — *Essai sur les feux d'artifices*, par Perrinet d'Orval, p. 182 et suiv.; Paris, 1745; etc.

(2) *Cours de physique expérimentale*, traduit par Pezenas, tom. 1er, p. 440; Paris, 1751.

mersion inévitable, tandis que, dans toute autre partie, le mal, quoique grand, n'est pas sans remède.

Dans les expériences dirigées par M. de Brulard à Hambourg, on a obtenu, par hasard, une nouvelle preuve de la vitesse que les fusées de guerre sont susceptibles d'acquérir, entre deux eaux, et des grands effets qu'on obtiendrait de ces projectiles en les dirigeant de la sorte contre les vaisseaux.

Enfin, un habitant de la Nouvelle-Orléans a présenté, l'année dernière, sous le nom d'*american-torpedoes*, une invention qui, d'après les rapports des journaux, semble n'être autre chose qu'une fusée ou rochette sous-marine. Le comité chargé de donner son avis n'a pas craint d'affirmer qu'un seul navire armé d'*american-torpedoes* défierait toutes les flottes du globe. Comme il y a aux États-Unis de très-bons juges des inventions maritimes, cette déclaration mérite de fixer l'attention.

Il est certain, au surplus, qu'une fougasse de douze à quinze pieds de diamètre, dans la carène des plus grands vaisseaux, est suffisante pour les faire couler subitement. Telle est probablement la fougasse que produirait la charge de poudre chloratée contenue dans une rochette de soixante livres; le projectile n'irait pas sans doute aussi loin sous l'eau que dans l'air, mais sa portée serait néanmoins fort étendue : car, si l'eau condense en partie des gaz enflammés, et exerce beaucoup plus de résistance que l'air sur la tête de la rochette, elle soutient ce projectile, annulle plus ou moins l'effet de la gravitation, et présente aux gaz une butée ou point d'appui très-efficace.

Voici comment on peut installer des rochettes sous-marines, dans l'entrepont, ou dans la cale d'un navire, *fig.* 10. On percera dans la carène un trou ou sabord, fermé par une soupape à l'épreuve de l'eau. Cette soupape aura une charnière dans la partie supérieure, et son propre poids, joint à la pression de l'eau, suffira pour la tenir fermée. En arrière, on fixera la bouche du tube ZX dans une articulation sphérique P, imperméable à l'eau, et qui permette de faire varier la direction du tube, tant dans le sens horizontal que dans le sens vertical. La tranche de la culasse du tube sera fermée par un couvercle Y à double charnière, qu'on ouvrira en enlevant le boulon supérieur (Voy. *fig.* 17). On introduira la rochette dans le tube XZ, *fig.* 10; on relèvera le couvercle, et on l'assujettira, en remplaçant le boulon enlevé; on pointera, par le moyen d'une vis *d* et d'un écrou à poignée *e*, qui soutient le support *f g* du tube. Celui-ci est censé amorcé d'avance, au moyen d'une platine à réservoir; et il ne reste plus à expliquer que la manière de le diriger contre la carène des vaisseaux ennemis, ou contre tout objet qu'on veut frapper sous l'eau.

En perçant les sabords sous-marins, on aura observé le même système qu'en perçant les sabords ordinaires, c'est-à-dire, qu'ils se trouveront au milieu de l'espace correspondant à l'entre-deux des sabords supérieurs. Élevons maintenant, par la pensée, une ligne verticale au centre de chaque sabord sous-marin; il y aura sur cette ligne, à la hauteur convenable, un petit trou ou hublot B, qui servira à régler les pointages de chaque tube sous-marin à l'aide du mécanisme suivant :

L'extrémité antérieure d'une alidade A B, garnie de pinnules, sera fixée par une cheville ouvrière B C, sur le seuillet inférieur du hublot. Cette cheville, très longue, pénétrera au travers de la membrure du navire, jusque sous le plancher ou pont D E, qui couvrira les tubes sous-marins. Une aiguille horizontale C G, affleurant le dessous de ce pont, sera fixée à l'extrémité inférieure de la cheville ouvrière, et prendra toutes les directions données à l'alidade. Un homme dirigera cette dernière sur l'ennemi, et l'aiguille recevra en conséquence la même direction. Les artilleurs sous-marins n'auront besoin pour pointer, que de placer l'axe de chaque tube dans le même plan vertical que l'aiguille et l'alidade correspondante. Ils doivent donc frapper le but si le pointage supérieur est bon, et si la rochette n'éprouve pas de grandes déviations; mais cette espèce de projectile, comme nous venons de le faire entendre, semble moins exposée à dévier au milieu de l'eau que dans l'atmosphère; et, quant aux pointages faits avec les alidades, ils seront toujours beaucoup plus exacts que ceux faits avec des canons ou des carronades. La soupape placée devant les tubes sous-marins ne serait pas retenue à son poste assez fortement par la pression de l'eau, pour empêcher une rochette de partir dès qu'elle serait enflammée; mais pour éviter un choc brusque, on placerait devant la rochette un cylindre en bois léger, qui remplirait l'espace vide du tube (1); on supprimerait les charges de poudre additionnelles, parce que la résistance de ce cylindre, jointe à celle de la soupape et de l'eau, devant retarder un instant le départ de la rochette, permettrait que l'inflammation de la matière fusante fût déjà très puissante, lorsque la rochette se trouverait entièrement dans l'eau. Là d'ailleurs, les effets de la gravitation ne seraient pas aussi nuisibles que dans l'air, en supposant une faible vitesse à la rochette. La soupape se fermerait par son propre poids et

(1) Si l'emploi de cylindre présentait quelques inconvénients, on ouvrirait la soupape au moment du tir, à l'aide d'un gros fil de laiton qui glisserait sur des rouleaux *c c* après avoir traversé un cuir gras.

par la pression du fluide, dès que la rochette aurait quitté le tube; en sorte qu'il n'entrerait que très peu d'eau dans celui-ci. Un vase placé sous la culasse recevrait cette eau lorsqu'on ouvrirait le couvercle.

Il serait possible de fabriquer des rochettes sous-marines d'un volume énorme, chose inutile dans l'état actuel de l'art, puisque celles de soixante livres, et surtout celles de trois cents, auraient plus que la puissance nécessaire pour couler d'un seul coup les plus grands vaisseaux, jusqu'à la distance de cent toises et au-delà. De toutes les armes employées ou proposées pour les combats de mer, nous croyons que les rochettes sous-marines sont les plus redoutables : on en fera des torpilles ou machines infernales d'un effet infaillible, si l'on s'applique à les bien construire et à les bien diriger.

Rochettes de côte.

On reconnaît, au premier coup d'œil, un caractère d'utilité très générale à la plupart des rochettes, pour la défense des côtes : elles peuvent être employées sur tous les points, n'exigent pas de batteries préparées d'avance, ni de nombreux artilleurs, et elles se transportent, soit à bras, soit sur des bêtes de somme, dans les lieux dépourvus de chemins pour les voitures; enfin elles peuvent aussi être employées sur toute espèce d'embarcation et sur les plus petits rochers sortant hors de l'eau, de sorte que le parage le plus désert et le plus inaccessible à l'artillerie ordinaire peut être couvert subitement de rochettes, tant sur le sol, que sur les écueils et sur les flots. Examinons les applications particulières de chaque espèce de rochette.

1° Les rochettes farcies, qu'on fera éclater en l'air, remplaceront toujours avantageusement la mitraille au-delà de quatre cents toises, puisque l'effet de celle-ci est nul hors de cette limite. Elles remplaceront avantageusement le boulet au-delà de huit cents toises, distance où il frappe rarement un objet aussi mobile et aussi peu étendu qu'un navire; enfin, elles remplaceront avantageusement les bombes et les obus, puisqu'elles peuvent contenir chacune plusieurs de ces projectiles.

2° Les rochettes semantes, lancées par-dessus des navires rangés sur la même ligne que celle du tir, pourraient à la fois en offenser une vingtaine, et, dans le cas où ils occuperaient une ligne perpendiculaire, ou peu inclinée à l'égard de cette direction, il serait difficile, même à de grandes distances, que les grenades semées ne rencontrassent aucun des bâtiments.

3° Des rochettes de deux à trois cents livres, tirées dans des canons de gros calibre, iraient plus loin, et produiraient de plus grandes explosions qu'aucune bombe ou obus en usage; de sorte qu'elles permettraient de supprimer les mortiers et les obusiers sur les batteries de côte. Remarquons que la suppression des mortiers en particulier est fort désirable, parce que ces armes ne servent plus, ou servent fort mal lorsque l'ennemi est très proche, c'est-à-dire, au moment où il est important d'avoir la plus grande quantité de feux.

4° Les rochettes d'éclairage, soit ordinaires, soit à lumière flottante ou à parachute, serviraient non-seulement à découvrir la nuit les manœuvres des navires ennemis, mais aussi celle des bateaux d'espions, ou de contrebandiers. Ces rochettes, en outre, pourraient incendier des vaisseaux, surtout si l'on employait celles qui sont garnies de bouts de pistolets, puisqu'il serait fort dangereux de s'en approcher, et presque impossible de les rejeter hors du bord. Enfin, les rochettes d'éclairage serviraient à montrer, pendant la nuit, à des bâtiments en danger de faire naufrage, les rochers à éviter, et les passes à suivre.

5° Les rochettes de signaux indiqueraient d'ailleurs à ces bâtiments, la nature précise des manœuvres à exécuter; elles feraient connaître aux postes voisins les mouvements des ennemis, des espions et des contrebandiers. Un télégraphe ou un sémaphore garni de lanternes est susceptible aussi de faire des signaux pendant la nuit, mais on ne saurait l'apercevoir d'aussi loin que des rochettes.

6° En lançant des rochettes à grappin par-dessus des bâtiments jetés à la côte, on leur donnerait la facilité d'établir un va-et-vient avec la terre, et de sauver l'équipage et quelquefois les marchandises. Ces mêmes rochettes permettraient à des hommes dépourvus de toute embarcation de faire des prises. En effet, lorsqu'un bâtiment ennemi s'approcherait de la côte, et surtout d'îlots et de récifs qu'il ne croirait pas défendus, on le laisserait venir, jusqu'à l'instant où il reprendrait la bordée du large; alors on lui jetterait des rochettes à grappin, et si l'on parvenait à le harponner, on le halerait ensuite à soi; opération réellement possible, en faisant usage de cabestans, et dans la supposition que la force et la direction du vent ne fussent pas favorables à l'ennemi.

7° Les rochettes bouées seraient plus nécessaires sur les côtes que sur les navires, puisque à bord de ceux-ci on a des embarcations qui vont au secours des hommes en danger de périr, toutes les fois que le temps n'est pas extrêmement mauvais; mais les batteries de côtes sont presque toujours dépourvues d'embarcations.

8° Employées sur les batteries d'une rade, ou d'un port les rochettes de brèche, munies d'un mécanisme à percussion, rompraient en plusieurs pièces tout navire qui oserait approcher.

9o Les rochettes à plastron et les arquebuses à rochette seraient, à cause de leur légèreté, très propres à empêcher les débarquements sur tous les points d'une côte.

10o Les rochettes navales, dont l'emploi semble décisif contre des vaisseaux jusqu'à la distance de trois à quatre cents toises, seraient aussi une arme excellente dans tous les parages resserrés que les vaisseaux ennemis pourraient vouloir forcer.

11o Enfin, les rochettes sous-marines, qu'on parviendra peut-être à lancer avec beaucoup de justesse jusqu'à trois à quatre cents toises, serviraient avec un succès prodigieux dans des casemates, placées au-dessous du niveau de la mer, et défendant l'entrée des ports, des arsenaux et tout passage d'une médiocre largeur.

Rochettes mixtes.

Cette dénomination serait applicable à plusieurs des rochettes déjà décrites; car, en raison de leurs tubes, de leurs affûts et de leurs petites charges de poudre, elles ressemblent presque autant à l'artillerie ordinaire qu'aux anciennes fusées. Mais l'espèce suivante mérite plus particulièrement encore d'être appelée mixte.

Le cartouche sera chargé avec la matière fusante la plus vive possible. Il ne portera ni queue ni baguette, et n'aura que deux à trois calibres de longueur. Sa surface sera unie, et l'on ne façonnera en hélices que les orifices du culot. La partie antérieure sera formée par une rondelle de métal, disposée de façon à recevoir un pot couvert de spirale, ou quelqu'un des projectiles déjà désignés, tels que le boulet plein et rond, la boîte à balles, la carcasse incendiaire, l'obus allongé et couvert d'hélices, etc. Les principes précédemment émis serviront du reste à régler l'emploi de ces différents projectiles, et leur jonction provisoire, ou définitive, avec le cartouche.

On accroîtra la charge de la poudre placée en arrière du culot; mais on n'y emploiera qu'une poudre à canon très faible, soit parce qu'elle aura été avariée, soit parce qu'elle contiendra peu de salpêtre, soit parce qu'elle n'aura pas été grainée. Tout enfin sera calculé de manière que la déflagration s'opère plus lentement que de coutume, et presque à l'instar de la déflagration des compositions fusantes. On ménagera de la sorte le tube et l'affût, et l'on aura la faculté d'arrêter le recul.

Toutefois, comme la charge de poudre sera accrue, le tube sera renforcé de métal, et pèsera sept à huit fois autant que la rochette correspondante. La culasse, fig. 17, sera à charnière; l'ame légèrement évasée à l'endroit le plus voisin de la culasse, ou au logement de la rochette et de la charge de poudre. Mais au-delà, le vent ira en se rétrécissant, et se trouvera annulé par un morceau de cuir gras, nommé *calepin*, qu'on placera par-dessus le pot, ou le projectile, formant la tête de la rochette. Cette dernière disposition a pour but de retarder le départ du mobile, et de donner le temps à la charge de poudre de se consumer tout entière, dans l'ame du tube, malgré sa mauvaise qualité. Le fluide enflammé se trouvera accumulé et fortement pressé dans le tube, à l'instant où la rochette, libre de tout obstacle, dépassera la tranche de la bouche; la vitesse initiale en sera accrue, d'autant que la composition renfermée dans le cartouche aura eu elle-même le temps d'acquérir un haut degré d'inflammation et d'énergie. Quelquefois on supprimera tout-à-fait les cartouches, et l'on se servira des tubes mixtes pour lancer un projectile recouvert d'un calepin, à l'aide d'une charge de mauvaise poudre pesant seulement le dixième ou le douzième de ce projectile. Voici les circonstances où une pareille méthode semble avantageuse.

1° Pour enfiler et ricocher à de petites distances, les branches d'un front de fortifications;

2° Pour défendre, dans une batterie de flanc, le passage du fossé avec des obus, des boîtes à grenades et des boîtes à mitraille, éclatant presque à la sortie du tube;

3° Pour lancer, sous des trajectoires relevées, à de médiocres distances, des carcasses d'éclairage, des bombes et autres projectiles incendiaires ou détonnants;

4° Pour défoncer, avec de gros obus à percussion, les portes des villes ou des forteresses, ou pour détruire quelque barricade, quelque blockhaus, ou quelque palanque, dont on pourrait approcher de très près;

5° Pour lancer ces mêmes obus à percussion contre des navires d'un faible échantillon, et peu éloignés;

6° Pour couvrir de mitraille ou de grenades des embarcations qui chercheraient à enlever un navire à l'abordage, ou des troupes qui attaqueraient une batterie à la baïonnette;

7° Enfin, on supprimerait avec avantage le cartouche des rochettes mixtes, et on lancerait seulement le projectile au moyen d'une petite charge de mauvaise poudre, dans presque toutes les circonstances où le but serait peu éloigné, et offrirait une médiocre résistance.

Résumé de ce chapitre.

Il serait facile d'ajouter ici la description de plusieurs autres espèces de rochettes, soit en présentant de nouveaux systèmes, soit en modifiant les systèmes précédents, soit en les combinant entre eux. Mais peut-être n'avons-nous déjà offert que trop de projets fondés sur de simples spéculations, ou sur des expériences indirectes ? Ces projets donneront lieu à des objections d'autant plus nombreuses, qu'une foule de détails ont été supprimés à cause de leur trop grande étendue; mais chaque artilleur, chaque artificier qui fera une étude sérieuse de la fabrication et de l'emploi des rochettes trouvera les moyens de lever la plupart des difficultés théoriques ou pratiques dont il aura été frappé.

Par exemple, si l'on compte les différents calibres, il vient d'être question d'une cinquantaine de rochettes nouvelles, outre les attirails qui en dépendent : or, on pensera que cette multiplicité d'objets, loin de faciliter les opérations militaires, ne pourrait que les entraver. On va voir que cet embarras est plus apparent que réel.

Les rochettes semantes, celles à trois, à quatre, à cinq et six portées, doivent être regardées seulement comme la solution de problèmes difficiles de pyrotechnie. Ce genre de recherches deviendra peut-être utile un jour; mais nous n'engageons personne à s'y livrer maintenant.

Les rochettes en papier, en étoffe, en bois, en cuir, et même les rochettes à baguettes métalliques, n'ont été imaginées que pour prolonger la défense d'un pays privé, par la guerre, des ressources les plus communes. Telle n'est pas la situation de la France. En conséquence, toutes ces rochettes sont en dehors du service habituel de notre artillerie.

Il en est de même des rochettes de signaux et d'éclairage, des rochettes à grappin et à bouée. Elles appartiennent à diverses opérations qu'on n'exécute point aujourd'hui, ou qu'on exécute très imparfaitement. C'est aux personnes que ces opérations concernent à juger s'il est nécessaire d'en étendre et d'en perfectionner l'usage, en y consacrant des soins et des dépenses inaccoutumées.

Les rochettes à projectiles détachés ne constituent pas précisément une espèce particulière, puisque, sans rien changer à leur construction, ni à leurs attirails, on peut leur procurer les mêmes propriétés qu'aux rochettes dont le pot est fixé à demeure; il n'est besoin pour cela que d'opérer la jonction des projectiles et des cartouches avec un fil de fer, au lieu d'un fil de chanvre. Les rochettes à percussion et les rochettes farcies sont dans la même catégorie; il n'y a que le pot à changer, sans toucher à aucune autre partie. On ne considère pas, par exemple, un canon comme représentant autant d'armes différentes qu'il lance de projectiles différents.

Enfin, les rochettes à queue ou sans queue, les rochettes à hélices ou sans hélices, seront peut-être réduites à une seule espèce, si l'expérience accorde à l'une d'elles une supériorité marquée; et quant aux rochettes mixtes, elles feraient disparaître presque toutes les autres rochettes et presque toutes les armes à feu en usage, si l'expérience leur est aussi favorable que nous le supposons. Nous reviendrons sur ce sujet.

Les rochettes dont il convient de s'occuper d'abord se réduisent aux espèces suivantes :

Rochettes farcies ou à percussion ;
— de brèche ;
— sous-marines (1) ;
— à plastron ;
— à arquebuse.

Ces cinq espèces appartiennent à six services tout-à-fait différents, savoir : l'artillerie de montagne, de place, de siége, de campagne ou de bataille, de marine et de côte. Or, par cela même que ces services sont totalement distincts, et qu'on n'aurait à leur répartir qu'un petit nombre d'objets nouveaux, il n'y aurait encombrement dans aucun.

Loin de là, chaque service éprouverait de nombreuses simplifications, si l'on voulait combiner les innovations avec de grandes réformes.

Mais, si nous n'avons présenté les nouvelles rochettes que comme des sujets de méditation pour les gens de l'art, la même réserve est plus nécessaire encore, à l'égard des réformes qui porteraient sur presque toutes les parties de l'artillerie. On tient chez une nation ancienne au matériel de cette arme, non-seulement sous le rapport des dépenses et des soins immenses qu'il représente ; mais, en outre, il se rattache à de puissantes habitudes et à de glorieux souvenirs. Les principaux corps d'artillerie de l'Europe se décideraient plutôt à recevoir un nombre assez considérable d'armes nouvelles, qu'à réformer la plupart de celles en usage. Cependant un gouvernement qui éprouverait, ou craindrait des revers militaires, ainsi que les gouvernements

(1) Il n'est pas parlé des rochettes navales et de côte, qui rentreraient toutes dans une des autres espèces.

nouveaux, ou dépourvus d'une artillerie suffisante, seraient peut-être dans des dispositions morales fort différentes, et reconnaîtraient, en examinant avec soin le nouveau système, qu'il procurerait un matériel très simple et très mobile, tout en adoptant, outre les rochettes, quelques nouvelles bouches à feu.

Quoique la France soit probablement un des pays où il serait le plus difficile d'opérer les innovations et les réformes dont il s'agit, c'est sur son matériel d'artillerie que nous allons établir nos calculs : si nous prenions pour terme de comparaison un matériel étranger, nous risquerions à la fois de manquer des données nécessaires, et de n'être compris que difficilement par des lecteurs français.

Artillerie de montagne.

Cette artillerie ne peut paraître sans importance dans un pays comme le nôtre, qui compte sur ses frontières des chaînes de montagnes aussi considérables que les Pyrénées, les Alpes, le Jura et les Vosges; mais la France ayant été plus souvent dans le cas d'attaquer que de se défendre, c'est par occasion seulement que nos artilleurs se sont occupés de se procurer des pièces propres aux pays de montagnes, en sorte qu'il n'y a encore rien de décidé à cet égard (1). Mais voici les pièces que nous avons employées en 1792, lors de notre invasion en Italie.

Fusils de rempart.

Canons de 3, de 4, de 8, de 12.

(1) *Aide-mémoire à l'usage des officiers d'artillerie*, etc., t. 1er, p. 303, cinquième édition.

Obusiers de six pouces.

Mortiers de huit pouces.

Ces diverses armes, à l'exception des fusils de rempart, ne se bornent pas chacune à l'emploi d'un seul genre de projectiles, et l'on peut leur en attribuer en tout quinze espèces différentes, soit pour la nature, soit pour le calibre.

Au lieu de cette artillerie, il vaudrait peut-être mieux avoir :

Des obusiers de cinq pouces et demi.

Des arquebuses à croc ou à chevalet, dont les balles en plomb pèseraient une livre.

Des arquebuses à rochette.

Des rochettes farcies de cinquante livres.

Ces dernières seraient lancées avec ou sans chevalet, et quelquefois même dans l'obusier.

Voici quelques détails relatifs à cet obusier. On en a éprouvé d'à peu près semblables en 1819, qui ont fourni des portées de douze mille toises, sous l'angle de 15°, et presque le double sous l'angle de 45°. Dans cette dernière circonstance, les obus contenaient du plomb, et pesaient près de trente livres.

Poids de l'obusier : les deux tiers seulement de celui du canon de 8 long, ou mille quatre cents livres.

Ame longue en tout de quatre pieds, terminée par un hémisphère.

Charge de poudre, trois livres.

Affût à peu près semblable à celui des rochettes de grand calibre, et permettant de pointer, sous tous les angles, depuis 40° au-dessus de l'horizon, jusqu'à 15° au-dessous.

Projectiles : boulet de 24, boîte à mitraille n° 2.

Des obus concentriques	pesant 17 liv.	y compris 1	liv. de poudre chloratée.
Des obus oblongs couverts d'hélices.	— 30 —	—	

Les arquebuses à croc se chargeraient par la culasse, et l'ame en serait rayée en spirales.

Il y a plusieurs manières sûres et commodes de charger ces armes par la culasse ; mais la meilleure ou, du moins, la plus simple et la plus solide, semble consister dans le mécanisme suivant : c'est un prisme carré enchàssé dans le tonnerre ; sa partie postérieure est retenue dans une charnière, et sa partie antérieure par un ressort à bouton. Voulez-vous charger l'arme : vous pressez sur le bouton, le bout du prisme s'élève, et vous y introduisez le cartouche ; ensuite, vous remettez le prisme à son poste, et l'arme se trouve chargée.

Cette nouvelle artillerie de montagne, plus facile à transporter que l'ancienne (surtout à bras), ne présenterait donc que deux espèces de bouches à feu (1), au lieu de sept, et six espèces de projectiles au lieu de quinze.

(1) Le tube des arquebuses à rochette, ne pesant guère plus qu'un fusil de munition, ne saurait être compté comme tenant la place d'un canon ou d'un obusier. Et, quant aux rochettes farcies, elles pourraient être lancées sans le secours d'un tube, qui, du reste, ne pesant qu'une centaine de livres, n'est pas non plus à comparer aux canons ni aux obusiers ordinaires.

Artillerie de campagne.

Mettant à part quelques pièces dont l'adoption n'a jamais été confirmée par les ordonnances, les armées qui ne se proposent pas de faire des siéges, et qui veulent seulement agir en campagne, conduisent avec elles des canons de seize, de douze, de huit, de six, de quatre, et des obusiers de 8 (1), de 6 et de 5 pouces et demi, à longues et à petites portées; ces onze espèces de bouches à feu emploient environ vingt-cinq espèces de projectiles.

On substituerait peut-être avantageusement à cette artillerie des rochettes à plastron, des arquebuses à rochettes farcies de 50 livres, auxquelles on ajouterait des arquebuses à croc et des obusiers de six pouces. Ces derniers auraient le même poids que le canon de douze court, c'est-à-dire, environ 1800 livres; des obusiers de cette nature ont été aussi essayés avec succès en 1819. On leur appliquerait, pour leur construction particulière, ainsi que pour leur affût et leurs projectiles, tout ce qui vient d'être dit pour l'obusier du calibre de 24 ou de cinq pouces et demi.

Remarquons que l'obusier de six pouces pourrait tirer des obus oblongs, pesant 35 livres, et contenant quatre livres de poudre chloratée. On donnerait beaucoup d'épaisseur à leur partie antérieure, et ces obus serviraient, avec un grand succès, à battre en brèche.

(1) Il arrive souvent qu'elles n'ont pas d'obusiers de huit pouces, surtout à longue portée, quoique ce soit une des pièces de bataille les plus redoutables.

L'ensemble de ce système réduirait donc considérablement le nombre des bouches à feu et celui des projectiles.

Artillerie de siége.

Les pièces qui composent généralement un parc de siége sont :

Les canons de 24, de 16 et de 12.

Le mortier de dix pouces.

L'obusier de huit pouces.

Le pierrier de quinze pouces.

Chacune de ces armes lance assez souvent deux ou trois espèces de projectiles. De plus, si les assiégeants redoutent que la place soit secourue, il leur faut de l'artillerie de campagne ; et, si des obstacles rendent les approches de la place très-difficiles, il faut des mortiers de douze pouces à longue portée, ou des obusiers à la Villantroys ; alors, l'artillerie des assiégeants se compose d'une vingtaine d'espèces de bouches à feu, et d'une quarantaine d'espèces de projectiles.

On pourrait suffire à tout, avec des rochettes farcies de 300 liv. et de 50 livres, des arquebuses à rochettes à plastron, des rochettes de brèche, soit pour entamer le revêtement, soit pour perfectionner la brèche ; et celle-ci pourra être ouverte par des obusiers de six pouces lançant des obus oblongs. Ces obusiers serviraient également à ricocher les différentes branches d'ouvrages de la place, et à défendre le camp du côté de la campagne. On unira d'ailleurs du même côté à leur feu celui des arquebuses à rochette, des rochettes à plastron et des rochettes farcies de 50 livres. On n'emploierait donc que deux espèces de bouches à feu (1) au lieu de vingt, et neuf espèces de projectiles au lieu de quarante.

Artillerie de place.

Il y a des réglements pour l'artillerie de place; mais il est bien peu de villes, de forts ou de citadelles qui soient armées précisément d'après ces réglements, et qui ne comptent autour de leurs remparts, ou dans leurs parcs et leurs salles d'armes, une variété infinie de pièces et de projectiles. Un état très-réduit de ce genre d'armement se composerait à peu près comme il suit :

Canons de 24, de 16, de 8, de 6 et de 4.

Obusiers de huit, de six et de cinq pouces et demi, à longues et à petites portées.

Mortiers de douze, de dix et de huit pouces.

Pierriers de quinze pouces.

Mortiers à grenades ou à la Coehorn.

Fusils de rempart.

En tout dix-sept espèces d'armes employant environ vingt-huit espèces de projectiles, sans compter les grenades de rempart, les tourteaux goudronnés, les fusées de signaux,

(1) Nous prévenons de nouveau que nous ne comptons pas le tube des arquebuses à rochette. Celui des rochettes à plastron mérite moins encore de l'être, puisqu'il est moitié plus léger; mais nous comptons le tube des rochettes de brèche, quoique plus léger que tous les canons de gros calibre.

les torches à éclairer, et une grande quantité de matériaux propres à fabriquer des artifices de différentes espèces. Quant aux balles à feu et aux carcasses, qui ne sont pas nommées parmi ces artifices, elles ont été comprises parmi les divers projectiles appartenant aux mortiers et aux pierriers.

Il semblerait avantageux de substituer à ce grand nombre d'armes et de projectiles des rochettes farcies de 300 et de 50 livres, des arquebuses à rochette, des rochettes à plastron, des obusiers de six pouces, des pierriers de quinze pouces, des arquebuses à croc, des orgues ou *repeating-guns* et des armes à vapeur; ce qui procurerait une simplification dans le rapport de dix-sept à huit pour les pièces, et de vingt-huit à dix pour les projectiles.

Artillerie de marine.

Il y a, dans les ports et sur les bâtiments de guerre et de commerce, un nombre considérable d'espèces de bouches à feu et de projectiles; bornons-nous à citer les espèces les plus communes, savoir :

Canons de 36, 30, 24 et 18 ;
Canons longs de 12, 8, 6 et 4 ;
Canons courts des mêmes calibres ;
Carronades de 36, 30, 24, 18 et 12 ;
Obusiers de vaisseaux de 36 ;
Pierriers d'une livre de balles ;
Espingoles et tromblons ;
Mortiers de douze et de dix pouces.

Voilà vingt-trois espèces de bouches à feu. On peut compter pour chacune de celles des quatre calibres principaux jusqu'à huit projectiles différents, savoir le boulet, la grosse, la moyenne et la petite mitraille, le boulet ramé (de deux sortes au moins), le boulet creux et le boulet incendiaire, ce qui fait trente-deux espèces; à quoi il faut ajouter environ vingt-un projectiles différents pour les autres armes, ou en tout cinquante-trois espèces.

On augmenterait considérablement la force des navires de tous les rangs, en employant seulement à leur bord :

Des rochettes à percussion de 50 et de 300 livres, tirées dessus et dessous l'eau;

Des rochettes farcies de 50 et de 300 livres;

Des canons de 36 et de 18;

Des carronades de 24;

Des arquebuses à croc, chargées par la culasse (chacune serait montée sur le même chandelier que plusieurs *repeating-guns*, et ne formerait avec eux qu'une seule et même arme).

Les canons de 36 et de 18 seraient réservés aux grands navires, et les carronades de 24 aux petits; toutes les autres armes pourraient également servir à bord des plus petits comme à bord des plus grands bâtiments de guerre ou de commerce.

On lancerait avec les canons et les carronades, outre le boulet et la petite mitraille, des obus oblongs à percussion de deux poids différents, savoir :

Pour les canons de 36.

Des obus pesant	100 50	livres, y compris	15 6	livres de poudre chloratée.

Pour les canons de 18.

Des obus pesant	60 30	*id.*	9 4	*id.*

Pour les carronades de 24.

Des obus pesant { 50 / 30 } livres, y compris { 6 / 4 } livres de poudre chloratée.

Ce nouveau matériel présente une simplification prodigieuse sur l'ancien, puisqu'il n'est formé que de six espèces de bouches à feu au lieu de vingt-trois, et de dix espèces de projectiles au lieu de cinquante-trois.

Artillerie de côte.

Cette artillerie se compose, à la fois, d'une partie des bouches à feu de terre et de mer. Elle a, d'ailleurs, quelques armes qui lui sont particulières, telles que le canon de 48 et les mortiers à chambre sphérique. Les obusiers à la Villantroys semblent aussi lui convenir spécialement. On voit de plus dans les forts et les batteries placées sur nos frontières maritimes une foule de pièces anciennes, ou de pièces d'essai qui n'ont été adoptées, ni dans l'artillerie de mer, ni dans celle de terre. Il y a, en outre, des équipages de petites pièces, propres à être conduits avec célérité sur les points attaqués. Enfin, l'artillerie légère, lorsqu'elle est cantonnée près des côtes, est appelée au même service; de sorte qu'il est impossible de dire précisément combien de bouches à feu et de projectiles sont employés à la défense des côtes. En admettant ici, par hypothèse, qu'il y ait une quarantaine d'espèces de bouches à feu, et le double au moins de projectiles, nous resterons au-dessous de la réalité.

Pour remplacer ce matériel très-compliqué, cependant très-peu redoutable (1), il suffirait peut-être d'employer le canon de trente-six et l'obusier de vingt-quatre, lançant deux sortes d'obus oblongs et de la mitraille, plus quatre ou cinq espèces de rochettes, pouvant être lancées tour à tour avec ou sans tube, avec le canon et l'obusier. Cette dernière pièce servirait, en outre, d'artillerie mobile, avec les rochettes de petites et de moyennes dimensions.

Il convient d'observer, au reste, que c'est sur les côtes, ainsi que dans les places fortes, où il est le moins incommode de se servir d'armes et de projectiles de différente nature; parce qu'une partie de cette artillerie, étant destinée à servir constamment sur le même lieu, peut offrir beaucoup de dissemblance sans causer de confusion, en présence de l'ennemi. C'est donc là où l'on peut encore, par économie, se servir des pièces existantes, en combinant leur usage avec celui de quelques nouveaux projectiles. Mais en principe, et surtout pour les Etats qui veulent se créer une nouvelle artillerie, ou régénérer leur ancienne, il est évident qu'il est avantageux de se rapprocher le plus possible d'un système uniforme et peu compliqué, tel que celui dont il vient d'être question.

Enfin, on remarquera que partout où il y a des canons, des mortiers et des obusiers en bronze, on trouverait, à cause de la différence du prix des métaux, une économie réelle à substituer à cette artillerie des canons de trente-six

(1) Alger, qui a été réduit si promptement par l'escadre de lord Exmouth, était dans un meilleur état de défense que la plupart des villes maritimes de l'Europe.

et des obusiers de vingt-quatre en fer, ainsi que des rochettes avec leur tube.

Observations relatives aux rochettes mixtes.

Dans ces aperçus relatifs aux différentes espèces d'artillerie, il n'a pas été fait mention des rochettes mixtes, parce qu'elles méritent tout-à-fait d'être examinées à part : comparons-les d'abord de la manière la plus générale aux bouches à feu ordinaires.

	Poids maximum.	Poids minimum.	Poids moyen.
Des canons......	300 fois le poids du boulet.	100 fois.	200 fois.
Des carronades.	89	66	77
Des obusiers ...	98	23	60
Des mortiers....	66	11	38

Les mortiers, destinés simplement à fournir des trajectoires relevées, sont peu comparables aux tubes des rochettes mixtes, qui, outre ces trajectoires, fourniraient des tirs rasants et des ricochets. Nous ne devons donc établir de rapprochement qu'avec les armes qui ont une utilité plus générale, en observant qu'on a reconnu de nombreux défauts aux bouches à feu très légères, et qu'on a cessé d'en fabriquer ; de sorte que les tubes mixtes, dix fois plus pesants seulement qu'un boulet de leur calibre, seraient six, sept, huit, neuf, dix, vingt, et trente fois plus légers que les canons, les carronades et les obusiers ordinaires, d'un calibre correspondant. Le même rapport existerait à peu près dans le poids des affûts. Or les tubes mixtes formeraient une espèce de bouches à feu bien plus économique et bien plus facile à transporter qu'aucune des pièces en usage.

Il y aurait peut-être égalité dans le poids et la dépense des approvisionnements; car, si les canons, les carronades et les obusiers possèdent l'avantage à cet égard sur les tubes mixtes, quand un cartouche serait interposé entre la charge de poudre et le projectile, l'économie se trouverait du côté des tubes, dans les circonstances nombreuses où le projectile acquerrait toute la vitesse nécessaire sans l'interposition d'un cartouche, et uniquement à l'aide d'une très-petite quantité de poudre de la plus basse qualité.

Le calepin employé dans les tubes mixtes et la construction intérieure de ces tubes procurerait l'avantage reconnu aux balles forcées, dont les coups surpassent en justesse ceux de toutes les balles et autres mobiles qui ont beaucoup de vent; l'emploi des projectiles couverts d'hélices, qui appartient à la nouvelle artillerie, diminuerait encore les causes de déviation; de plus, au moyen du cartouche, dont on peut augmenter la longueur à volonté, ainsi que des angles de pointage des tubes, beaucoup plus grands que ceux des bouches à feu ordinaires, il est probable qu'on frapperait plus souvent un but éloigné, en lançant les projectiles avec ces tubes plutôt qu'avec les canons, et surtout qu'avec les carronades et les obusiers.

Nous n'osons affirmer que, pour battre en brèche, les tubes mixtes valussent autant que les canons. Cependant, il faut observer qu'en raison de la pesanteur de ceux-ci, les plus gros qu'on emploie dans les places de siége, sont du calibre de vingt-quatre. Ils pèsent cinq mille six cent vingt-huit livres ou deux cent trente-cinq fois autant que leur boulet, ou vingt-trois fois et demie plus qu'un tube mixte du même calibre. On lancerait un projectile de six cent soixante-quatre livres avec un tube pesant autant qu'un canon de vingt-quatre; ce projectile contiendrait cent livres de poudre chloratée, et, sans acquérir autant de vitesse qu'un boulet, il entamerait peut-être le revêtement d'un rempart. Du reste, son effet sera incontestablement plus efficace que celui des boulets, pour agrandir une brèche déjà commencée, et pour détruire tout autre objet qu'une muraille très-solide.

Enfin, quoique les tubes mixtes soient plus légers à l'égard de leur projectile, que les canons, les carronades et les obusiers, leur recul serait infiniment moins brusque, parce que l'inflammation de la composition fusante des cartouches jointe à celle d'une petite quantité de mauvaise poudre, ne produirait que des efforts modérés et successifs, au lieu de produire, comme les grandes charges de bonne poudre, un effort très-violent et presque instantané. En conséquence, on aurait la faculté d'arrêter le recul des tubes mixtes, ce qui est fort avantageux dans plusieurs services, notamment dans celui des casemates et des navires.

Comparons maintenant les rochettes mixtes aux rochettes des autres espèces.

Comme on tirerait souvent les tubes mixtes, sansemployer de cartouches, et comme ces cartouches seraient moins considérables que ceux des autres rochettes, un approvisionnement de cent ou deux cents coups de ces dernières, serait plus lourd, plus volumineux, plus dispendieux et moins transportable qu'un pareil approvisionnement de rochettes mixtes, et qui serait trois à quatre fois plus riche en métal que les autres tubes. Mais ce surcroît de poids serait entièrement annulé par rapport aux affûts, si, au lieu de leur faire porter huit à dix tubes ordinaires, on ne leur faisait porter que quatre de ces tubes accompagnés d'un seul tube mixte, qui servirait à tirer de loin isolément, tandis que les autres serviraient à tirer de près simultanément. Les rochettes mixtes, quand on ne placerait pas de calepin par-dessus, serviraient dans un tube ouvert des deux bouts; et elles pourraient même être lancées sans le secours d'aucun tube.

Nous ne pousserons pas plus loin l'énumération des avantages des rochettes mixtes, parce qu'il ne convient pas, comme nous l'avons déjà dit plusieurs fois, d'insister sur des inventions qui n'ont pas encore été mises en pratique. Mais ce qui précède semble indiquer que des rochettes mixtes de trois à quatre calibres différents suffiraient pour produire tous les effets obtenus jusqu'ici avec les bouches à feu et les fusées; en sorte que le matériel serait réduit à un très-petit nombre d'éléments, et deviendrait considérablement plus simple et plus économique que l'ancien, même en adoptant à la fois plusieurs armes nouvelles, telles que les *repeating-guns*, les fusils de rempart et autres pièces chargées par la culasse, les obus à hélices et à percussion, les armes à vapeur, les torpilles, etc.

Mettant à part toutes ces spéculations, et les considérant comme non avenues, nous ne présenterons dans le chapitre suivant que des principes et des conclusions basés sur des faits plus ou moins avérés, et sur des expériences ou des mesures déjà exécutées avec plus ou moins de succès.

CHAPITRE VII.

RÉSUMÉ GÉNÉRAL.

Les fusées ou *rochettes* dont les Anglais commencèrent à faire usage contre nous, en 1806, avaient un tir très-incertain, et étaient armées seulement de matières incendiaires; telles furent aussi les fusées fabriquées par nos artilleurs à Vincennes, en 1810, à Séville, en 1812, à Toulon, en 1815. On avait à peine entendu parler, avant la publication de ce traité, des fusées fabriquées en d'autres lieux par des Français, et de celles que font les Suédois, les Saxons, les Polonais, les Prussiens, etc. Ce que les journaux ont publié des fusées anglaises, danoises et autrichiennes, etc., était d'ailleurs trop vague pour agir fortement sur l'opinion des militaires. Les nôtres avaient eu connaissance de faits défavorables aux fusées; ils n'ont vu dans les éloges brillants et dans les craintes philantropiques dont ces projectiles ont été l'objet, que les rêveries d'hommes étrangers à l'art de la guerre. Et, sans parler de l'ascendant accoutumé de l'inertie et des préjugés, une origine supposée anglaise a pu contribuer à ce que cette innovation fût repoussée, par des motifs de patriotisme évidemment absurdes, puisqu'ils nuisent à la chose publique.

On est à même d'envisager maintenant la question sous son véritable point de vue. Les rochettes, dont l'origine est très-ancienne, ne sont nullement méprisables dans leur état actuel; et plusieurs Français se sont occupés, long-temps avant le général Congrève, d'en renouveler et d'en perfectionner l'usage; mais notre gouvernement leur a refusé des secours que le ministère britannique fournit libéralement à cet officier depuis vingt années; munificence moins digne encore d'être louée que la prévoyance et la longanimité dont ce ministère a fait preuve, en soutenant, contre l'opposition violente des artilleurs anglais (1), un innova-

(1) L'esprit de corps est poussé à un tel point contre sir W. Congrève, que le Gouvernement n'a pas cru pouvoir lui donner un grade dans l'artillerie ni même dans l'armée anglaise : il est général de l'armée hanovrienne. Toutefois, comme ses connaissances dans l'usage de l'ancienne artillerie ne sont pas moins éminentes que son aptitude à créer, c'est lui qui est chargé, à Woolwich, d'instruire les régiments d'artillerie dans toutes les grandes manœuvres. Les officiers, forcés de conduire leurs troupes à ces exercices, se font un point d'honneur de n'en pas profiter, n'y prennent aucune part, et laissent aux sous-officiers la tâche humiliante de s'instruire (*Force militaire de la Grande-Bretagne*, par le baron C. Dupin, t. 2, p. 84; Paris, 1825). C'est

teur dont les travaux n'ont eu des résultats pleinement satisfaisants qu'après une longue série d'expériences dispendieuses.

Cependant, des artilleurs de différents pays, sans s'être occupés aussi long-temps que sir William Congrève du même genre d'essais, et sans avoir eu à leur disposition des ressources matérielles aussi considérables, croient avoir été plus loin que cet officier. Peut-être ne connaissent-ils qu'imparfaitement ses inventions et améliorations, qui sont tenues secrètes avec d'autant plus de soin qu'elles sont plus récentes. Peut-être aussi s'exagèrent-ils l'importance de ce qu'ils se proposent de faire. L'essentiel pour nous est de savoir que, par suite d'expériences nombreuses, et malgré l'opposition des partisans de l'ancienne artillerie, les rochettes ont été ou vont être adoptées dans tous les Etats civilisés, non-seulement de l'Europe, mais de l'Asie et de l'Amérique : on ne doit excepter, nous le répétons à regret, que la France, l'Espagne et la Turquie (1).

Puissent les faits et les principes suivants, présentés d'une manière plus facile à saisir qu'ils ne l'avaient encore été, frapper l'attention des personnes qui possèdent le pouvoir!

1° Dans des épreuves comparatives entre des rochettes

ainsi qu'ils se ménagent le noble privilége d'avoir à se vanter de leur ignorance, en qualité d'officiers; comme on le faisait jadis, en qualité de gentilhomme. (*Note de l'auteur.*)

Il ne paraît pas qu'il en soit de même présentement.
(*Note de l'éditeur.*)

(1) On ne pense pas que, pour la France, cette assertion soit présentement fondée. (*Note de l'éditeur.*)

concentriques, fabriquées par le général Congrève, et des pièces de campagne, il y a eu plus de rochettes à boulet qui ont frappé une cible placée à la distance d'environ quatre cents toises, que de boulets lancés par les canons (1). L'état de l'atmosphère était peut-être favorable aux rochettes; mais il est déjà très-remarquable que, dans certaines circonstances, leur tir l'emporte en justesse sur celui de l'ancienne espèce de projectile qui en possède le plus.

2° Les rochettes à projectile détaché, imaginées par le capitaine Schumacher, et perfectionnées par le colonel Augustin, offrent aussi des propriétés que ne possèdent nullement les premières fusées : elles fournissent des tirs rasants et des ricochets, ainsi que le font les obusiers, les carronades et les canons.

3° L'effet des rochettes, qui égale et surpasse peut-être celui des bouches à feu ordinaires, dans beaucoup de circonstances, possède évidemment l'avantage, lorsqu'il faut lancer des grappins et des cordages, ou lorsqu'il s'agit de faire parvenir à de grandes distances des matières incendiaires et des obus à la Shrapnells, sur des objets présentant beaucoup de surface.

(1) *Force militaire de la grande-Bretagne*, t. 2, p. 153; seconde édition. — Ce fait a été affirmé au baron Dupin, par un officier très-instruit, qui en a été témoin oculaire. Il paraît, d'ailleurs, d'après les renseignements recueillis dans ce traité, que toutes les personnes qui, à différentes époques, ont assisté aux épreuves du général Congrève, ont également été frappées du nombre de fusées parvenues dans le but, et de la direction peu divergente des autres.

4° Il y a plusieurs services particuliers aux rochettes qu'on ne saurait exécuter avec l'artillerie actuelle. Tels sont l'éclairage de l'atmosphère, à l'aide de balles lumineuses à parachute; la faculté de faire des signaux variés à de très-grandes distances; la possibilité de défoncer des voûtes et des blindages à l'épreuve des plus grosses bombes; le moyen simple et commode de faire périr d'un seul coup des baleines et autres grands cétacées ; l'emploi des projectiles de gros calibre dans les pays du plus difficile accès, et à bord de toute espèce de navires et d'embarcations; tel est enfin le bombardement inopiné de toute ville ou citadelle, bombardement qu'on peut rendre irrésistible, en raison de l'impossibilité où seraient les assiégés d'apporter aucun remède à plusieurs milliers d'incendies et d'explosions simultanés.

5° Outre que les rochettes peuvent servir sans le secours de chevalets ou d'affûts, elles ont des chevalets faciles à transporter à bras, et le plus lourd de leurs affûts pèse moins que le plus léger de ceux qui appartiennent au canon ou à l'obusier d'un calibre correspondant. Cependant cet affût (1) n'a aucun recul, et porte huit tubes, qu'on charge et qu'on tire l'un après l'autre ou tout à la fois. Supposons que, dans ce dernier cas, les huit rochettes soient armées

(1) Celui du général Congrève. Nous ne connaissons pas suffisamment ceux des Autrichiens et autres peuples du Nord, pour en faire l'objet d'une comparaison directe; quand à ceux que nous avons imaginés, nous répétons à leur sujet, qu'il ne sera nullement parlé dans ce chapitre des perfectionnements ou changements qui nous appartiennent, non-seulement parce qu'ils n'ont pas encore été essayés, mais parce qu'avant de l'être, ils auraient besoin de subir un nouvel et sévère examen.

chacune d'une boîte à balles ou d'un obus; de semblables volées produiraient un effet prodigieux dans la défense d'une brèche, ou d'un ouvrage attaqué à la baïonnette; dans la plupart des combats de mer, et contre une ligne, une colonne, ou un carré de troupes modérément éloigné; il y aurait, sans doute, alors, une grande consommation de munitions, et il faudrait de très-nombreux approvisionnements; mais cet inconvénient est le fait même de la bonté du système : car toutes les armes promptes et faciles à charger dépensent nécessairement plus de munitions que les autres. On est à même, au surplus, de ralentir leur service à volonté, et de faire, tour à tour, un feu très lent ou très-vif... Aucune pièce actuelle n'est comparable, pour la vivacité du service, aux affûts à huit tubes, d'autant plus que chacun de ceux-ci se charge beaucoup plus promptement qu'aucune pièce ordinaire du calibre correspondant, et que l'action de les pointer tous les huit à la fois est plus facile, en raison de la légèreté de tout le système, que l'action de pointer un seul coup de canon ou d'obusier.

6° Depuis long-temps on a reconnu en France et à l'étranger, que les bombes et les obus de grand calibre tirés horizontalement auraient de grands effets contre les vaisseaux (1). Un des obstacles qui a retardé l'adoption de ces projectiles dans la marine et sur les côtes, c'est qu'il faut, pour les lancer horizontalement, des pièces très-lourdes et très-difficiles à manœuvrer (2). Les Américains, depuis

(1) *Annales maritimes*, avril 1822, pag. 385 et suiv. — *Idem*, janvier 1824, pag. 26 et suiv. — *Idem*, juillet et août 1824, p. 127 et suiv.

(2) Prenons pour exemple le plus petit canon à bombe ou

1815, ont fabriqué un grand nombre d'obus ovoïdes, à percussion, qui, en raison de leur forme, sont lancés avec les pièces ordinaires, quel que soit leur poids (1). Maintenant les Anglais couvrent d'hélices ces obus allongés, et leur procurent ainsi une très-grande justesse de tir. Mais, comme les rochettes paraissent susceptibles d'acquérir une direction non moins exacte, et comme leurs tubes et leurs affûts sont extrêmement légers, on peut armer les plus petits navires, et même de simples canots, avec des rochettes d'un grands poids et d'un effet extraordinaire. Or,

plutôt l'obusier allongé, de huit pouces, proposé par M. Paixhans, et essayé récemment à Brest. Cette bouche à feu pèse 7534 livres, ce qui n'est pas beaucoup plus qu'un canon de 36, qui se manœuvre sur mer avec quatorze hommes, et souvent avec sept ou huit; mais plusieurs défauts de construction dans ce canon à bombe et dans son affût en ont rendu le service pénible, avec dix-sept hommes, sur un ponton parfaitement immobile (*procès-verbal de l'expérience faite le* 8 *janvier* 1824). M. Paixhans avait proposé un second canon à bombe du calibre de dix pouces, pesant 10,800 livres, ainsi qu'un troisième du calibre de onze pouces dont il n'a pas déterminé le poids, qui, nécessairement, aurait été trop considérable pour la marine. L'usage des obus ovoïdes couverts d'hélices, et surtout celui des rochettes feront disparaître entièrement de pareilles propositions.

(1) *Voyage aux Etats-Unis-d'Amérique*, *exécuté par ordre du roi*, *en* 1820. — Nous n'avons pas fait imprimer les mémoires relatifs à ce voyage; mais nous avons donné des renseignements sur les obus américains dans les *Annales de l'industrie* (n° 36), et dans les *Annales maritimes* (n^{os} déjà cités) et dans plusieurs autres ouvrages.

on obtiendrait réellement de cette façon ce qui avait été promis en vain par l'emploi de bombes, d'obus et de pesantes bouches à feu.

7º Les rochettes ou fusées sont susceptibles de faire, entre deux eaux, un trajet bien plus considérable qu'un obus ou un boulet de même calibre, et c'est particulièrement comme arme sous-marine que les rochettes seraient redoutables dans les combats de mer. Les *american-torpedoes*, de M. Blair, comme il a déjà été dit, ne sont probablement que des rochettes sous-marines de grandes dimensions, et le comité chargé de les examiner aurait eu raison d'avancer qu'un seul navire armé d'*american-torpedoes*, serait à même de détruire, en pleine mer, les plus grandes armées navales.

8º Sir William Congrève a proposé, vers 1813, des rochettes du poids de cinq cents ou de mille livres, pour faire brèche dans le revêtement d'un rempart. Depuis, on a découvert de nouveaux moyens d'accroître la vitesse initiale, le choc et l'explosion de ces projectiles, et on a reconnu que leur poids peut dépasser de beaucoup cinq cents ou mille livres. Il devient donc de plus en plus probable qu'avec une seule rochette on parviendra à faire de larges ouvertures dans les murailles les plus solides. Il est d'ailleurs incontestable que, même avec des rochettes d'une grosseur modérée, ou de deux à trois cents livres, on agrandirait bien plus vite les brèches, dès que le revêtement d'un rempart serait entamé, qu'avec aucun des projectiles en usage.

9º Enfin, nous devons conclure que les rochettes sont déjà arrivées à un degré de perfection qui étend l'usage et l'importance de l'artillerie; et, si ces armes nouvelles ont encore un petit nombre de désavantages sur les bouches à feu ordinaires, on doit présumer que les tentatives et les essais dont elles sont l'objet diminueront leurs inconvénients, ou même les feront disparaître complétement; tandis que leurs avantages iront toujours en augmentant; c'est ce qui est arrivé dès le temps où sir William Congrève s'occupait seul de ce genre de recherches, et c'est ce qu'on remarque plus sensiblement depuis quelques années, où cet habile officier a pour émules des artilleurs de presque tous les pays civilisés.

En France, on paraît avoir été dégoûté de l'adoption des rochettes, parce que les essais qui ont été faits n'ont pas produit sur-le-champ d'excellents résultats. Devait-on l'espérer? Est-il aucun art qui ait atteint subitement un haut degré de perfection? Les officiers pleins de zèle et d'intelligence qui furent chargés de ce travail n'eussent pas manqué de le rendre très-important, sans la précipitation avec laquelle on le leur fit abandonner (1). Au reste, il ne s'agit plus maintenant d'adopter des armes d'une utilité équivoque, puisque les rochettes, perfectionnées par des mains étrangères, ont déjà acquis tant d'avantages incontestables sur les canons, les carronades, les obusiers, les mortiers et les projectiles ordinaires; et il y aurait une imprévoyance extrême à ne pas se mettre en état de combattre au moins à armes égales.

Il existe cependant de grands obstacles à ce que les rochettes s'introduisent dans nos armées de terre et de mer: on consultera sur cette innovation des militaires et des marins élevés en grade, avancés en âge, qui ont, en général, des préventions contre toutes innovations, et particulière-

(1) Nous savons que les essais ont été repris et se continuent.

ment contre une espèce de projectile dont ils ignorent peut-être le perfectionnement, et dont ils ont reconnu le peu d'effet, il y a quelques années, tant à la guerre que dans des expériences. On doit même ajouter que ceux de nos officiers qui se livrent le plus à l'étude, et qui passent pour être les mieux disposés en faveur des changements, sont, pour la plupart, très-opposés aux rochettes. Nos ouvrages les plus récents sur l'art de la guerre n'en font pas mention, ou en parlent avec défaveur; et il n'y a peut-être, avec l'auteur de ce traité, qu'un seul écrivain militaire en France qui ait cherché à faire ressortir l'importance des nouvelles armes. Le baron Charles Dupin a dit dans un article qui en traite spécialement, quoique d'une manière très-abrégée : « *Il est indispensable pour nous d'examiner de nouveau ce* « *moyen de destruction* (1). »

Tel est le jugement qu'en porteront tous les hommes qui s'en occuperont sans prévention. La question de l'adoption des rochettes est devenue, au reste, une simple question de temps : ces projectiles sont déjà adoptés dans les Etats où l'on s'applique le plus à perfectionner l'art de la guerre, et tous les autres Etats finiront par les imiter. Il serait affligeant que la France se traînât à la suite de plusieurs nations, dans une carrière où elle aurait dû paraître en première ligne. Mais, si nous sommes en arrière pour la pratique, du moins nous aurons devancé les étrangers par la

(1) *Force militaire de la Grande-Bretagne*, t. 2, p. 154; seconde édition. — Dans la première édition, le savant auteur avait dit seulement : « Il semble utile de revenir, en France, « sur l'examen de ce moyen de destruction. » Tom. 2, p. 141.

théorie; car, tout incomplet que soit ce traité, il l'est beaucoup moins que les notes publiées jusqu'à présent sur le même sujet, dont la plus étendue n'a pas douze pages, et ne contient que des notions très-superficielles, ou même très-inexactes.

S'il était difficile de soulever le voile dont on cherche à cacher les perfectionnements apportés en divers lieux à la fabrication des rochettes, il était du moins possible de remonter à leur origine, d'en suivre l'emploi dans les combats, d'en présenter la théorie et certains détails de construction, d'examiner avec soin, avec impartialité, leurs avantages et leurs inconvénients, et de chercher les moyens d'augmenter les uns et de diminuer les autres. Cette tâche, ébauchée ici, permettra de revenir sur le même sujet, avec moins d'imperfection, et, certes, l'on est déjà à même de reconnaître les principales propriétés des rochettes.

Quant à la dépense, quoique ces armes, en raison de leur construction compliquée, semblent devoir être toujours d'un prix plus élevé que les projectiles d'un calibre correspondant, l'emploi des machines dans leur fabrication, la grandeur de leurs effets dans beaucoup de circonstances, et la réforme qu'elles entraîneraient d'une multitude d'autres objets, rendront peut-être, en définitive, leur usage économique; mais on ne saurait s'en assurer positivement qu'après avoir acquis un grand nombre de données qui manquent maintenant. Il n'y a d'ailleurs que les nations privées d'une haute industrie qui perdront toute leur prépondérance par l'introduction d'un matériel militaire et maritime de plus en plus dispendieux; et cet événement ne peut que contribuer aux progrès de la civilisation et au bonheur de l'espèce humaine.

Lorsqu'on recommencera en France les essais sur les rochettes, il serait à souhaiter qu'indépendamment des perfectionnements que nos compatriotes pourraient imaginer, on fût à même de partir du point précis où sont déjà parvenus les étrangers. Il ne suffirait pas pour cela d'envoyer chez eux des officiers qui, dans une mission passagère, ne recueilleraient probablement que des renseignements fort incomplets, et qui peut-être ne pénétreraient dans aucun des ateliers où l'on fabrique les rochettes. Il faudrait attirer parmi nous quelques ouvriers de ces divers établissements (1). La fonderie de Charenton, qui rend aujourd'hui de si importants services à notre industrie, est une preuve nouvelle et frappante de l'excellence de pareilles mesures.

Observons ici que les Gouvernements étrangers ont suivi, au sujet des rochettes, une marche dont le nôtre s'est malheureusement fort écarté : ils ont confié à un seul officier d'un mérite marquant la fabrication des nouvelles armes ; ils ont revêtu cet officier de pouvoirs presque illimités, l'ont soutenu contre toutes les attaques de l'orgueil et des préjugés de corps ; et ils ont supporté, avec la constance nécessaire, toutes les dépenses et les lenteurs inhérentes à l'établissement et au perfectionnement d'un nouveau système. Enfin, l'autorité supérieure n'a pas dédaigné de surveiller continuellement cette grande opération. Une conduite très-opposée a été tenue par nos compatriotes. Tour à tour le chef de l'État (2), le ministre de la guerre, celui de

(1) C'est ce qui a eu lieu depuis plusieurr années.
(*Note de l'éditeur.*)

(2) Bonaparte ordonna lui-même les premiers essais de fusées,

la marine, des généraux en chef et un comité spécial, se sont occupés un moment de l'adoption des fusées. Divers savants et un grand nombre d'officiers ont été chargés tantôt isolément, tantôt simultanément, d'en faire fabriquer. Mais, comme tout ce qui tient directement à l'art de combattre a peu d'attraits pour la plupart des hommes qui ont consacré leur vie à l'étude, la construction des fusées fut entièrement abandonnée aux officiers. Ceux-ci, qui en avaient reçu l'ordre sans qu'on eût consulté leur goût et leurs dispositions, montrèrent cependant autant de zèle que d'intelligence ; et ils auraient continué à le faire sans doute, s'ils ne s'étaient aperçus qu'ils nuiraient à leur avancement, en prenant trop à cœur ce qui concernait les fusées.... Pour surcroît de mauvaises mesures administratives, ce n'est ni à l'aide des mêmes hommes, ni dans le même attelier, qu'on a fait les différents essais ; en sorte que les travaux exécutés à Vincennes, à Toulon, à Séville, à Hambourg, à Metz et en plusieurs autres endroits (1), ont employé un grand nombre de personnes sans procurer à aucune beaucoup d'expérience, et dépensé beaucoup d'argent pour ne produire que des fusées trè-médiocres, dont on n'a fait aucun usage (1).

et adjoignit aux artilleurs chargés de ce travail des savants, tels que Monge, Bertholet et Guyton-Morveau.

(1) M. Bourrée à eu la mission d'établir des ateliers de fusées incendiaires à Brest, à Rochefort, à Lorient et à Cherbourg Mais nous croyons que cette mission, entravée par de nombreux obstacles, n'a eu que des résultats insignifiants, malgré l'activité, l'ardeur et les talents de M. Bourrée.

(2) Ceci ne doit point surprendre : il en est toujours de même dans tous les essais. *(Note de l'éditeur).*

Il est facile d'éviter de retomber dans les mêmes fautes, en prenant une route tracée par le bons sens, et suivie ailleurs avec un succès prononcé ; ou bien, au lieu de copier servilement les étrangers, la France est encore à même de donner un grand exemple. Plusieurs inventions militaires et maritimes se développent, et prennent une forme imposante dans quelques parties du monde civilisé : telles sont les bouches à feu de tout calibre chargées par la culasse, et celles qui lancent plusieurs coups hors du même tube, sans avoir besoin d'être rechargées (1); tels sont les projectiles à hélices et à percussion ; les frégates et les armes à vapeur ; les navires en fer, les navires sous-marins, les torpilles, etc. Il convient de s'occuper de toutes ces innovations en même temps que des rochettes. Cette dernière espèce de projectile n'aura qu'une influence partielle sur la grande révolution militaire et maritime qui commence à éclater dans les pays où le mouvement progressif du siècle s'est communiqué aux officiers du génie, de l'artillerie, de la marine, et aux administrations dont ces officiers dépendent. Il serait aussi honorable qu'utile pour tout Gouvernement, de faire examiner et combiner ensemble des innovations imposées à l'art de la guerre, par l'état actuel des sciences et par les progrès journaliers de l'industrie.

(1) Dans notre rapport sur la marine et l'artillerie des Etats-Unis-d'Amérique, nous avons donné de nombreux détails relativement aux armes chargées par la culasse, et à celles qui lancent, sans être rechargées, plusieurs coups hors du même tube. Plus tard, en 1822, nous avons remis au ministère de la marine, deux mémoires fort étendus sur ces deux espèces d'armes.

www.ingramcontent.com/pod-product-compliance
Lightning Source LLC
LaVergne TN
LVHW020549230826
846091LV00002B/421